Hacken
für Dummies

Oliver-Christopher Rochford

Hacken für Dummies

mitp

Die Deutsche Bibliothek –
CIP-Einheitsaufnahme

Ein Titeldatensatz für diese Publikation ist
bei Der Deutschen Bibliothek erhältlich

ISBN 3-8266-3015-7
1. Auflage 2002

Printed in Germany

Lektorat: Robert Hahn/Esther Neuendorf
Korrektorat: Petra Heubach-Erdmann
Satz und Layout: Lieselotte und Conrad Neumann, München
Umschlaggestaltung: Sylvia Eifinger, Bornheim
Druck: Media-Print, Paderborn

Cartoons im Überblick

von Rich Tennant

Seite 131

Sicherheitslücken in ihrem Netzwerk vorhersagen? Kein Problem. Was haben Sie? Twisted Pair Verkabelung im LAN? Was für ein Betriebssystem benutzen Sie?

Seite 55

Zugegeben: Die Informationsbeschaffung bei Clown & Co stellt unsere Profi-Hacker vor gewisse Schwierigkeiten.

Seite 107

Seite 197

Der Film handelt von einer Gruppe junger, unerfahrener deutscher Hacker, die während der frühen Jahre der Netzwerkkommunikation in einem winzigen Computerraum zusammengepfercht den gefährlichsten Virus ihres Lebens bekämpfen.

Seite 25

Seite 257

Ach ja, und versuchen Sie bloß nicht, ein falsches Passwort einzugeben.

Seite 231

Fax: 001-978-546-7747
Internet: www.the5thwave.com
E-Mail: richtennant@the5thwave.com

Inhaltsverzeichnis

Einführung 19

Über dieses Buch 20
Wie Sie dieses Buch nutzen sollten 20
Was dieses Buch nicht tut 21
Was Sie in diesem Buch finden werden 21
Teil I: Was Sie unbedingt wissen sollten
(Die Geschichte des Hackens und technische Grundlagen) 21
Teil II: Gefahren und Hacks für den Heimanwender (oder: alle Fenster offen) 22
Teil III: Informationsbeschaffung und Angriffstechniken (Footprinting) 22
Teil IV: Server und Betriebssysteme 22
Teil V: Fortgeschrittenes Hacken 22
Teil VI: Schutzmechanismen 22
Teil VII: Der Top-Ten-Teil 23
Symbole in diesem Buch 23
Und nun? 23

Teil I
Was Sie unbedingt wissen sollten
(Die Geschichte des Hackens und technische Grundlagen) 25

Kapitel 0,5
Moral, Ethik und das Gesetz 27

Strafgesetzbuch 27
Zweites Gesetz zur Bekämpfung der Computerkriminalität: 28
Bundesgesetz über den Datenschutz (DSG) vom 19. Juni 1992 Verordnung
zum Bundesgesetz über den Datenschutz (VDSG) vom 14. Juni 1993 29

Kapitel 1
Warum Hacken? 31

Das Stereotyp Hacker 31
Schlachtfeld Internet 32
Cracker oder Hacker? Wo liegt hier der Unterschied? 34
Informationen und freie Meinungsäußerung 35
Die Hackerszene als Jobbörse 36
Cyberkultur 36
Der Computeruntergrund und Netiquette 37

Kapitel 2
Ursprung und Werdegang des Hackens 41

Die ersten Hacker, von MIT zu Apple 41
Hackerkrieg und Hackerjagd 43
Europa: CCC- und KGB-Hacker 45
Hacker, Cracker und Skriptkiddies 46
Die Zukunft 47

Kapitel 3
TCP/IP, Ports und anderes technisches Gerede 49

Grundlagen des Internet-Aufbaus 49
Routing und Routingtabellen 49
Das Internet 50
Protokolle und Kommunikation 51
Das TCP/IP-Protokoll 51
Weitere Protokolle 52
Ports und Dienste 54

Teil II
Gefahren und Hacks für den Heimanwender (oder: alle Fenster offen) 55

Kapitel 4
Windows, das offene Fenster zur virtuellen Welt 57

Windows, Fenster ohne Riegel 57
Benutzerverwaltung 59
NetBIOS als Eingang 59
Outlook als Virenbrutstätte 60
Office und Makroviren 61
Spyware 61

Kapitel 5
Trojaner, Viren und andere Schädlinge 63

Eine kurze Geschichte der Viren 63
Wurm: Vielfraß und Reisender 64
Virenarten 65
Trojaner 66
Netbus, ein Trojaner für jedermann 66
Virenbasteln für Dummies 70

Kapitel 6
Wie schließe ich die Lücken? 71

Ein paar nützliche Befehle 71
  Ping 71
  Tracert 73
  Netstat 75
Das Schweizer Taschenmesser der Netzwerk-Befehle 75
Datei- und Druckerfreigaben 76
Sicherheitsoptionen in Outlook und Co. 79
  Öffnen von E-Mail-Anhängen 79
  Gefahr durch heimtückische VBS-Viren 80
  Automatisches Öffnen von E-Mails 81

Kapitel 7
Personal Firewalls und Antivirus-Software 83

Was ist eine Personal oder Desktop Firewall? 83
  Welche Firewall ist zu empfehlen? 84
  Einstellungen, auf die Sie achten sollten 86
Antiviren-Software und deren Nutzen 88
  Wie sicher sind Antiviren-Programme und Personal Firewalls? 91

Kapitel 8
Anonymität bewahren, der Gläserne Surfer 93

Meine Spuren im Internet: Was Sie alles beim Surfen hinterlassen 93
  Spione als Werbung getarnt 95
  Die Spuren zusammenfügen 96
Was andere damit machen können? 96
  Geld regiert die Welt: die Wirtschaft 97
  Die Regierung 97
E-Mails, Spam und Werbung 98
Proxies und andere Mittel, das zu verhindern 99
  Proxy-Arten 100
Wie man einen Proxy verwendet 101

Teil III
Informationsbeschaffung und Angriffstechniken (Footprinting) 107

Kapitel 9
Domainnamen und IP-Adressen (oder: Wo brechen wir heute ein?) 109

Das Ziel lokalisieren 109
Wie finde ich meine eigene IP-Adresse raus? 111
Wie finde ich die IP-Adresse anderer Leute heraus? 112
Das Problem mit dynamischen IP-Adressen 112

Kapitel 10
Informationen über das Ziel sammeln 117

Scanner: Die Mauern abtasten 117
Was sind Scanner? 119
Arten von Scannern 120
Ist Scannen legal? 126
Was finde ich durch einen Scan heraus? 127
Weitere Footprinting-Verfahren 128
Webseiten 128
Suchmaschinen 128

Teil IV
Server und Betriebssysteme 131

Kapitel 11
Server, Betriebssysteme und Servertypen 133

Warum verschiedene Betriebssysteme? 133
Welche Aufgaben haben Server? 134
Welche Server-Betriebssysteme gibt es? 135
Windows NT/2000 135
Windows NT und 2000 erkennen 136
Bekannte Schwächen von Windows 137
Linux 139
Linux erkennen 140
Der Angriff auf Linux 141
Allgemeine Tipps 142

Kapitel 12
Telnet, HTTP und andere Dienste 145

Was ist ein Dienst? 145
Client – Wie Sie Dienste benutzen können 146
Bekannte Dienste 147
HTTP Web 147
FTP File Transfer Protocol 148
SMTP Sendmail 150
Telnet 150
SSH 152
IRC 152
Finger 152

Kapitel 13
Passwörter und andere Schutzmechanismen 155

Passwörter und Benutzer 155
Verifizierung durch IP-Adressen und Standort 159
Für Krümelmonster: Cookies & Co. 160

Kapitel 14
Die Tür einschlagen: Bruteforce und andere Verfahren 165

Benutzernamen herausfinden 165
Standard-Benutzernamen: Sage mir dein Betriebssystem und ich sage dir deinen Benutzernamen 166
Benutzernamen aus E-Mail-Adressen 166
Sesam öffne dich – das Passwort 167
Das fröhliche Passwortraten 167
Immer dasselbe Passwort: Der Mensch ist ein Gewohnheitstier 167
Bruteforce, mit Gewalt ans Ziel 168

Kapitel 15
Der heilige Gral root 175

Was ist root oder Administrator? 175
Wozu das Ganze? 175
Von User zu root: die Machtposition ausbauen 176
Ein kleines Beispiel 177
Immer dasselbe Prinzip 178
Den Tatort aufräumen 178
Hintertüren für spätere Verwendung 179

Kapitel 16
Denial of Service, Verweigerung der Dienste 181

Was ist Denial of Service? 181
Methoden und Verfahren 182
Der Todes-Ping (oder: zu große Pakete) 182
Winnuke 184
Distributed Denial of Service 186
Wie kann ein Systemadministrator solche Angriffe verhindern? 186

Kapitel 17
Fakemails und Mailbomber 189

SMTP 189
Schwächen des Protokolls 190
Fakemails versenden 190
Mailbomber: Den Briefkasten überfluten 194
Den Schaden beheben 195

Teil V
Fortgeschrittenes Hacken 197

Kapitel 18
Exploits, die Fehler im System 199

Was ist ein Exploit? 199
Wie werden Exploits herausgefunden? 201
Der Aufbau eines Exploits 203
Showcode.asp-Exploit bei Microsoft IIS 203
IIS, ASP & Co. 204
Details 205
Die Lösung 206
Wo kann ich nach bekannten Exploits suchen? 207
Systeme gegen Exploits sichern 208

Kapitel 19
Spoofing, getarnt hinter feindlichen Linien 209

Was ist Spoofing? 209
IP-Spoofing, mit einem gefälschten Ausweis über die Grenze 210
Schutz vor IP-Spoofing 212
DNS-Spoofing, illegale Umleitung auf der Datenautobahn 213

Kapitel 20
Der große Lauschangriff: Sniffing **215**

Schnuppern Sie doch mal! Sniffing erklärt 215
Sniffing mit dem Analyzer 216
Gegenmaßnahmen gegen Sniffen 219
Der Blick auf die Tasten: Keylogger 219
Der Stealth Keyboard Interceptor 220
Ähnliche Verfahren 222

Kapitel 21
Social Engineering, Hacken ohne Computer **225**

Social Engineering: Was ist das? 225
Übers Telefon an Daten gelangen 225
Die richtige Vorbereitung 227
Über E-Mail an Daten gelangen 228
Lügen und Selbstvertrauen 228
Dumpster Diving: Des einen Müll ist des anderen Schatz 229

Teil VI
Schutzmechanismen **231**

Kapitel 22
Kryptographie und Verschlüsselung **233**

Was ist Kryptographie? 233
Wozu etwas verschlüsseln? 233
Einige bekannte Verschlüsselungsverfahren 235
ROT-13 235
DES 236
Verschlüsselung in der Praxis 236
Anderen eine verschlüsselte Nachricht zuschicken 240
Eine an Sie gerichtete Nachricht entschlüsseln 241
Entschlüsselung 242

Kapitel 23
Einbruchserkennung **243**

Logs und Auditing 243
Aufbau einer Log-Datei 243
Der nächste Schritt 246

Keine Panik, noch ist nicht alles verloren 248
Logs sind alles 248
Auditing-Tools 249
Aus Fehlern lernt man 249

Kapitel 24
Schutzmaßnahmen und Sicherheitsvorkehrungen 251

Physische Sicherheit 251
Hardware 253
Software 253
Der Fehlerfaktor Mensch 253
Wenn Sie ein Administrator sind, erstellen Sie Sicherheitsrichtlinien für die Benutzung Ihres Systems 254

Teil VII
Der Top-Ten-Teil und Sonstiges 257

Kapitel 25
Die Top Ten der großen Sicherheitsfehler 259

Der Zettel am Monitor 259
Schlechte Passwortwahl 259
Kein Passwort oder Passwort = Benutzername 260
Jeder ist ein Sicherheitsexperte 260
Der Angriff von innen 261
Schlecht durchgesetzte Sicherheitskonzepte 262
E-Mail-Anhänge unvorsichtig öffnen 262
Faulheit wird bestraft 262
Eigenlob stinkt 263
Gar keine Sicherheit 263

Kapitel 26
Zehn Wege, ein Über-Hacker zu werden 265

Der richtige Name 265
Die richtige Einstellung 266
Benutzen Sie sehr viele fertige Programme 266
Windows 98 und nichts anderes 266
Die Behörden auf Sie aufmerksam machen 266
Der BND-Hack 267
Die Festnahme: Die richtige Publicity 267

Der Ausbau der Karriere 267
Phase 2 des Karriereplans 268
Der altehrwürdige Über-Hacker 268

Kapitel 27
Zehn Sachen, die Sie als Hacker unbedingt haben sollten 269

Einen Hauptrechner 269
Einen Zweitrechner 269
Eine Internet-Anbindung 270
Bücher 270
Einen Werkzeugkasten 270
Ein Telefon 270
Ein Diktiergerät 271
Eine Software-Sammlung 271
Ersatzteile 271
Einen Drucker 272

Kapitel 28
Persönlichkeiten aus der Hacker-Kultur 273

Kevin Mitnick 273
Linus Torvalds 274
Captain Crunch 275
Karl Koch 276
Der Mentor 276

Anhang
Die CD zum Buch 279

FTP-Scanner 279
Superscan 279
Legion 279
WWWHack 280
Netbus 280
Junkbuster 280
Proxomitron 280
Putty 280
PGP 280
Stealth Keylogger 281
WinPWL 281
MIRC 281

Stichwortverzeichnis 283

Einführung

Kaum einem Thema wird zurzeit mehr Aufmerksamkeit geschenkt als der Computer-Sicherheit: Unternehmen klagen über Hackerangriffe, ganze Server werden von Viren lahm gelegt und Datenschützer warnen vor dem gläsernen Surfer. Die Schlagwörter Viren und Hacker schmücken immer öfter die Nachrichten und beflügeln dabei auch die Fantasie der Menschen. Boulevardzeitungen titeln in fetten Schlagzeilen über unheimliche Angriffe aus dem Netz. Virenwarnungen werden ausgegeben. Sogar altehrwürdige Wochenzeitungen bannen den Krieg vom Digitalen ins Schwarzweiße. Doch kaum ein Laie (und das sind heutzutage wir alle ja fast immerzu) weiß wirklich, was sich hinter den Begriffen »Firewall«, »Buffer Overflow« oder bloß »Virus« verbirgt. Vielen normalen Usern ist das Techno-Gebrabbel der Computerfreaks unverständlich, ja, selbst viele versierte alte Computerhasen wissen über die wunden Punkte ihres Rechners kaum Bescheid.

Was ist denn ein Hacker, was ist denn Hacken, bitteschön?

Die meisten Laien wissen mit dem Begriff Hacker wenig anzufangen und können nur vage erläutern, was denn nun tatsächlich ein Hacker ist oder tut. Ein scharfer Blick auf diese Netzkultur tut Not:

Schon auf den ersten Blick ist die Hackerszene faszinierend, bunt und schillernd. Denn vor allem mit Humor und Witz begegnen die Internet-Desperados dem Machtanspruch der globalen Internet-Magnaten und der Herren der Netzwerke. Auf den Spuren der fröhlichen Anarcho-Surfer trifft sich der spielerische Geist der Spontis mit dem profunden Wissen des Fachmannes. Eins bedingt hier das andere: In den abgelegenen Nischen der Netz-Foren finden sich soziologische Einblicke in die Zukunft unserer Kommunikationsgesellschaft genauso wie technologische Lichtblicke in die Zukunft des Netzes. Denn Hacker bewegen sich oft nicht nur am Rande der Internet-Gesellschaft, sondern auch an der vordersten Front des Computerwissens. Und nicht zuletzt ihnen ist es zu verdanken, wenn große Computersysteme sicherer werden.

So bringt ein Überblick über die Hacker-Szene auch ganz konkrete nützliche Aspekte mit sich. Denn welcher User fühlt sich nicht als Dummy, wenn er ganz persönlich von einem Angriff aus dem Netz betroffen ist? Sicherheit - das heißt für den Hacker auch immer die Sicherheit des eigenen Computers - steht an erster Stelle in den Charts der Computermenschen. Eigene Schwachstellen bekämpft man am besten, indem man die Angriffstaktiken der bösen Jungs kennt.

Dieses Buch versucht, Ihnen einen Überblick über die Hacker-Kultur und das eigentliche Hacken selber zu verschaffen. Dies ist umso wichtiger, als es eigentlich nur zwei Arten von Büchern zu diesem Thema gibt: Entweder sind sie ganz einfach schlicht und ergreifend falsch oder zu kompliziert für Laien.

Verstehen Sie deshalb dieses Buch als Ihren Reisebegleiter in die Hacker-Szene. Es wird Ihnen nicht alles erklären und zeigen können, was die Hacker-Szene tatsächlich ausmacht, aber es wird Ihnen das nötige Wissen vermitteln, um Ihre Reise sicher und zielgerecht anzutreten. Lassen Sie sich also beruhigt an die Hand nehmen und durch ein faszinierendes Gebiet der modernen Welt geleiten: die Kunst der Selbstverteidigung mit dem bloßen Computer (und 'nem Modem und 'nem Netzanschluss und 'nem Betriebssystem ...).

Über dieses Buch

Es gibt Unmengen an Büchern mit dem Wort *Hacker* im Titel, aber nur die wenigsten erfüllen die Erwartungen, die dieses Wort heraufbeschwört. Meistens handelt es sich um 20 kg schwere Wälzer voller technischer Details und kryptischer Wörter. Das mag ganz gut sein, wenn Sie sich in der Materie auskennen. Aber wenn Sie gerade angefangen, sich mit dem Thema auseinander zu setzen, oder sich nur oberflächlich damit beschäftigen möchten, dann nützt so was Ihnen wenig. Dieses Buch soll diese Lücke füllen.

Zum einen enthält es genügend Wissen, um Ihre Kenntnisse des Themas gesellschafsfähig zu machen und Ihren Weg in diesen Wissensbereich wesentlich zu erleichtern, zum anderen bleibt es noch einfach genug, dass Sie auch tatsächlich verstehen, wovon geredet wird. Themen, die unter anderem behandelt werden, sind:

- ✔ Wo kamen die ersten Hacker her?
- ✔ Wie sieht die Hacker-Kultur aus?
- ✔ Welche Techniken benutzen Hacker?
- ✔ Was ist mit Hacken alles möglich?

Wie Sie sehen, besteht das Buch aus einer guten Mischung Technik und Erzählung. Obwohl Sie das Buch von Anfang bis zum Ende durchlesen können, wurde es so gut wie möglich so aufgebaut, dass Sie es auch als Referenz verwenden können. Es wäre wahrscheinlich auch etwas zu viel für Sie, es in einem Zug durchzulesen. So viel technisches Gerede verträgt kaum ein Mensch (dies ist eine Warnung nach dem Motto »Wegen Nebenwirkungen fragen Sie bitte Ihren Arzt oder Apotheker«). Gehen Sie es locker an und nehmen Sie sich die Zeit, gemütlich in diesem Buch zu schmökern.

Wie Sie dieses Buch nutzen sollten

Alle Befehle, die Sie eingeben müssen, werden wie folgt dargestellt:

```
BEFEHL geben
```

Geben Sie den Befehl `BEFEHL geben` genau so ein, wie er in dem Buch abgebildet ist und bestätigen Sie den Befehl mit der [↵]-Taste.

Wenn ein Befehl, den Sie eingeben, nicht 100 % klappen sollte, überprüfen Sie noch einmal die Syntax und die Groß- und Kleinschreibung.

Rückgaben eines Computers oder eines Befehls (zum Beispiel Fehlermeldungen und dergleichen) werden wie folgt wiedergegeben:

```
Eine Meldung als Rückgabe eines Befehls
```

Wenn Sie etwas auswählen oder auf etwas klicken sollen, wird es so dargestellt:

Einstellungen|Ordneroptionen

Das bedeutet, dass Sie erst das Menü Einstellungen auswählen und dann auf Ordneroptionen klicken.

Was dieses Buch nicht tut

Damit Sie gleich von Anfang an Bescheid wissen: Dieses Buch macht Sie nicht zu einem Hacker. Das wäre eine unmögliche Aufgabe für nur ein Buch (wahrscheinlich auch für ein Dutzend Bücher).

Sie werden nicht dieses Buch lesen und danach Ihr Bankkonto auffüllen können oder sich die geheimsten Daten des CIA zu Eigen machen. Das Erste, was Sie in den Kopf kriegen müssen, ist:

Es ist nicht so einfach!

Wenn Sie sich diesen Satz merken und immer daran denken, dass Sie viel mehr lernen könnten, als Sie schon wissen, dann könnte es sein, dass schon ein Hacker in Ihnen drin steckt.

Was Sie in diesem Buch finden werden

Dieses Buch besteht aus 7 Teilen. Jeder Teil ist in mehrere Kapitel unterteilt, die wiederum in kleinere Abschnitte unterteilt sind. Hier ist ein Überblick der Teile:

Teil I: Was Sie unbedingt wissen sollten (Die Geschichte des Hackens und technische Grundlagen)

In diesem Teil erfahren Sie einiges über die Geschichte des Hackens und lernen etwas über die Hacker-Kultur. Sie werden lernen, wie Sie sich im Computeruntergrund zu verhalten haben. Als letzter Abschnitt in dem Buch finden Sie eine Kurzeinleitung in die Technikkenntnisse, die Sie einigermaßen haben sollten, um dieses Buch zu verstehen.

Teil II: Gefahren und Hacks für den Heimanwender (oder: alle Fenster offen)

Hier lernen Sie hauptsächlich die Probleme und Gefahren kennen, mit denen der Heimanwender am häufigsten konfrontiert wird. Sie werden lernen, wie Sie Ihr eigenes Computersystem am besten schützen (es wäre peinlich, wenn Ihr System gehackt werden würde, während Sie selbst gerade hacken) und auch, wie Sie dieselben Sicherheitslücken bei anderen ausnutzen können. Ein sicheres System und die Fähigkeit sich zu tarnen sind wichtige Voraussetzungen für Ihre weiteren Vorstöße in den Computeruntergrund.

Teil III: Informationsbeschaffung und Angriffstechniken (Footprinting)

Dies ist der Teil, in dem Sie anfangen, sich an die wirklichen Tricks und Techniken der Hacker heranzutasten. Sie werden hier den Grundtechniken begegnen und lernen, wie Sie am besten Informationen über ein Ziel herausfinden.

Teil IV: Server und Betriebssysteme

Eigenschaften und Merkmale der häufigsten Server, Betriebssysteme und Dienste sowie weitere Angriffstypen werden Ihnen beigebracht. Wenn Sie diesen Teil geschafft haben, haben Sie ein beträchtliches Hintergrundwissen, was Sicherheit angeht, und können schon viele praktische Angriffe durchführen und verstehen. Sie werden lernen, endlich einmal einer der größeren Fische im Internet-Teich zu sein.

Teil V: Fortgeschrittenes Hacken

Hier lernen Sie einige fortgeschrittene Hack-Techniken wie zum Beispiel, was Exploits sind und wie man sie anwendet oder wie Sie den Datenverkehr von anderen mitlesen können.

Viele der hier beschriebenen Vorgehensweisen sind sehr fortgeschritten und dieser Teil eignet sich also am besten für Leser, die sich ausgiebig mit dem Thema befassen möchten.

Teil VI: Schutzmechanismen

Endlich befasst sich der letzte Teil mit Schutzvorkehrungen sowohl für Sie persönlich (Verschlüsseln Ihrer Dateien und Schriftstücke) als auch für Computersysteme, mit denen Sie eventuell arbeiten. Zum Beispiel, wie Sie erkennen, ob Ihr Computersystem schon infiltriert wurde oder nicht (oder wie Sie Ihre eigenen Spuren verwischen, abhängig davon, wie Sie es sehen wollen).

Teil VII: Der Top-Ten-Teil

Dieser Teil ... kommt in jedem Dummies-Buch vor. Hier finden Sie häufig gestellte Fragen, eine Liste der zehn größten Sicherheitslücken und einige andere nützliche und teils amüsante Informationen.

Symbole in diesem Buch

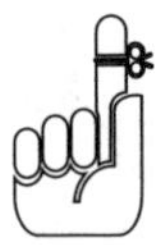

Dieses Symbol weist Sie darauf hin, dass diese Information wichtig ist und Sie sich derer Bedeutung bewusst sein sollten.

Dieses Symbol sagt Ihnen, wie die Hacker-Ethik und die Hacker-Gemeinde zu dem Thema steht.

Dieses Symbol warnt Sie vor möglichen Folgen oder Nebeneffekten Ihrer Handlungen.

Dieses Icon weist Sie auf einen Fachbegriff hin, den Sie sich merken sollten.

Dieses Symbol sagt Ihnen, dass jetzt ein guter Zeitpunkt wäre, das genannte Programm von der CD zu diesem Buch zu installieren oder auszuführen.

Hier finden Sie einen Tipp, oder guten Rat.

Und nun?

Nun sollten Sie beginnen, sich mit dem Inhalt in diesem Buch zu befassen. Sie können sich gerne das Inhaltsverzeichnis anschauen und sich aussuchen, womit Sie beginnen möchten.

Wenn Sie sich wirklich ernsthaft mit dem Thema auseinander setzen möchten, würde ich Ihnen empfehlen, es einfach einmal komplett durchzulesen.

Achtung! Wenn Sie die CD zu diesem Buch einlegen, wird wahrscheinlich Ihr Antiviren-Programm anspringen. Es erkennt das Remote-Control-Programm Netbus, das auch als Trojaner benutzt werden kann. Bitte achten Sie immer auf die Warnmeldung Ihres Antiviren-Programmes, dort steht der Name des Virus und das Verzeichnis, in dem er aufgefunden wurde.

Möchten Sie nur erfahren, wie Sie sich selber am besten schützen, dann sind die ersten beiden Teile am wichtigsten für Sie. Die folgenden Teile können aber auch durchaus interessant sein.

Wie auch immer Sie sich entscheiden, es ist Ihr Buch, also liegt es ganz an Ihnen.

Teil I

Was Sie unbedingt wissen sollten (Die Geschichte des Hackens und technische Grundlagen)

Der Film handelt von einer Gruppe junger, unerfahrener deutscher Hacker, die während der frühen Jahre der Netzwerkkommunikation in einem winzigen Computerraum zusammengepfercht den gefährlichsten Virus ihres Lebens bekämpfen.

In diesem Teil ...

Um zu verstehen, was einen Hacker ausmacht und wo seine Wurzeln stecken, müssen wir uns ein wenig mit der Geschichte des Hackens befassen. Zusätzlich schauen wir uns ein paar berühmte Exemplare der Spezies Hacker an. Als krönenden Abschluss dieses Teils möchten wir uns an das technische Grundwissen herantasten, das für unsere ersten Hackversuche wichtig ist.

Nachdem Sie diesen Teil gelesen haben, werden Sie überrascht feststellen, wie viel Wissen man sich in kurzer Zeit und mit geringem Aufwand aneignen kann.

Moral, Ethik und das Gesetz

0,5

In diesem Kapitel

- Welche Strafen Sie erwarten
- Was Sie im Gefängnis erwartet
- Wieso Sachbeschädigung doof ist

Zu Beginn des Buches eine ernste Mahnung. Eines sollten Sie sich grundsätzlich merken: Wenn Sie die meisten der in diesem Buch beschriebenen Techniken auf Computersysteme anwenden, die Ihnen nicht gehören oder bei denen Sie sich von den Besitzern nicht vorher die Erlaubnis eingeholt haben (am besten schriftlich), stehen Sie schon mit einem Bein im Gefängnis.

Viele der beschriebenen Vorgehensweisen können dazu führen, dass Computersysteme unbrauchbar gemacht werden. Das kann rechtliche und für Sie finanziell verheerende Auswirkungen haben. Deshalb gleich einmal als Vorwarnung: Mit einer Vorstrafe ist eine Zukunft in der Computerbranche für Sie eher unwahrscheinlich.

Die Begründung, Sie hätten nicht gewusst, was Sie da taten, wird auch keinem Richter imponieren, denn Unwissenheit schützt ja bekanntlich nicht vor Strafe. Sonst könnte ja jeder sagen, er wusste nicht, dass es ein bestimmtes Gesetz gibt. Unser Rechtssystem würde dann nicht mehr funktionieren. Oder erwarten Sie etwa, dass Sie nicht bestraft werden, wenn Sie in einen HiFi-Laden einbrechen und vorgeben, Sie wüssten nicht, dass das verboten ist? (Nein, Herr Richter, ich nicht gewusst, ich schwöööör!)

Um die zum Teil drastischen Konsequenzen für die schlimmen Finger der Hacker-Szene deutlich zu machen, folgt eine Auflistung der relevanten Paragrafen im Deutschen Strafgesetzbuch. Halten Sie sich fest, legen Sie die Ohren an und folgen Sie mir in die Folterkammer moderner Gesetzgebung:

Strafgesetzbuch

- ✔ Unbefugte Datenbeschaffung (Artikel 143)
- ✔ Unbefugtes Eindringen in ein Datenverarbeitungssystem (Artikel 143)
- ✔ Datenbeschädigung (Artikel 144)

Zweites Gesetz zur Bekämpfung der Computerkriminalität:

- Paragraf 202a: Ausspähen von Daten

  (1) Wer unbefugt Daten, die nicht für ihn bestimmt und die gegen unberechtigten Zugang besonders gesichert sind, sich oder einem anderen beschafft, wird mit Freiheitsstrafe bis zu drei Jahren oder mit Geldstrafe bestraft.

  In Klartext, unter Paragraf 202a können Sie rechtlich bestraft werden, wenn Sie auch nur eine Webseite anschauen, die eigentlich mit einem Passwort geschützt war, das Sie widerrechtlich herausgefunden haben.

- Paragraf 263a: Computerbetrug

  (1) Wer in der Absicht, sich oder einem Dritten einen rechtswidrigen Vermögensvorteil zu verschaffen, das Vermögen eines anderen dadurch beschädigt, dass er das Ergebnis eines Datenverarbeitungsvorgangs durch unrichtige Gestaltung des Programms, durch die Verwendung unrichtiger oder unvollständiger Daten, durch unbefugte Verwendung von Daten oder sonst durch unbefugte Einwirkung auf den Ablauf beeinflusst, wird mit Freiheitsstrafe bis zu fünf Jahren oder mit Geldstrafe bestraft.

  Paragraf 263a verbietet es beispielsweise bei Internetgewinnspielen zu mogeln.

- Paragraf 303a: Datenveränderung

  (1) Wer rechtswidrig Daten löscht, unterdrückt, unbrauchbar macht oder verändert, wird mit Freiheitsstrafe bis zu zwei Jahren oder mit Geldstrafe bestraft.

  Paragraf 303a ist sehr breit anwendbar. Wenn Sie auch nur eine Webseite widerrechtlich verändern, bezieht sich dieser Paragraf schon darauf.

- Paragraf 303b: Computersabotage

  (1) Wer eine Datenverarbeitung, die für einen fremden Betrieb, ein fremdes Unternehmen oder eine Behörde von wesentlicher Bedeutung ist, dadurch stört, dass er

  1. eine Tat nach Paragraf 303a, Abs. 1 begeht oder
  2. eine Datenverarbeitungsanlage oder einen Datenträger zerstört, beschädigt oder unbrauchbar macht, beseitigt oder verändert

  wird mit Freiheitsstrafe bis zu fünf Jahren oder mit Geldstrafe bestraft.

Bundesgesetz über den Datenschutz (DSG) vom 19. Juni 1992 Verordnung zum Bundesgesetz über den Datenschutz (VDSG) vom 14. Juni 1993

Artikel 3

Die folgenden Ausdrücke bedeuten:

- ✔ Personendaten (Daten): alle Angaben, die sich auf eine bestimmte oder bestimmbare Person beziehen
- ✔ Betroffene Personen: natürliche oder juristische Personen, über die Daten bearbeitet werden
- ✔ Besonders schützenswerte Personendaten: Daten über
  1. die religiösen, weltanschaulichen, politischen oder gewerkschaftlichen Ansichten oder Tätigkeiten
  2. die Gesundheit, die Intimsphäre oder die Rassenzugehörigkeit
  3. Maßnahmen der sozialen Hilfe
  4. Administrative oder strafrechtliche Verfolgungen und Sanktionen
- ✔ Persönlichkeitsprofil: eine Zusammenstellung von Daten, die eine Beurteilung wesentlicher Aspekte der Persönlichkeit der natürlichen Person erlaubt
- ✔ Bearbeiten: jeder Umgang mit Personendaten, unabhängig von den angewandten Mitteln und Verfahren, insbesondere das Beschaffen, Verwenden, Umarbeiten, Bekanntgeben, Archivieren oder Vernichten von Daten
- ✔ Bekanntgeben: das Zugänglichmachen von Personendaten wie das Einsichtgewähren, Weitergeben oder Veröffentlichen
- ✔ Datensammlungen: jeder Bestand von Personendaten, der so aufgebaut ist, dass die Daten nach betroffenen Personen erschließbar sind
- ✔ Bundesorgane: Behörden und Dienststellen des Bundes sowie Personen, soweit sie mit öffentlichen Aufgaben des Bundes betraut sind
- ✔ Inhaber der Datensammelung: private Personen oder Bundesorgane, die über den Zweck und Inhalt einer Datensammelung entscheiden
- ✔ Formelles Gesetz:
  1. Bundesgesetze und referendumspflichtige allgemeinverbindliche Bundesbeschlüsse
  2. Für die Schweiz: verbindliche Beschlüsse internationaler Organisationen und von der Bundesversammlung genehmigte völkerrechtliche Verträge mit rechtssetzendem Inhalt

- ✔ Grundsätze

  1. Personendaten dürfen nur rechtmäßig beschafft werden.
  2. Ihre Bearbeitung hat nach Treu und Glauben zu erfolgen und muss verhältnismäßig sein.
  3. Personendaten dürfen nur zu dem Zweck bearbeitet werden, der bei der Beschaffung angegeben wurde, aus den Umständen ersichtlich oder gesetzlich vorgesehen ist.

Das klingt alles sehr juristisch. Das Datenschutz-Gesetz kann man aber ganz leicht zusammenfassen: Sie dürfen nur Daten sammeln, wenn die Personen, auf die sich die Daten beziehen, auch wissen, warum sie gesammelt werden. Ohne die Erlaubnis dieser Personen dürfen Sie diese Daten nicht weitergeben.

Wie Sie sehen, greift der Staat hart durch, auch bei den kleinsten Delikten. Ändern Sie so auch nur einen Buchstaben auf einer fremden Webseite, dann können Sie bis zu zwei Jahre Gefängnis bekommen. Den Buchstaben des Gesetzes können Sie nämlich nicht verändern.

Vergessen Sie das nie und behaupten Sie nicht, ich hätte Sie nicht gewarnt. Das habe ich nämlich jetzt und zwar ausführlich. Wenn Sie trotzdem Wert darauf legen, Ihren Lebensabend in der Gesellschaft von Mördern, Räubern und anderen Schwerverbrechern zu verbringen – nur zu!

Bedenken Sie bitte auch den moralischen und ethischen Aspekt eines Angriffes. Was haben Sie davon, ein fremdes Computersystem zu zerstören? Gar nichts, außer eventuell eine Anzeige, wenn Sie Pech haben. Aber Sie zerstören dabei die Arbeit und eventuell das Einkommen eines anderen Menschen. Wollen Sie das? Die Hacker-Ethik predigt Wissensdrang, nicht Zerstörungswut. Sehen Sie es einfach einmal so: Es könnte Ihr Computer sein, der da angegriffen wird.

Warum Hacken?

1

In diesem Kapitel

- Was ein Hacker ist
- Was einen Hacker motiviert
- Der natürliche Lebensraum der Hacker

Es ist leicht zu vergessen in all dem Medienrummel, dass hinter dem Begriff *Hacker* ganz normale Menschen stecken. Wie wird aber jemand zum Hacker, was bewegt ihn dazu und was unterscheidet ihn von dem Rest der Menschheit? Diese Fragen werden wir in diesem Kapitel so gut wie möglich beantworten.

Das Stereotyp Hacker

Ein dunkles Zimmer. Science-Fiction-Romane und Computerfachbücher füllen die Regale, die Wände sind nur von einigen wenigen Postern geschmückt. Vor einem Monitor sitzt ein schmächtig aussehender Junge und hämmert wie wild auf seiner Computertastatur herum, Augen auf den Bildschirm gerichtet. Völlig konzentriert, seine unmittelbare Umgebung nicht beachtend, schaut er nur auf die Vorgänge auf seinem Bildschirm, die durch seine Eingaben hervorgerufen werden. Nach einer Weile ein leichtes Lächeln auf seinen Lippen, er flüstert leise »Ich bin drin!«.

Auf der anderen Seite des Atlantiks in einem rot beleuchteten Raum greift ein junger uniformierter Mann zum Telefon, während eine Alarmsirene anfängt, laut zu kreischen. »Sir, wir haben ein Problem. Jemand ist in unser System eingedrungen.« Was Sie gerade gelesen haben entspricht oft dem Bild, das Hollywood von Hackern gibt: junge soziale Außenseiter, die ohne jegliches Verantwortungsgefühl wahllos die nationale Sicherheit gefährden. Die Wirklichkeit sieht selten gerade so aus. Aber wie soll man sich einen Hacker denn nun vorstellen? Sind es wirklich meist heranwachsende Jungs, die Probleme haben, mit der Gesellschaft zurechtzukommen, oder modische Technokiddies, wie sie oft dargestellt werden? Die Antwort ist »Sowohl-als-auch«. Eigentlich gibt es Hacker in allen Größen und Altersklassen. Es gibt wohl keinen wirklichen Hacker-Archetypen. Selbst der Begriff *Hacker* ist umstritten, deshalb kann man keine genaue Definition liefern. Es gibt sehr wohl gewisse Grundzüge, die alle Hacker besitzen, unabhängig von der eigentlichen Persönlichkeit und dem Geschlecht. Wir wollen diese mal kurz aufführen:

✔ **Neugierde**

Hacker besitzen einen unersättlichen Informationsdrang. Sie wollen einfach wissen, wie und warum etwas funktioniert. Ein typisches Merkmal eines zukünftigen Hackers ist z.B.

das Rumspielen mit elektrischen Geräten in seiner Jugend. Informationsfreiheit ist also einer der Grundsätze der Hackerethik.

- **Selbstdisziplin**

  Es gibt so etwas wie ein ungeschriebenes Gesetz in der Hackerkultur, von einigen *Hacker-Ethik* genannt. Es enthält einige Grundsätze, z.B. die schon erwähnte Informationsfreiheit, weiter die Einstellung, dass man Systeme nur betrachten und nicht kaputt machen soll, wie auch den Vorsatz, dass man andere Hacker nicht an die Behörden ausliefert. Die einzige wirklich anerkannte Verfassung ist das *Hackermanifest* von Mentor, auf das wir in Kapitel 2 noch kurz eingehen werden.

  Dieser Punkt hört sich etwas irreführend an. Er bezieht sich nicht auf Selbstdisziplin allgemein, sondern eher auf Selbstdisziplin im Bereich des Hackens. Wenn Sie sich alle Hackerfertigkeiten aneignen wollen, müssen Sie viel Zeit und Ausdauer investieren. Geduld und Hartnäckigkeit gehören hier einfach dazu.

- **Intelligenz**

  Dieser Punkt ist leider nicht wegzudenken. Sie müssen sich vor Augen führen, dass viele Hacker sich das meiste Wissen selber beibringen. Es gibt Fälle, in denen 16-jährige Jugendliche mehr über einige Telekommunikationsnetzwerke wussten als die dafür zuständigen Techniker. Sie fanden Lücken in Programmen, die professionelle Programmierer übersehen hatten. Als Hacker muss man oft sehr tief in die Materie eines Themas eindringen, um komplexe Stoffe zu verstehen. Aber keine Sorge, Sie müssen kein Einstein sein, um sich mit der Computersicherheit auseinander zu setzen. Klares und logisches Denken reicht hier vollkommen aus.

Soviel zu den Gemeinsamkeiten, die beinahe alle Hacker teilen. Den typischen Hacker, wie ihn das Kino und die Medien darstellen, gibt es einfach nicht.

Schlachtfeld Internet

Die meisten Leute betrachten das Internet nicht unbedingt als ein Schlachtfeld. Warum denn auch? Überall sind bunte Schilder zu sehen und alle versprechen einem unendlich viel Spaß und Wissen beim Surfen. Aber auch das Internet hat seine Schattenseiten. Gräbt man etwas tiefer in das World Wide Web und schaut hinter die Fassade, findet man einige düstere Ecken und Gassen. Viele Regierungen und Firmen sind am Netz angeschlossen, und alle wollen nur an wichtige Informationen rankommen. Industriespionage, Sabotage, Betrug und andere dunkle Machenschaften sind im Internet an der Tagesordnung.

Es gibt genügend Behörden und Konzerne, die ihre eigenen Hacker haben. Sie nennen sich zwar *Netzwerksicherheitsadministrator* oder *Bundesnachrichtendienstbeamter*. In Wirklichkeit sind es aber alles nur schön klingende Namen für einen Hacker. Gute Beispiele jüngster Zeit für Hackeraktivitäten findet man in den Auseinandersetzungen zwischen Israel und der

Hisbollah. Das ganze Jahr 2001 über gab es Berichte über Angriffe auf die Computernetzwerke beider Seiten.

Aber auch im wirtschaftlichen Bereich läuft es nicht viel anders. Mit der richtigen Computerdatei könnte ein Unternehmen den technischen Vorsprung der Konkurrenz zunichte machen und sich damit die Vorherrschaft auf dem Markt sichern. Hinzu kommen noch all die Gauner, die mit falschen Versprechungen und verlockenden Angeboten ihren Weg in das weltweite Netz gefunden haben, und so ähnelt das WWW eher einem Krisengebiet.

Der finanzielle Aufwand für Computersicherheit wächst jährlich um ein Vielfaches, da die Anzahl der Angriffe im Internet auf Firmen und Privatleute immer mehr zunimmt. *Cybercrime* (Straftaten, die im oder durch das Internet stattfinden) ist mittlerweile zu einem sehr lukrativen Geschäft für all diejenigen geworden, die entsprechende technische Mittel und Kenntnisse besitzen. Und diese Mittel und das Wissen sind heutzutage besonders leicht und kostengünstig zu bekommen.

Hier einige Zahlen zu dem Thema Sicherheit im Internet

1. Nach Schätzungen von Experten wird der Markt für Computersicherheit auf 4 Milliarden US-Dollar bis 2004 in West-Europa anwachsen. Im Jahr 2001 lag diese Zahl bei 1,5 Milliarden US-Dollar.
2. Sicherheitslücken kosten Unternehmen 15 Milliarden US-Dollar weltweit pro Jahr.
3. Die US Regierung gab im Jahr 2001 1,75 Milliarden US-Dollar für Computer-Sicherheit aus.
4. Im Jahr 2002 plant die US-Regierung, diese Summe auf 2,1 Milliarden US-Dollar zu erhöhen.

(Quelle `www.securitystats.com`)

Andererseits werden ununterbrochen neue Gesetze erlassen, die solche Angriffsfälle rechtlich behandeln sollen. Gesetze der so genannten *Old Economy* sind durch die teilweise grenzüberschreitenden und manchmal technisch fortgeschrittenen Methoden, die bei solchen Straftaten angewandt werden, kaum brauchbar. Stellen Sie sich mal vor, Sie müssten einen Verbrecher verurteilen, der aus Südamerika kommt und durch ein Programm Ihre Kreditkartendetails erfahren hat, und alles nur deshalb, weil Sie Ihr System nicht ausreichend gesichert haben. An wen müssten Sie sich wenden und für welches kriminelle Vergehen würden Sie ihn anklagen? Dieselbe Frage bereitete vor wenigen Jahren den meisten Rechtsexperten noch Kopfzerbrechen.

Das Jahr 2000 war katastrophal, was Computerviren angeht. *I Love you*, *Sircam* und *Code Red* waren abschreckende Beispiele dafür, wie zerbrechlich und anfällig das Internet wirklich ist.

I Love You

»I Love You« ist ein Virus, der sich über E-Mail als Dateianhang verbreitet. Einigen pessimistischen Schätzungen zufolge richtete dieser Virus bis zu 10 Milliarden US-Dollar Schaden weltweit an. Wenn Sie dann bedenken, dass dieser Schädling von einem Teenager geschrieben wurde und dann so große Kosten verursachen konnte, sollten Sie lieber nicht daran denken, was einige wirkliche Sicherheitsexperten schreiben könnten.

Code Red

Code Red ist ein Internetwurm (ein sich selbst reproduzierender Virus), der eine eigentlich gut bekannte Sicherheitslücke im Microsofts Webserver IIS ausnutzt. Die Zahl der bereits infizierten Systeme ist nicht ganz bekannt, sie geht aber zweifellos in die Hunderttausende. Dadurch, dass die Code-Red-infizierten Systeme immer nach neuen zu infizierenden Systemen suchten, wurde das Internet unerträglich langsam. Ziel des Virus war es, an einem bestimmten Stichtag von allen befallenen Rechnern aus die Website des Weißen Hauses in Amerika durch überhöhte Anfragen stillzulegen. Dieses Ziel wurde jedoch verhindert, indem man die Internetadresse des Weißen Hauses rechtzeitig geändert hat.

Die Tendenz, alles zu vernetzen, steigt heutzutage rapide, deshalb wird Sicherheit ein immer wichtigerer Punkt für Behörden und Wirtschaft. Aber auch Sie als Internetbenutzer stehen an derselben Front.

Cracker oder Hacker? Wo liegt hier der Unterschied?

Seit längerem schon tobt eine große Diskussion im Internet darüber, ob Hacker gut oder bösartig seien. Auch wenn die Medien Leute, die in Computersysteme eindringen, einheitlich als Hacker bezeichnen, unterscheiden Hacker selbst zwischen guten und bösen Absichten.

Jemand, der andere über Sicherheitslücken aufklärt und keinen Schaden anrichtet, ist ein *Hacker*. Ich persönlich zähle mich zu dieser Gruppe (wobei ich jetzt nicht unbedingt sagen möchte, dass ich ein Hacker bin, das wäre ja unverschämt). Jemand, der mit kalkulierbarer Absicht Systemen schadet, ist ein *Cracker*.

Diese Unterscheidung sollten Sie sich unbedingt merken, falls Sie in die Szene-Foren und Chats gehen möchten. Viele Mitglieder des Computeruntergrunds reagieren äußerst ärgerlich auf falsche Bezeichnungen. Vor allem aber regt es Hacker auf, wenn Medien eine *Crackertat* als eine *Hackertat* umschreiben. Kein Mensch möchte gerne mit einer Sache in Verbindung gebracht werden, mit der er eigentlich nichts zu tun hat.

Informationen und freie Meinungsäußerung

Wie erwähnt ist Informationsfreiheit einer der Eckpfeiler der Hacker-Ethik. Die meisten Hacker glauben, dass Informationen dafür da sind, diese mit anderen Menschen zu teilen. Deshalb dürfen sie nicht im Besitz einzelner Institutionen bleiben. Nur durch einen freien Informationsfluss kann man Sachen verbessern und anderen Menschen zugänglich machen. Deshalb spielt für viele Hacker die Fähigkeit, sich in fremde Systeme Zugang zu verschaffen, eine große Rolle.

Oftmals schon mussten Rechtsvertreter verdutzt feststellen, dass ein Hacker in ein System nur deshalb eingedrungen ist, weil er einfach schauen wollte, was es dort Schützenswertes gibt. Die meisten Hacker würden keine vertraulichen Informationen weitergeben. Daran wollen aber die zuständigen Behörden leider nicht glauben.

Auch das Internet dient als Plattform der freien Meinungsäußerung und als Publikationsmittel für Menschen, die sich sonst keine Veröffentlichung ihrer Ideen leisten könnten. Nicht jeder hat Geld, um eine Zeitungsanzeige aufzugeben. Natürlich gibt es eine Menge von Informationen, die man vielleicht besser für sich behalten sollte. Hier geht es aber hauptsächlich um das Prinzip der freien Meinungsäußerung und dafür kämpfen Hacker. Einige gehen deshalb sogar ins Gefängnis.

Da es keine zentrale Verwaltung des Internets gibt und dadurch die Kontrolle der dort erscheinenden Informationen kaum möglich ist, dient dieses oft als Feld zwielichtiger Geschäfte und eignet sich hervorragend zum Ausdruck der Kritik bestehender politischer Situationen.

Viele Initiativen wie *Open Source* entstanden direkt durch Einwirkung der Hackerszene, die ungern eine Firma mit einer monopolartigen Stellung sehen würde.

Open-Source-Programme sind Programme, die zusammen mit dem Quelltext frei erhältlich sind, so dass andere Benutzer die Software weiterentwickeln, verbessern und in ihre eigenen Projekte mit einbinden können. Somit sind auch viele Open-Source-Programme, die kommerzielle Qualität haben, kostenlos erhältlich.

Viele angehende Programmierer können aus den offenen Quellcodes lernen, wie auch einige Programmierprojekte ganze Teile davon für ihre Zwecke wiederverwenden.

Chinas Hacker

Die Idee, dass das Internet eines Tages gänzlich kontrolliert werden könnte, ist ein Alptraum für viele. Ein sehr gutes Beispiel dafür ist China. Die dortige Regierung sperrt den Zugang zu Seiten, die sie für unangebracht hält (sprich: Seiten, die China kritisieren). Dadurch hat China eine sehr blühende Hackergemeinde, die natürlich mit allen Mitteln versucht, diese Sperren zu umgehen.

Die Hackerszene als Jobbörse

Viele Firmen aus der Industrie und Wirtschaft wie auch Regierungen rekrutieren aktiv aus der Hackerszene. Auf Hackertreffen findet man oft Talentsucher, die nach guten zukünftigen Mitarbeitern fischen. Es rentiert sich für sie, Leute einzustellen, die wichtige Kenntnisse im Bereich der Computer-/Systemsicherheit besitzen. Die Kostenersparnisse an Ausbildung solcher Fachkräfte sind enorm und viele der Fähigkeiten, über die Hacker verfügen, sind nur schwer beizubringen. Und wer hacken kann, weiß meist auch, wie man sich davor schützen kann.

Einige Hacker finden ein neues Zuhause in den Nachrichtendiensten, Geheimdiensten und Forschungsprojekten der jeweiligen Regierung. Die meisten Nationen haben mittlerweile erkannt, dass im Falle eines Krieges als Erstes die Informationsinfrastruktur des Landes angegriffen wird. Deshalb ist das Verteidigungs- und Angriffspersonal zu wertvollen Aktivposten geworden.

Nicht anders geht es in der Wirtschaft zu. Einerseits will man dort Sabotage und Industriespionage abwehren, wodurch ein riesiger Bedarf an Sicherheitsexperten entstanden ist, die gute Sicherheitssysteme entwerfen und administrieren. Andererseits sucht man auch Leute, die Angriffe auf Sicherheitssysteme ausführen können, was man aber offiziell nicht zugeben will.

Wenn man dann noch die Millionen von Privatanwendern mitrechnet, die mittlerweile ihren Weg ins Internet gefunden haben, muss man kein Finanzgenie sein, um zu sehen, wie viel Potenzial in dem Sicherheitsmarkt der Zukunft liegt.

Viele Menschen empfinden Unbehagen, wenn sie darüber nachdenken, dass Wildfremde in ihrem privaten Computer herumschnüffeln. Deshalb erfreut sich der Markt für Antiviren- und Schutzprogramme einer großen Beliebtheit. Eine gute Adresse zur genaueren Nachforschung wäre `www.sicherheit-im-internet.de`.

Cyberkultur

Im Internet ist regelrecht eine eigene Kultur um die Hackerszene gewachsen. Viele Seiten im World Wide Web bezeichnen sich als *Hackerseiten* und die Anzahl der Leute, die sich als Hacker ausgeben, ist riesig. Eine gute Hackerseite erkennt man für gewöhnlich an einem Forum mit hoher Teilnehmerzahl und regem Verkehr. Man geht nun mal da hin, wo es die beste Information gibt. Ein ebenfalls beliebter Ort für viele Hacker ist *IRC*.

IRC steht für *Internet Relay Chat*. Es ist im Prinzip ein Dienst, der auf einem oder mehreren verbundenen Servern laufen kann. Mit Hilfe spezieller Software, genannt IRC-Client, die auf der CD zum Buch enthalten ist, können Sie so mit einem Server Verbindung aufnehmen und sich mit anderen Usern unterhalten und direkt mit ihnen Dateien austauschen. Ich selbst bin häufig im Nethacker IRC anzutreffen auf `irc.nethacker-security.de` Port 6668 im Nethacker-Channel .

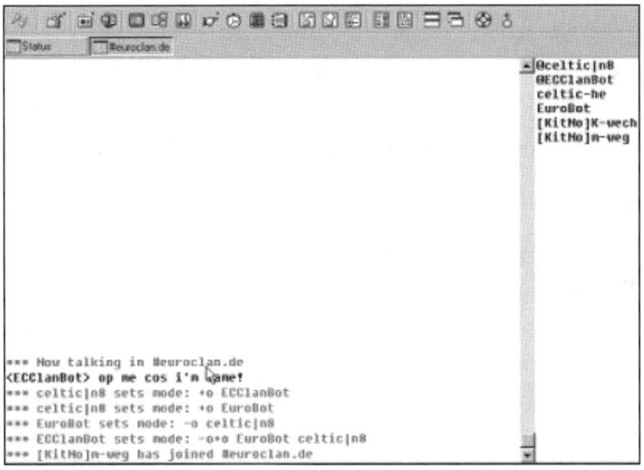

Abbildung 1.1: MIRC, einer der beliebtesten IRC-Klienten für Windows

Usenet ist ebenfalls ein Ort, in dem einige Hacker zu finden sind, da dieses Kommunikationsmittel Diskussion und Informationsaustausch fördert.

Usenet ist eine Sammlung von Mailinglisten. Im Prinzip gibt es zentrale Stellen, oft bei großen Internet-Anbietern und Universitäten, wo alle Benutzer Nachrichten hinschicken und abholen können. Die Kommunikation erfolgt beim Betrachten über einen Newsreader (bei Outlook Express ist zum Beispiel einer von Anfang an integriert) und beim Mitdiskutieren wird eine E-Mail an eben einen dieser zentralen Server geschickt. Allerdings muss man einen Provider haben, der auch einen Newsserver anbietet, oder einen, den viele kostenlos im Internet verwenden. Viele Hacker-Newsgruppen werden aber auch von einigen Anbietern gesperrt.

Wenn Sie sich nicht sicher sind, ob Sie in solch einer Newsgruppe aktiv werden möchten, dann schauen Sie sich in Ruhe an, was die Leute dort sagen, und erst nachher können Sie feststellen, wie gut der Umgang in der jeweiligen Newsgruppe ist.

Der Computeruntergrund und Netiquette

Netiquette ist ein Begriff, den man für Etikette, Höflichkeit und Verhaltensregeln im Internet verwendet.

Gerade der Computeruntergrund, der sich oft eher in der Grauzone des Gesetzes befindet, achtet sehr auf gewisse Verhaltensregeln. Es gibt einige Punkte, die Sie beachten sollten, wenn Sie sich in dieses Metier begeben:

✔ **Halten Sie sich zurück**

Verfolgen Sie eine Diskussion im Internet genau und beteiligen Sie sich nur dann, wenn es relevant ist. Bei der Fülle an Informationen im Netz möchte man nur das Wesentliche wissen, alles andere wird oft als Zeitverschwendung betrachtet.

✔ **Seien Sie genau und spezifisch**

Wenn Sie Fragen stellen, denken Sie vorher genau darüber nach, was Sie wissen möchten. Fragen wie »Wie lerne ich Hacken?« oder »Wie hacke ich Microsoft?« werden Ihnen nur Flames einbringen. Viele Hacker sind es gewohnt, sich so viel Wissen selbst aneignen zu müssen wie sie brauchen. Also, suchen Sie lieber vorher gründlich mit einer Suchmaschine nach Ihrer Antwort, und stellen Sie Ihre Fragen fachlich und im richtigen Moment. Fragen wie »Weiß jemand zufällig, wie ich eine gewisse Einstellung in diesem oder jenem Programm machen kann?« werden freundlich und fachlich beantwortet.

Ein *Flame* ist gewöhnlich eine bösartige Auseinandersetzung im Internet, sei es im Chat, in einem Forum oder sonst wo. Im Prinzip heißt es, dass man Beleidigungen austauscht. Solch ein Verhalten wird ungern gesehen, es sei denn, es ist berechtigt, weil man damit selbst angefangen hat oder jemandem dumme Fragen stellt.

✔ **Bleiben Sie professionell**

Bevor Sie Persönliches mit jemandem austauschen, sollten Sie denjenigen länger kennen. Im Allgemeinen hält man im Netz Privatleben und Hackerdasein stark voneinander getrennt. Alter, Geschlecht und dergleichen spielen eigentlich keine Rolle in der Hackergemeinde. Informationen und Können sind das einzig Wertvolle. Es ist auch schwer abzuschätzen, wann man so weit ist, persönliche Informationen untereinander austauschen. Man muss halt ein Gefühl dafür entwickeln. Anonymität ist ein wertvoller Schutz in der Hackerwelt.

Auch Kritik sollte nur fachlich bezogen auftreten. Jede weitere Kritik, auch in Bezug auf Rechtschreibung, Umgangston und dergleichen gilt als *lamerhaft*.

Lamer ist so ziemlich eine der größten Beleidigungen, die es in der Hackerbewegung gibt. Ein Lamer ist jemand, der keine Ahnung vom Thema hat, und nur unbegründeten Schwachsinn redet.

Elite (oft 31337 geschrieben als Parodie auf *Elite*) ist das genaue Gegenteil von *Lamer*. Es geht hier um jemanden, der weiß, wovon er redet und was er tut.

✔ **Reden Sie nur dann, wenn Sie etwas zu sagen haben**

Wenn Sie sich über fachbezogene Sachen unterhalten, seien Sie so genau wie möglich. Sie werden eventuell aufgefordert, Ihre Aussage zu begründen, oder zu sagen, woher Sie diese Information haben. Auf solche Fragen sollten Sie gut vorbereitet sein, sonst machen Sie sich ziemlich unbeliebt. Quellenangaben werden gerne gesehen, damit sich die Leute selber überzeugen können, ob alles in Ihrer Aussage stimmt.

✔ **Bleiben Sie höflich und sich selber treu**

Verhalten Sie sich genau so wie im echten Leben und bleiben Sie immer höflich. Nur weil Leute Sie nicht kennen oder sehen können, ist das lange noch kein Grund dafür, unhöflich zu sein. Wenn jemand mehr Ahnung hat als Sie oder als Elite gilt, dann zeigen Sie Respekt. Solche Leute haben Respekt verdient.

✔ **Suchen Sie sich einen Spitznamen aus.**

Viele Hacker nehmen sich gerne einen Spitznamen, genannt *Handle*. Der Begriff kommt aus der Amateurfunkszene, wo viele Hacker ihre Wurzeln haben, und wurde von Hackern liebevoll adoptiert. Wenn Sie sich einen Spitznamen nehmen wollen, überlegen Sie sich gut, welchen Namen Sie wählen. Sie werden ihn eventuell länger benutzen und es ist oft der erste Eindruck, den andere von Ihnen haben. Namen wie *Neo* oder *Morpheus* aus dem Film *Matrix*, oder *Crash Override* und *Acid Burn* aus dem Film *Hackers* werden eher müde belächelt als ernst genommen, da diese massig im Internet vertreten sind.

✔ **Passen Sie sich an**

Wenn Sie in ein neues Forum oder in einen neuen Chat gehen, beobachten Sie erst eine Zeit lang Leute, die dort verkehren, um ein Gefühl dafür zu bekommen, wie sie sich geben und wie der allgemeine Ton ist. Erst dann fangen Sie an, mitzureden. So ersparen Sie sich eine Menge Ärger und Peinlichkeiten.

Wenn Sie sich einigermaßen an all diese Grundregeln halten, dürfte Ihr Aufenthalt im Hackeruntergrund ein angenehmer sein. Es sind keine schwierigen Regeln, die Sie zu befolgen haben. Sie verschaffen Ihnen aber mehr Respekt, als wenn Sie sich wie ein allwissender Neuling aufführen würden.

Ursprung und Werdegang des Hackens

2

In diesem Kapitel

- Geburtsort des Hackens
- Die frühe Blütezeit
- Einige berühmte Hacker
- Die Zukunft

Hacken und Computersicherheit sind eine Entwicklung der Neuzeit. Hacker, so wie wir sie kennen, gibt es erst seit weniger als 20 Jahren. Und warum, fragen Sie? Früher war es einfach ziemlich teuer und aufwendig, Computer zu kaufen oder zu bauen. Universitäten, Konzerne und Regierungsstellen gehörten zu den einzigen, die sich solche Geräte leisten konnten. Und diese waren außerordentlich schwer zu bedienen und zu warten. Mit der Geburt des PC (Personal Computer) wurden Computer uns Sterblichen zum ersten Mal zugänglich gemacht.

Hier ein kleines Beispiel: Der durchschnittliche Computer, den die meisten Menschen zu Hause haben, verfügt über mehr Rechenleistung als die Computeranlage, die Neil Armstrong 1969 geholfen hatte, sicher auf dem Mond zu landen. Und wenn Sie damals einen solchen Computer gewollt hätten, hätten Sie dafür ein extra Gebäude bauen müssen.

Die ersten Hacker, von MIT zu Apple

Obwohl es sicherlich viele Orte auf dieser Welt gibt, an denen man damals Computer benutzte, gilt MIT, das *Massachusetts Institute of Technology*, als die Geburtsstätte des Hackens.

Der Begriff *Hack* stammt ursprünglich von MIT. So nannte man Streiche, die Studenten auf dem Campus häufig durchführten. Aber erst der MIT-*Modell-Eisenbahn-Club* gab diesem Begriff einen Bezug zur Technik. Dieser Club bestand aus technisch orientierten Studenten, die in zwei Fraktionen aufgeteilt waren: Die erste Gruppe hat sich vorgenommen, die Modelleisenbahn so realistisch wie möglich nachzubauen. Die zweite Gruppe war hauptsächlich an der Technik des Ganzen interessiert. Es ging ihr um die Elektronik, die die Eisenbahn laufen ließ, die Gleise, die Ampeln und die Bahnweichen. Sie holte sich ihre Inspiration für die Schaltungen und für die Elektronik aus Telekommunikationssystemen und herkömmlichen elektrischen Geräten, genauso wie die Bauteile für die Modelleisenbahn.

Und so bezeichneten diese Pioniere des Computerzeitalters einen Hack als eine technische Verbesserung des Systems, zuerst auf die Modelleisenbahn bezogen, und später, als ihre Interessen mehr in andere Richtungen schweiften, auf Computer, die mit Innovation und Intelligenz durchgeführt wurden. Aus dieser Gruppe stammen die ersten Hacker. 1959 bot MIT zum ersten Mal einen Computerprogrammierungskurs unter der Leitung von John McCarthy an. McCarthy war ein talentierter Mathematiker, der zahlreiche Regierungsprojekte, hauptsächlich für das Verteidigungsministerium, leitete und ein Verfechter der Theorie war, Computer seien tatsächlich eine Wissenschaft für sich.

Der erste Computer bei MIT war ein riesiger IBM704, der, verglichen mit heutigen Modellen, eine fast lächerlich wirkende Rechenleistung hatte. Nach und nach kamen neue Computer mit mehr Speicher und Rechenleistung dazu und die Gruppe der Computerinteressierten bei MIT, dessen Kern die Mitglieder des Modell-Eisenbahn-Clubs formten, wuchs.

Die jungen Männer, die sich tagtäglich um diese Maschinen versammelten, besuchten selten Vorlesungen und widmeten ihre ganze Zeit der neuen aufregenden Computertechnologie. In dieser Runde wurde auch zum ersten Mal der Begriff Hack in Verbindung mit Computern gebracht. Da die ersten Computer sehr wenig Speicherkapazität hatten, war es wichtig, dass Programme so wenig Speicher nutzten wie möglich. Deshalb hat man hier clevere Routinen eingesetzt, die dies ermöglichten und das Hacks genannt. Später wurden nahezu alle guten Programmierleistungen als Hacks bezeichnet und jeder, der einen Hack durchführte, Hacker genannt.

Eine *Routine* ist ein kurzes Programm oder ein kleiner Teil eines Programms, das eine bestimmte Funktion erfüllt, z.B. eine mathematische Formel löst oder ein Ergebnis an den Bildschirm weitergibt.

Bei MIT wurde auch der Grundstein des Hackens, freier Informationsaustausch, gelegt, denn die Studentengruppe tauschte ohne weiteres ihre Programme und ihr Wissen aus. In einer Schublade des Computerraums wurden Quellcodes sämtlicher Programme abgelegt, so dass jeder freien Zugang zu ihnen hatte. Würde man heutzutage irgendeiner großen Software-Firma vorschlagen (mit Ausnahme der Open-Source-Gemeinde natürlich) dasselbe zu tun, würden einige Manager sicherlich einen Anfall bekommen.

Jahre vergingen und viele der MIT-Leute verteilten sich über ganz Amerika (und noch weiter). Computer wurden kleiner und günstiger, so dass weltweit viele Rechenzentren entstanden. In den späten 60er- und frühen 70er-Jahren hatte sich an der Westküste in Kalifornien eine rege Hackergemeinschaft gebildet. Hier bauten Wozniak und Jobs, die Gründungsmitglieder von Apple, den ersten serienreifen Personal Computer. Zwar gab es schon früher einige Personal Computer, diese waren jedoch im Baukastenformat und mussten von den Käufern selber zusammengebaut werden, wodurch sie nur für eine kleine Zielgruppe in Frage kamen. Mit der Markteinführung dieses Gerätes wurden auch andere Firmen auf den Heimcomputermarkt aufmerksam.

Hackerkrieg und Hackerjagd

Über Jahre hinweg gab es mehr und mehr Computer sowie Menschen, die sie benutzten. Bell Labs entwickelte Unix, Bill Gates gründete Microsoft, IBM brachte den IBM PC heraus und aus ARPA und MILnet entstand das Internet.

In dieser Zeit entdeckten einige Technikfreaks, dass man das Telekommunikationsnetz aktiv manipulieren kann. John Draper, bekannt als Captain Crunch, hatte es geschafft, mit einem 2.600-MHz-Ton (ein Geräusch) kostenlos zu telefonieren. Und so funktionierte es: Das amerikanische Telefonsystem wurde anhand von Tönen gesteuert. Der 2.600-MHz-Ton zum Beispiel signalisierte der Vermittlungsstelle, dass ein Gespräch beendet wurde. Wenn man also statt aufzulegen, diesen Ton in den Hörer einspeiste, z.B. mit Hilfe eines Lautsprechers (einige Leute sollen sogar so gut gewesen sein, dieses mit dem Pfeifen zu schaffen), konnte das Gespräch nicht mehr abgerechnet werden. Viele Leute begannen daraufhin mit dem Telefonsystem zu spielen, sehr zur Verärgerung der Telefongesellschaft.

Beige Box

Diese Geräte, die einen 2.600-MHz-Ton hervorbrachten, wurden *Beige Box* genannt. Der Name stammte von dem Aussehen des Gerätes, es war ein Kasten in Beige. Auch wenn spätere Modelle anders aussahen, blieb der Name haften. Andere Geräte mit unterschiedlichsten Funktionen werden immer noch nach diesem Prinzip benannt. So gibt es Black Boxes, Golden Boxes usw.

Laut der Geschichte waren die ersten Benutzer dieser Methode, kostenlos zu telefonieren, blinde Jugendliche. Draper soll die erste *Beige Box* auf Anfrage gebaut haben, so dass eine Jugend-Gruppe für Blinde mit einigen anderen Gruppen sprechen konnte.

Und irgendwann fingen die so genannten *Phreaker* (eine Mischung aus Phone = Telefon und Freak = jemand außerhalb der Norm) an, Computer an das Telekommunikationsnetz anzuschließen. Damals hatten eigentlich nur Universitäten, militärische Einrichtungen und große Firmen einen Anschluss an das Internet. Die Hacker entdeckten aber schnell, dass man sich ohne weiteres über eine Telefonleitung mit seinem eigenen Computer in das Computernetz dieser Organisationen einwählen konnte und von dort aus in das Internet. Natürlich waren diese Zugänge mit Sicherheitsvorkehrungen wie Passwortabfragen verbunden, aber die meist neugierigen Hacker schafften es schnell, diese zu umgehen. Mit der Zeit lernten und interessierten sich immer mehr Menschen für die neuen Techniken. Der Computeruntergrund wurde geboren.

Anfang der 90er-Jahre existierte weltweit eine blühende Hackergemeinde. Es gab jedoch viele Fälle, in denen diese digitalen Rebellen etwas zu weit gegangen sind. Sie hackten sich zum Beispiel gerne in Verteidigungscomputer und Banken ein und dies alleine schon wegen des Respekts, den sie sich durch das Angreifen solch bedeutender Ziele zu verschaffen hofften.

Innerhalb der Hackerszene kam es mittlerweile zu Konflikten und so fand Anfang 1990 ein so genannter *Hackerkrieg* statt, in den sehr viele Hackergruppen nur oberflächlich verwickelt waren. Der Krieg spielte sich hauptsächlich zwischen zwei Hackergruppierungen ab, der LOD (Legion of Doom = Legion der Verdammten) und den MOD (die Gruppe selber schrieb dem Namen keine Bedeutung zu), und begann hauptsächlich aus eher kindischen Gründen wie persönlichen Beleidigung und Meinungsverschiedenheiten. Diese neue Generation von Hackern (die erste Generation waren ja die Jungs bei MIT, die zweite begann mit Captain Crunch) hatte sehr viel Macht. Sie konnten sowohl Telefonrechnungen als auch das gesamte Telefonsystem manipulieren.

Ungefähr zum selben Zeitpunkt begannen amerikanische Behörden, die Hacker aktiv zu überwachen. Im Laufe der nächsten zwei bis drei Jahre kam es zu Verhaftungen innerhalb der Hackerszene. In diesem Zeitraum wurden auch die ersten Gesetze bezüglich Computerspionage und Datensicherheit erlassen.

In der Untersuchungshaft verfasste auch Mentor, ein Mitglied der LOD, das berühmte Hackermanifest.

Das Hackermanifest

Das Hackermanifest ist eines der wenigen allgemein anerkannten Texte zur Hackerethik. Hier ein kleiner Auszug:

»Dies hier ist unsere Welt ..., die Welt des Elektrons und des Schaltzustandes, der Schönheit des Bauds. Wir benutzen eine Dienstleistung, ohne für das zu zahlen, was eigentlich scheißbillig sein könnte, wenn sich nicht ein Haufen profitgieriger Säcke damit die Hälse voll stopfen müsste, und ihr nennt uns Kriminelle. Wir erforschen ... und ihr nennt uns Kriminelle. Wir streben nach Wissen ... und ihr nennt uns Kriminelle.

Wir existieren ohne Hautfarben und ohne religiöse Vorurteile ... und ihr nennt uns Kriminelle. Ihr baut Atombomben, führt Kriege, mordet, lügt und versucht uns klar zu machen, dass es für uns das Beste sei und dass wir ja die Kriminellen seien.

Ja, ich bin ein Krimineller. Mein Verbrechen heißt Neugier. Mein Verbrechen ist es, Leute danach zu beurteilen, was sie sagen und denken, und nicht danach, wie sie aussehen. Mein Verbrechen ist es, dass ich cleverer bin als ihr, etwas, was ihr mir nie verzeihen werdet.

Ich bin ein Hacker, und dies ist mein Manifest. Schon möglich, dass ihr mich aufhaltet, aber ihr könnt uns nicht alle aufhalten ... Am Ende sind wir alle gleich.«

Europa: CCC- und KGB-Hacker

Nicht nur die amerikanische Hackerszene war weit fortgeschritten. Auch in Europa waren Hackergruppierungen aktiv. In Deutschland wurde 1981 der CCC (Chaos Computer Club) gegründet und auch schnell bekannt, weil er im BTX-System der Deutschen Post erhebliche Sicherheitslücken aufweisen konnte. Darüber hinaus brachte der CCC die Zeitschrift *Datenschleuder* heraus, dank der die deutsche Szene zum Tauschplatz von Informationen wurde.

Die CCC-Vereinssatzung

Hier ist ein Auszug aus der CCC-Vereinssatzung, damit Sie sehen können, worum es den Mitgliedern geht:

»§2 Zweck und Gemeinnützigkeit

I. Der Club fördert und unterstützt Vorhaben der Bildung und Volksbildung in Hinsicht neuer technischer Entwicklungen sowie Kunst und Kultur im Sinne der Präambel oder führt diese durch. Der Vereinszweck soll unter anderem durch folgende Mittel erreicht werden:

   1. Regelmäßige öffentliche Treffen und Informationsveranstaltungen.
   2. Veranstaltungen und/oder Förderung internationaler Kongresse, Treffen sowie Telefonkonferenzen.
   3. Herausgabe der Zeitschrift »Die Datenschleuder«.
   4. Öffentlichkeitsarbeit und Tele-Publishing in allen Medien.
   5. Arbeits- und Erfahrungsaustauschkreise.
   6. Informationsaustausch mit den in der Datenschutzgesetzgebung vorgesehenen Kontrollorganen.
   7. Förderung des schöpferisch-kritischen Umgangs mit Technologie.
   8. Hilfestellung und Beratung bei technischen und rechtlichen Fragen im Rahmen der gesetzlichen Möglichkeiten für die Mitglieder.

II. Der Club verfolgt ausschließlich und unmittelbar gemeinnützige Zwecke im Sinne des Abschnitts »steuerbegünstigte Zwecke« der Abgabenordnung; er dient ausschließlich und unmittelbar der Volksbildung zum Nutzen der Allgemeinheit. Er darf keine Gewinne erzielen, er ist selbstlos tätig und verfolgt nicht in erster Linie eigenwirtschaftliche Zwecke. Die Mittel des Clubs werden ausschließlich und unmittelbar zu den satzungsgemäßen Zwecken verwendet. Die Mitglieder erhalten keine Zuwendung aus den Mitteln des Clubs. Niemand darf durch Ausgaben, die dem Zwecke des Clubs fremd sind, oder durch unverhältnismäßig hohe Vergütungen begünstigt werden.«

BTX war ein frühes Netzwerksystem der Deutschen Post. Ähnlich wie das Internet wählte man sich hier per Modem ein und erhielt dadurch Zugriff auf Angebote vieler staatlicher und privater Organisationen. Dieses war aber sehr kostspielig.

Allgemein gesehen hat der CCC in Deutschland vieles geleistet, um die Öffentlichkeit auf Computersicherheit (oder eher -unsicherheit) aufmerksam zu machen.

Ende der 80er-Jahre gab es eine weitere Gruppe deutscher Hacker, heute KGB-Hacker genannt, die westliche Computersysteme im Auftrag der KGB infiltrierten. Über einen längeren Zeitraum hinweg stahl diese Gruppe Informationen aus dem industriellen und Verteidigungsbereich. Unter anderem griff sie auch die NASA und einige Firmen an, die hohe Aufträge vom Militär bekamen.

Letztendlich lieferten sich Mitglieder dieser Gruppen den Behörden selbst aus. Es gab nämlich ein Gesetz, das verbot, einen Menschen rechtlich zu verfolgen, wenn er sich selber stellt und nicht unter dem Verdacht der Spionage steht. Der Höhepunkt dieser tragischen Geschichte war das Auffinden der Leiche von Karl Koch (Handle: Hagbard), einer der Hauptcharaktere in dieser Spionageaffäre und Mitglied der KGB-Hacker, in einem abgelegenen Waldstück im Mai 1989. Die Polizei legte den Fall zu den Akten als Selbstmord. Viele Leute zweifeln aber daran. Die Wahrheit wird wohl nie rauskommen.

Hacker, Cracker und Skriptkiddies

Das war die Geschichte des Hackens im Überblick. Und wie sieht die Hackerwelt heute aus? In Zeiten, wo das Internet und Computer frei zugänglich sind, blüht die Hackergemeinde immer mehr. Viele Informationen sind frei erhältlich, sogar das Thema *Hacken* ist gesellschaftsfähig geworden (ein sicherer Beweis dafür ist dieses Buch). Es wird immer einfacher, die Sicherheitsvorkehrungen zu umgehen.

Die Fraktionen der Hackerszene

Die Hackerszene ist mittlerweile in mehrere Fraktionen unterteilt:

Manchmal sind die Übergänge sehr undurchsichtig. Viele Mitglieder der Hackerszene sind abwechselnd Hacker und Cracker, abhängig von ihren persönlichen und beruflichen Interessen. Da es keine wirkliche Autorität in der Hackerszene gibt, bleibt es den meisten Hackern ihrem Gewissen und ihrer eigenen Moral überlassen, ihre eigenen Grenzen zu setzen.

- **Hacker**

  Hacker suchen nach Sicherheitslücken, um Anwender und Hersteller auf diese aufmerksam zu machen. Viele entwickeln selber Schutzverfahren und arbeiten in der Industrie und Wirtschaft. Hacker glauben, dass Informationen frei zugänglich sein sollten, und sind gegen eine absichtliche Beschädigung fremder Computersysteme. Viele der heutigen Hacker halten sich an die alten Werte der Hackergemeinde. Ein anderer Begriff für diese Gruppe ist *White Hat Hacker*.

- **Cracker**

  Cracker sind sozusagen die Bösen. Sie hacken sich in fremde Systeme zur eigenen Bereicherung ein oder zerstören und beschädigen diese Systeme. Viele Hacker fangen als Cracker an, wachsen aber schnell aus dieser Phase heraus. Nicht wenige Menschen glauben auch irrtümlich daran, dass Cracker die eigentlichen Hacker sind. Dieses falsche Bild wird von Medien und anderen Institutionen vermittelt. Ein weiterer Begriff für Cracker ist *Black Hat Hacker*.

Es gibt auch noch eine andere Gruppe, genannt *Grey Hat Hacker*. Sie entdecken Sicherheitslücken und informieren nicht nur die Hersteller und Anwender darüber, sondern auch die breite Öffentlichkeit, wodurch die gefundenen Lücken auch von anderen Menschen, auch Crackern, benutzt werden können. Sie beabsichtigen zwar kaum etwas anderes als White Hat Hacker, d.h. die Verbesserung der Sicherheit, gefährden sie aber auch durch ihr Vorgehen!

- **Skriptkiddies**

  Skriptkiddies sind nicht sonderlich beliebt in der Hackerszene. Sie sind es meist, denen Hacker ihren schlechten Ruf verdanken. Sie handeln nicht nach dem ersten Prinzip der Hackerethik, dem Streben nach Wissen. Jeder kann einen Knopf drücken und dadurch etwas zerstören, anerkannt werden aber nur die, die den Knopf überhaupt erst funktionieren lassen.

Da es heutzutage viele fertige Programme gibt, die die Vorgehensweise der Hacker automatisieren, kann fast jeder in kurzer Zeit lernen, mit diesen Programmen umzugehen. Die meisten Skriptkiddies, die gerne zu solchen fertigen Programmen greifen, verstehen kaum, wie diese funktionieren. Skriptkiddies können weder programmieren noch manuell hacken. Die Szene benutzt den Begriff *Skriptkiddies* auch als Schimpfwort, ähnlich wie Lamer. Skriptkiddies werden nicht gerne gesehen, obwohl die Mehrzahl der Hacker in diese Kategorie fällt.

Die Zukunft

Und wie sieht die Zukunft des Hackers und seines Handwerks aus? Hier wollen wir einen kurzen Blick darauf werfen.

- Dank Internet und anderer Medien bekommt der Durchschnittsbürger immer mehr Einblick in Themen der Sicherheit und des Hackens, was den allgemeinen Wissensstand in diesen Bereichen rapide erhöht.

- Es häufen sich Programme, die automatisch hacken, auch wenn sich die Hersteller der Sicherheitssysteme größte Mühe geben, gegen solche Angriffe bestens gewappnet zu sein.
- Die langsame Kommerzialisierung des Internets bringt einen wichtigen Aspekt mit sich, den man in Bezug auf Hacken nicht außer Acht lassen darf. Viele Internetangebote werden in Zukunft kostenpflichtig sein, und die Zahl der Benutzer, die dafür nichts zahlen möchten oder können, ist auch nicht gerade niedrig. Hacken wird sich also zu einer wichtigen und begehrten Fähigkeit entwickeln, die es ermöglicht, in Systeme reinzukommen, die sonst unzugänglich sind.
- Auch im Bereich der Kopierschutzverfahren wird sich in der nächsten Zeit einiges tun (vergleichen Sie nur die jüngste Lizenzpolitik von Microsoft). Diese Verfahren werden zwar weiterentwickelt, um Software-Unternehmen vor Raubkopien zu schützen, aber nur wenige Benutzer werden dazu bereit sein, viel Geld für lizenzierte Software auszugeben. Je schwieriger und teurer es sein wird, an bestimmte Informationen und Programme zu kommen, desto größer wird die Anzahl der Leute sein, die sich entsprechende Techniken aneignen, illegal an die Software zu gelangen.
- Es ist auch nicht schwer abzuschätzen, dass die Zahl der am Netz angeschlossenen Firmensysteme immer mehr steigen wird, was sich besonders fördernd auf Industriespionage und Sabotage in einem hart umkämpften Markt auswirkt.

All die oben genannten Faktoren sagen aus, dass die Rolle der Computersicherheit und des Sicherheitsbewusstseins in der Zukunft enorm steigen wird.

3

TCP/IP, Ports und anderes technisches Gerede

In diesem Kapitel

- Wie das Internet aufgebaut ist
- Die Protokolle des Internets
- TCP/IP
- Ports und andere Dienste

Um möglichst viel über Hacking und Computersicherheit zu lernen, sollen Sie zuerst ein paar grundlegende Kenntnisse über die Technik, die dahinter steckt, haben. Immerhin wäre es zum Beispiel etwas schwierig, mit einem Fahrrad zu fahren, wenn Sie nicht einmal wüssten, was ein Rad ist, oder? In diesem Kapitel werden wir darauf eingehen, wie das Internet aufgebaut ist und wie es funktioniert.

Grundlagen des Internet-Aufbaus

Das Internet wurde ursprünglich für militärische Zwecke entwickelt. Seine Aufgabe bestand darin, ein Kommunikationsnetz zu entwerfen, das keine zentrale Stelle haben sollte (ein so genanntes *dezentrales Netzwerk*), so dass man im Falle eines gezielten Anschlags sämtliche Kommunikationswege nicht lahm legen konnte. So entstand der Vorgänger des Internets, das *ARPAnet*, entwickelt von der *DARPA*, der *Defense Advanced Research Projects Agency*, was übersetzt bedeutet *Agentur für fortgeschrittene Verteidigungsforschungsprojekte*, eine lange Bezeichnung, nicht wahr?

Im Prinzip läuft das Internet so, dass es aus vielen Computern besteht, die miteinander vielfach verbunden sind. Wenn ein Weg abgeschnitten sein sollte, suchen sich die Daten einen neuen Weg anhand von *Routern* und deren *Routingtabellen*.

Routing und Routingtabellen

Routing bedeutet leiten oder führen. Viele Server im Internet werden Router genannt, weil ihre Aufgabe nur darin besteht, die ganzen Datenpakete, die im Internet kursieren, an die richtige Stelle zu leiten.

Wenn Sie z.B. auf die Webseite des mitp-Verlags kommen möchten, `http://www.mitp.de`, sendet Ihr PC eine entsprechende Anfrage an einen anderen Computer. Falls dieser weiß, wo die Webseite zu finden ist, leitet er Ihre Anfrage bis ans Ziel, d.h. an den mitp-Server. Wenn aber der angefragte Computer alleine nicht zurechtkommt, schickt er Ihre Anfrage an einen weiteren Computer. Falls der Weg, den der Computer kennt, nicht mehr besteht, hat er noch ein paar alternative Möglichkeiten, die er dann ausprobiert, um endlich die mitp-Webseite zu erreichen, z.B. anstatt über ein Rechenzentrum in Frankfurt über eins in Düsseldorf.

Solange ein kleiner Teil dieser Computer im Internet noch betriebsfähig ist, kann man nahezu jedes Ziel erreichen (vorausgesetzt, unser Zielcomputer ist nicht gerade einem Angriff oder einem Ausfall zum Opfer gefallen).

Das Internet

Die Entwickler des Internets sollen damals gerne gescherzt haben, dass im Falle eines nuklearen Angriffs zwar die ganze Menschheit ausgelöscht werden würde, das Internet aber trotzdem weiterlaufen würde. Später wurden auch nichtmilitärische Computer an das Netz angeschlossen, bis das Internet in dieser Form entstand, wie wir es heute kennen und lieben.

Das Internet besteht aus einer Vielzahl von Computern, die zum Teil gänzlich andere Funktionen erfüllen:

- ✔ **Die grundlegende Verwaltung**

  Auf der untersten Ebene des Internets befinden sich offensichtlich Datenleitungen, die aus Kupfer, Glasfasern und sogar Satellitenverbindungen bestehen. Diese werden von Routern verbunden, die den ganzen Datenverkehr leiten und steuern. Dank Routern werden z.B. die IP-Adressen an einzelne Computernetze verteilt und verwaltet, so dass die Datenpakete auch ihren Weg zu den richtigen Computern finden.

- ✔ **Verschönernde Verwaltung**

  Als Nächstes kommen Verwaltungscomputer, die die Nutzung des Internets einfacher und freundlicher gestalten. Beispiele hierfür sind Nameserver, die eine beliebige Internetadresse, ohne dass Sie es merken, an die richtige IP-Adresse weiterleiten (aus Erfahrung kann man sagen, dass Menschen lieber mit Namen als mit Zahlen arbeiten). Auch Firewalls, so genannte *Schutzmauern gegen Hacker*, und andere Sicherheitsprobleme werden auf der Verwaltungsebene bearbeitet.

- ✔ **Der Inhalt**

  Zuallerletzt kommen Computer, die Ihnen wohl am vertrautesten sind, also die ganzen Web-, FTP- und Mail-Server. Das sind die Computer, mit denen die meisten Menschen in Kontakt kommen. Wenn Sie Ihre E-Mails bei Ihrem Provider abrufen oder einfach mal auf `www.onlinekosten.de` surfen, befinden Sie sich in solch einem.

Protokolle und Kommunikation

Damit sich all die verschiedenen Teile und Computer miteinander verständigen können, brauchen sie eine einheitliche Sprache. Sonst könnte es zu Fehlern kommen oder sogar zum Stillstand, und Sie könnten nicht mehr surfen oder E-Mails verschicken. Der Fachbegriff für solch eine Sprache heißt *Protokoll*. Ein Protokoll ist für gewöhnlich eine Sammlung von Verhaltensregeln, an die man sich hält oder halten sollte. Wenn man ein hübsches Mädchen oder einen netten Jungen näher kennen lernen möchte, ist man ihm gegenüber nett und aufmerksam, das ist ein Beispiel für eine Verhaltensregel. Im Computerbereich, wo es sehr viele verschiedene Systeme und Betriebssysteme gibt, braucht man ein einheitliches Protokoll, das die Verständigung all der Elemente untereinander ermöglicht. Ein Protokoll legt also genau fest, wie der Kommunikationsaustausch verläuft.

Ein *Betriebssystem* ist die erste Software, die auf einen Computer aufgespielt wird, damit er überhaupt arbeiten kann. Zu den bekanntesten Betriebssystemen gehören Microsofts Windows, Linux, UNIX, Mac OS und Novell Netware.

Es gibt mehrere Organisationen, die solche Standardprotokolle vorschlagen und die Protokolle selbst verwalten. ISO (International Standards Organisation) gehört zu einer der bekanntesten Organisation in diesem Bereich.

Das TCP/IP-Protokoll

Das am meisten verbreitete Protokoll im Internet ist *TCP/IP* (tisipi eipi). Es handelt sich hier um eine Fusion der Protokolle *TCP* (*Transport Control Protokoll*) und *IP* (*Internet Protokoll*), wobei dazu noch eine ganze Menge anderer Protokolle gehört, die alle unter diesem Begriff gesammelt werden.

TCP/IP-Protokolle sind plattformunabhängig, was so viel heißt, dass es egal ist, auf was für einem Computer- oder Betriebssystem sie laufen. Dieser Punkt ist deshalb so wichtig, da es sehr viele unterschiedliche Betriebssysteme auf dem Markt gibt. TCP/IP bevorzugt kein Betriebssystem, sondern läuft auf allen gleich, solange es richtig implementiert wurde. Das TCP/IP-Protokoll wurde so konzipiert, dass es von jedem Benutzer selbst in seine Programme eingebaut werden kann.

Hinzu kommt, dass TCP/IP unheimlich flexibel ist. In letzter Zeit lassen sich sehr viele unterschiedliche Einsatzzwecke dieser Protokolle in der Wirtschaft und der Industrie beobachten. Wussten Sie schon, dass der mittlerweile berühmte vernetzte Kühlschrank (er kontrolliert selber seinen Inhalt, kauft über das Internet ein und überprüft die Verfallsdaten) über TCP/IP läuft? Natürlich kann dieses Gerät noch nicht die Butter mit Nutella versauen und halbvolle Bierflaschen leeren, aber das kommt noch. Genau wie diese schicken neuen WAP-Mobiltelefone benutzt der Kühlschrank das TCP/IP-Protkoll. Der Einsatzbereich der TCP/IP-Protokolle ist nahezu uneingeschränkt und die Zukunft wird uns sicherlich weitere interessante Neuigkeiten bringen.

Die wichtigste Aufgabe der TCP/IP-Protokolle besteht darin, alle angeforderten oder gesendeten Daten vollständig und an die richtige Adresse zu bringen.

Jedes Gerät im Internet oder auch in einem auf TCP/IP aufgebauten Netzwerk besitzt eine eindeutig zugewiesene IP-Adresse. Diese ist numerisch nach dem Schema xxx.xxx.xxx.xxx aufgebaut und enthält nur die Zahlen 0 bis 255 (wobei 0 und 255 bereits reserviert sind und es in Zukunft längere Adressen geben wird). Nehmen wir als Beispiel die IP-Adresse 192.168.0.1. Einige Bereiche dieser Adressen sind reserviert für spezielle Aufgaben, z.B. für Verwaltungsaufgaben einiger Netzwerkdienste, aber das braucht uns jetzt nicht weiter zu interessieren.

Wenn also, angenommen, mein Computer eine nette E-Mail an Ihren schicken möchte, wird diese E-Mail in mehrere Pakete zerlegt. Dank diesem Vorgang können einzelne Datenstücke kleiner ausfallen und eventuell andere günstigere Routen nehmen (erinnern Sie sich noch, warum das Internet so aufgebaut wurde?). TCP/IP versieht jedes dieser kleinen Pakete mit Informationen, wo sie ankommen müssen und in welcher Reihenfolge sie wieder zusammengesetzt werden müssen. Falls unterwegs einige Pakete verloren gehen, kümmert sich TCP/IP auch darum, dass die verlorenen Pakete noch einmal nachgesendet werden.

Wie schon erwähnt, besteht TCP/IP aus mehr als nur diesen beiden Protokollen. Deswegen nennt man TCP/IP auch eine *Protokoll-Suite*, was so viel heißt wie ein Protokollsatz. Allerdings hat man diese Protokollansammlung TCP/IP genannt, da TCP und IP wahrscheinlich die wichtigsten all dieser Protokolle sind (TCP/IP läuft wohl ohne FTP, andersherum aber nicht), und weil es sich besser anhört als TCP/IP/FTP/SMTP/TFTP ... usw.

TCP/IP richtet sich nach dem ISO/OSI-Referenzmodell, einem sehr lockerem Standard für Netzwerkprotokolle, den es seit einigen Jahren gibt. Dieses Modell besteht aus sieben Schichten, von denen jede einen anderen Aufgabenbereich hat, von Hardware bis zum eigentlichen Transport. Wir wollen hier nicht allzu sehr auf die Einzelheiten eingehen, weil es den Rahmen dieses Werkes sprengen würde (sicherlich mag keiner ein 20 kg schweres Buch), aber es schadet ja nicht, wenn Sie ein paar Stichwörter für die spätere Verwendung (z.B. bei der Suche im Internet) lernen.

Weitere Protokolle

Wie erwähnt, ist die TCP/IP-Protokoll-Suite zusammengestellt aus einer Vielzahl von Protokollen. Ich werde mal einige der bekanntesten und wichtigsten aufzählen:

- ✔ **IP: Internet-Protokoll**

  Das IP-Protokoll ist das Herzstück von TCP/IP. Es verwaltet die IP-Adressierung (Sie erinnern sich noch, die Zahlen) und die Netzwerkverbindungen. Alleine nur mit IP kann man aber nicht viel anfangen, dafür braucht man noch weitere Protokolle

- **TCP: Transmission Control Protokoll**

  TCP sorgt dafür, dass Ihre Daten richtig, vollständig und in der korrekten Reihenfolge an die Zieladresse kommen. Das ist sehr wichtig, da sich halbe Dateien in der Regel schlecht bearbeiten lassen.

  TCP könnte auch im Zusammenhang mit anderen Protokollen, die sich um die Adressierung kümmern, benutzt werden, man sieht es aber meist mit IP zusammen.

- **UDP: User-Datagram-Protokoll**

  UDP ist etwas rudimentärer aufgebaut als TCP. Dieses Protokoll wird von IP für die Adressierung benutzt, führt im Gegensatz zu TCP aber keine Fehlerkontrolle oder Durchnummerierung durch. Auch DNS benutzt UDP.

- **ICMP: Internet-Control-Message-Protokoll**

  ICMP kümmert sich um Netzwerkprobleme, über die es von den IP-Protokollen erfährt. Es wird auch zur Übertragung netzwerkspezifischer Informationen benutzt, z.B. beim Ping-Befehl, der benutzt wird, um andere Rechner im Netz zu finden und zu kontrollieren, ob sie überhaupt vorhanden sind.

Der Ping-Befehl sowie einige andere nützlichen Befehle werden in Kapitel 6 genau beschrieben.

- **FTP: File-Transfer-Protokoll**

  FTP wird dazu benutzt, Dateien zwischen zwei oder mehr Computern zu bewegen. Man kann mit dem FTP-Protokoll Dateien kopieren und hin- und herschieben. FTP ist aber auch ein Dienst und eine Anwendung, die wir später noch vorstellen werden.

- **Telnet**

  Telnet ist ein Protokoll, das dazu benutzt wird, andere Computer über das Internet fernzusteuern, beinahe als säße man davor. Sehr viele große Computeranlagen werden über Telnet (oder SSH, ein Telnet mit Sicherheitszusätzen) gesteuert. In meinem täglichen Job arbeite ich nahezu nur damit, da Computer, die ich verwalte, geografisch weit von mir entfernt sind. Genau wie FTP ist Telnet aber auch ein Dienst und eine Anwendung.

- **SMTP: Simple-Mail-Transfer-Protokoll**

  Dieses Protokoll ist dazu da, E-Mails im Internet zu transportieren. Es ist ein UNIX spezifisches Protokoll, für das andere Betriebssysteme Übersetzer (also ein Programm, das die UNIX-Befehle auch für andere Betriebssysteme lesbar macht) benutzen, um es verstehen und damit umgehen zu können.

✔ **POP3: Post-Office-Protocol, Version 3**

Dieses Protokoll lässt Sie Ihre E-Mails vom E-Mail-Server zu Ihnen und wieder zurückschicken. Um es zu verwenden, brauchen Sie einen POP-Klienten, meist ein E-Mail-Programm, wie z.B. Outlook Express (ist bei Microsofts Internet Explorer dabei) oder Pegasus.

Das sind nur einige wenige Protokolle, die bei TCP/IP mit dabei sind. Im Verlauf des Buches werden wir noch einigen weiteren begegnen.

Wenn Sie mehr über TCP/IP wissen möchten, könnten Sie sich das Buch *TCP/IP für Dummies* vom mitp-Verlag anschauen. Es befasst sich sehr ausgiebig und in typischer Dummies-Manier mit dem Thema.

Ports und Dienste

Oh je, und noch mehr Information, werden sich einige von Ihnen denken. Ja, leider kommt noch etwas Wissen dazu, aber, wenn Sie das beruhigt, dies ist das letzte in diesem Teil, also, Kopf hoch.

Wir wissen bisher, dass jeder Computer, der im Internet ist (oder in einem Netzwerk, das mit TCP/IP läuft), eine eindeutige IP-Adresse hat.

Das ist aber noch nicht alles. Abhängig davon, welche Programme und Internetdienste dieser Computer benutzt oder anbietet, sind auch noch so genannte Ports offen. Einen *Port* kann man sich als eine Tür vorstellen. Wenn Sie z.B. eine Webseite öffnen, öffnet sich an Ihrem Computer ein Port, und an dem Webserver ebenfalls (nebenbei, der Standard-Port für Web, http ist 80). Verschiedene Dienste benutzen verschiedene Ports, die mittlerweile Standardwerte für bestimmte Dienste haben.

Ein *Dienst* ist etwas, das man anbietet, sei es E-Mail, FTP oder Web. Die meisten Server haben mehrere Dienste im Angebot. Jeder dieser Dienste hat auch einen entsprechenden offenen Port.

Einfach erklärt ist ein Dienst ein Programm, genauso wie ein Schreibprogramm, oder ein Spiel, nur dass ein Dienst anderen Computern irgendetwas anbietet und dazu braucht es eine Öffnung nach draußen, d.h. einen Port.

Teil II

Gefahren und Hacks für den Heimanwender (oder: alle Fenster offen)

Sicherheitslücken in ihrem Netzwerk vorhersagen? Kein Problem. Was haben Sie? Twisted Pair Verkabelung im LAN? Was für ein Betriebssystem benutzen Sie?

In diesem Teil ...

Da wir endlich die notwendigen technischen Grundlagen kennen gelernt haben, können wir nun zu dem spaßigen, aber auch ein wenig beängstigenden Teil des Buches übergehen.

In diesem Teil zeige ich Ihnen, wie sicher oder auch unsicher Ihre Reise auf dem Datenhighway sein kann. Wir werden uns einige der bekanntesten Sicherheitslücken am heimischen PC anschauen und erfahren, wie man diese schließen kann. Sie lernen auch etwas über Viren und andere virtuelle Schädlinge, schauen sich einige Programme an, die man zum persönlichen Schutz nehmen kann, und zum Schluss setzen wir uns gemeinsam ein wenig näher damit auseinander, wie viele Spuren man beim Surfen im Internet hinterlässt und wie man diese möglichst gering halten kann.

Windows, das offene Fenster zur virtuellen Welt

4

In diesem Kapitel

- Wie sicher ist Windows?
- Wo befinden sich Probleme?
- Welche Gefahren lauern in anderen Programmen?

Das meistbenutzte Betriebssystem der Welt ist das Windows-Betriebssystem von Microsoft in seinen diversen Variationen, Windows NT/95/98/2000/XP, um einige zu nennen. Deshalb gehört dieses Betriebssystem auch zwangsläufig zu den häufigsten Angriffszielen im Internet. Und weil Sie wahrscheinlich auch mindestens eins dieser Windows-Systeme verwenden, werden wir uns in diesem Kapitel etwas genauer damit beschäftigen, wo seine größten Lücken liegen.

Windows, Fenster ohne Riegel

Stellen Sie sich vor, Sie fahren in Urlaub und lassen alle Fenster und Türen Ihres Hauses oder Ihrer Wohnung offen. »Würde nie vorkommen«, sagen Sie sich, »macht doch keiner« behaupten Sie. Aber wenn ich Ihnen nun sagen würde, dass Sie mit größter Wahrscheinlichkeit jedes Mal das Gleiche mit Ihrem Computer machen, wenn Sie ins Internet gehen? Ein erschreckender Gedanke, nicht wahr? Jeder kann Ihre Mails und Ihren persönlichen Briefverkehr einsehen und auch an weitere persönliche Daten rankommen. So muss es aber nicht sein. Schauen wir uns jedoch zuerst an, warum es dazu kommt.

Microsoft Windows (insbesondere die 95/98/ME- und XP-Versionen) sind dafür ausgelegt, benutzerfreundlich zu sein und einfach bedient zu werden. Aus diesem Grunde geht wohl Microsoft ein paar Kompromisse ein, die leider zum Teil auch die Sicherheit Ihres Systems betreffen. Von der Sicht des Hackers aus ist das natürlich sehr nützlich und erfreulich. Viele Hacker sind sich nicht ganz sicher, ob sie Bill Gates hassen oder sich bei ihm bedanken sollten.

Windows wurde ursprünglich nicht als ein Netzwerksystem entworfen. Diese Überlegung kam erst später hinzu. Dadurch fehlen bei diesem Betriebssystem einige Grundkonzepte, die bei UNIX, Linux oder anderen Systemen vorzufinden sind. Viele dieser fehlenden Features wurden in neuere Windows-Versionen mit eingefügt, aber die meisten Anwender wissen gar nicht, wie man sie findet, geschweige denn sinnvoll einsetzt.

Andere Einstellungen des Windows-Betriebssystems lassen von vornherein klaffende Lücken in ihrer Verteidigung zu, da viele von ihnen Standardwerte sind, die von Anfang an so eingerichtet wurden. Wenn man also als PC-Benutzer nicht weiß, dass mögliche Sicherheitslücken vorhanden sind, kann man auch schlecht etwas dagegen unternehmen.

Eine andere Quelle der Sicherheitsrisiken bei Windows sind Programme und Anwendungen, die gestartet und routinemäßig installiert werden, aber für den Benutzer eigentlich unbrauchbar sind. Diese fressen oft nur unnötig Systemressourcen und bieten zusätzliche Angriffspunkte. Es ergibt zum Beispiel wenig Sinn, Ihre Ressourcen in einem Netzwerk freizugeben, wenn Sie gar nicht mit einem Netzwerk verbunden sind. Genauso wenig brauchen Sie einen Webserver, wenn Sie gar keine Webseiten anbieten möchten. Zu Microsofts Verteidigung muss ich jedoch sagen, dass dieses Phänomen auch bei vielen anderen Betriebssystemen vorkommt, nur nicht in dieser Häufigkeit

Ein weiterer wichtiger Punkt sind Fehler in der Programmierung des Systems und der Software, ein Fluch nahezu jeder Software. In der Software-Branche werden oftmals recht komplexe Programme entwickelt, bei denen sich Fehler nicht vermeiden lassen. Auch diese können als eine Sicherheitslücke ausgenutzt werden. Ein perfektes Beispiel dafür ist der *ConCon Bug* im Internet Explorer.

ConCon

Es handelt sich hier um einen Fehler, der wie folgt funktioniert: Stellen Sie sich vor, Sie finden auf einer Webseite einen Link mit dem Wert

```
<a href="c:\con\con">Hier klicken!!</a>
```

und klicken diesen aus Neugierde an. Plötzlich wird Ihr PC-Bildschirm blau und es kommt eine Meldung »das System ist ausgelastet«, was zu einem Absturz führt. Was sagen Sie dazu? Dies geschah einfach deshalb, weil der Browser zwanghaft auf eine Datei zugreifen wollte, die es nicht gab. Diese Angriffstechnik wurde später noch verfeinert, indem man den Browser automatisch auf diesen tückischen Link zugreifen ließ. Der Quelltext dafür war auch nicht sonderlich schwierig, wenn man ein wenig HTML-Kenntnisse hat, wie Sie gleich sehen werden.

```
<html><head>
<meta http-equiv="refresh" content="0;URL=c:\con\con">
<title>Windows Killer</title></head>
<p></p>
</body></html>
```

HTML steht für *HyperText Markup Language*. Es ist eine Skriptsprache, die dazu verwendet wird, Webseiten zu schreiben. Ohne sie gäbe es kein World Wide Web (WWW) und das Internet wäre kaum so populär und einfach zu bedienen.

Dieser kleine Code bewirkt, dass der Befehl `c:\con\con` ausgeführt wird, sobald die Seite geladen wird, was den Computer zum Absturz bringt. Insider nennen diese Fehlermeldung liebevoll *Blue Screen of Death* (blauer Bildschirm des Todes). Wenn Sie dieses Skript testen möchten, geben Sie ihn einfach vollständig in einen Texteditor ein, z.B. Notepad, und speichern Sie ihn als `index.html` ab. Bevor Sie ihn ausführen, sichern Sie bitte alles ab, woran Sie gerade arbeiten, da Sie Ihren Computer wahrscheinlich neu starten müssen.

Mittlerweile sind die neuesten Internet-Explorer-Versionen (ca. ab Internet Explorer 5.5 und 6) gegen diesen Code gefeit und für ältere gibt es bei Microsoft eine Abhilfe. Eine Zeit lang war es ein sehr beliebter und relativ harmloser, aber ziemlich ärgerlicher Streich.

Benutzerverwaltung

Eine der Hauptsicherheitslücken der normalen Windowssysteme (95/98/ME) hat ihre Quelle in der Art, wie die Benutzer dieser Systeme verwaltet werden. Bei den meisten Betriebssystemen wie UNIX, Linux oder Novell kommt man ohne ein Passwort nicht in das System rein. Obwohl man bei Windows die Benutzer anlegen kann, dienen diese nur zur Speicherung persönlicher Einstellungen. Das bedeutet, Sie können zwar Ihren Benutzernamen mit einem Passwort belegen, aber derjenige, der dann vor Ihrem Computer sitzt, muss lediglich nur den ABBRECHEN-Knopf mit der Maus anklicken, und schon wird er von Windows rein gelassen. Von da aus kann er beliebig auf Ihre Dateien zugreifen. Das ist zwar eher ein lokales als ein Internet-Problem, zeigt aber sehr gut, dass man bei der Entwicklung von Windows die Sicherheit nicht besonders im Auge hatte. Bei den »großen« Betriebssystemen von Microsoft, den Server-Betriebssystemen Windows NT und 2000, sieht es schon viel besser aus, wobei Sie diese Betriebssysteme für Ihren privaten Gebrauch nicht benutzen werden.

NetBIOS als Eingang

NetBIOS ist ein Protokoll, das Windows dazu verwendet, Dateien und Drucker in einem Windows-Netzwerk zu teilen. Dieses Protokoll läuft auch ohne TCP/IP und heutzutage sogar als eine Schicht auf TCP/IP, wurde aber unabhängig von TCP/IP entwickelt und erst später daran angepasst. Es wird automatisch mitinstalliert, wenn Sie die Datei- und Druckerfreigabe bei Windows installieren, was bei den meisten Benutzern der Fall ist. NetBIOS ist ein sehr nützliches Protokoll, da man dank ihm problemlos und ohne großen Aufwand Ressourcen wie Festplattenspeicher und Drucker teilen kann. Falls es jedoch falsch konfiguriert wird, kann es sämtlichen Internetbenutzern Zugriff auf Ihre Festplatte gewähren. NetBIOS wird als Protokoll an alle netzwerkfähigen Geräte gebunden, also auch mit an das Modem oder die ISDN-Karte. Dies sollte aber nur so eingestellt sein, wenn Sie das bewusst möchten. Wenn Sie mal später in der Überzeugung Ihre Festplatten freigeben, nur Benutzer aus dem internen Netzwerk könnten auf sie zugreifen, kann es vorkommen, dass jeder, der Ihren Computer im

Internet findet, auch Zugriff auf Ihre Dateien und Einstellungen hat. Es gibt nämlich Programme, die extra daraufhin ausgerichtet sind, solche Rechner zu finden. Zu einem der bekanntesten und häufig benutzten gehört *Legion*. Aber auch ein beliebiger Portscanner (auf die wir in Kapitel 10 noch eingehen) reicht dafür vollkommen aus. Sie erkennen diese Sicherheitslücke daran, dass der Port 139, den Windows für diesen Dienst verwendet, offen ist.

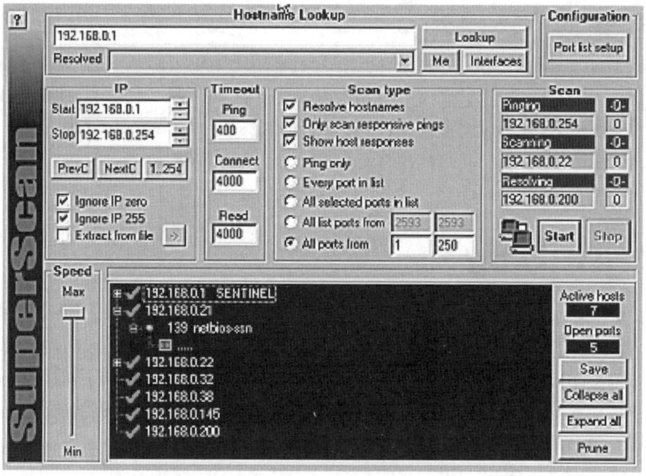

Abbildung 4.1: Einmal mit Superscan gesucht. Man sieht deutlich, dass der Port 139 offen ist, es gibt also eine Sicherheitslücke!

Jeder, der diese Lücke findet, kann sich mit Ihrem Computer vom Internet aus verbinden, als wäre er mit Ihnen im Netzwerk verbunden. Auf diesem Weg kann er in Ihren Dateien rumstöbern, ohne dass Sie es wahrscheinlich überhaupt merken. Ein erschreckender Gedanke, nicht wahr? Wie man sich davor sichern kann, werden wir im weiteren Verlauf des Buches, insbesondere in Kapitel 6, noch lernen, also keine Panik.

Outlook als Virenbrutstätte

Gerade in den Jahren 2000 und 2001 hörte man viel von Computerviren. *I love you*, *Anna Kournikova*, *Sircam32* und *Nimda32* gehören zu den bekanntesten. Diese vier sehr erfolgreichen (erfolgreich insofern, dass sie sich sehr schnell und weit verbreiteten) hatten alle etwas Gemeinsames. Sie nutzten eine Sicherheitslücke in Microsoft Outlook Express aus. Nun gut, eine Sicherheitslücke ist wohl etwas übertrieben. Vielmehr nutzten sie zwei Funktionen von Outlook aus. Die erste ist die Grundeinstellung, dank derer Outlook nur Datei-Endungen bis nach dem ersten Punkt anzeigte. Das heißt, wenn z.B. jemand eine Datei mit dem Namen `guckmal.jpg.vbs` zugeschickt bekommt, wird diese als `guckmal.jpg` angezeigt, wodurch der Benutzer glaubt, er habe ein Bild zugeschickt bekommen. Die zweite Funktion bezieht sich darauf, dass Outlook einige kleine Skriptprogramme ausführen kann, in den meisten Fällen der Viren VBS-Skripts. Wenn man nun eine Mail bekommt mit dem Inhalt *Anna Kournikova nackt* mit einem Bildanhang `anna.jpg`, haben die meisten es natürlich aufgemacht (okay, das hört sich jetzt zwar so an, als seien die meisten Opfer etwas unterbelichtete Männer, aber dies ist ja nur ein Beispiel).

VBS steht für Visual Basic Script und ist eine so genannte Skriptsprache. Das heißt, dass es ein kleines Programm oder eine kleine Routine ist, die nicht von alleine ausgeführt werden kann, es braucht ein externes Programm, einen Interpreter (Übersetzer), um es ausführen zu können.

Man sollte immer etwas misstrauisch sein, wenn man E-Mails mit Anhang bekommt, auch wenn die E-Mail von jemanden zu kommen scheint, den man kennt, da viele Viren sich selbst an die Adressen aus dem Adressverzeichnis des Infizierten verschicken.

Office und Makroviren

Microsoft Office und viele andere Programme, z.B. Webbrowser sind auch in der Lage, Skriptsprachen zu lesen und auszuführen. Diese Skriptsprachen sind Programmiersprachen mit limitierten, extra für die Verwendung mit speziellen Programmen entwickelten Befehlen. So genannte Makroviren sind auch sehr beliebt. Makros sind kleine Routinen und Unterprogramme, die man schreiben und verwenden kann, um Routineaufgaben oder komplexe Berechnungen vorzunehmen. MS Excel und die anderen Officeprogramme benutzen solch eine Sprache. Da diese häufig anzutreffen sind und Befehle ausführen können, gibt es eine Vielzahl von Viren für sie.

Spyware

Spyware (Spionageware) ist eine Form der Software, die vorgibt, etwas zu tun (meist tut sie das auch), aber nebenbei auch noch eine andere Aufgabe erledigt, nämlich Daten über Sie an ein Ziel ins Internet zu senden.

Sehr viele werbefinanzierte Programme, meist kostenlose, aber auch kommerzielle, verwenden dieses Verfahren. Meist wird es dazu benutzt, werbestrategische Informationen über einen Benutzer zu sammeln, z.B. was für Seiten man gerne besucht. Andere Programme haben angeblich düsterere Aufgaben. Eine Zeit lang kursierte das Gerücht, dass der Microsoft Media Player Registrierungsdaten (also, ob man raubkopierte Software auf dem Rechner hatte) und Adressdaten an Microsoft schicken würde, weil er sich automatisch die neuesten Aktualisierungen aus dem Internet holt. Diesen Vorwand benutzen übrigens viele Programme, um Daten zu versenden. Ich persönlich wurde einmal ziemlich stutzig, als ich vom Duschen wieder zu meinem Schreibtisch kam und mein Computer sich eigenständig von dem Media Player aus ins Internet gewählt hatte. So etwas ist zutiefst beunruhigend, wenn man bedenkt, was für Daten man manchmal speichert. Online-Banking und andere Passwörter sind ja oft auf dem eigenen Computer vorhanden und so richtig kontrollieren, was da verschickt wird, kann man oftmals nicht. Auch dieses Problem werden Sie in Kürze lösen können.

Möchten Sie die schlechte oder die gute Nachricht zuerst? Die gute ist: Man kann sich gegen die meisten dieser Gefahren schützen kann. Die schlechte ist: Zuerst schauen wir uns eine dieser Gefahrengruppen noch etwas näher an, nämlich Viren und Trojaner.

Trojaner, Viren und andere Schädlinge

5

In diesem Kapitel

- Geschichte und Werdegang der Viren
- Viren und Trojaner, wo liegt der Unterscheid?
- Wie werden Viren programmiert?

Kaum eine andere Gefahr wird so häufig von den Benutzern und den Medien wahrgenommen wie Viren. Gerade im Jahr 2001 gab es vermehrte Meldungen von Viren, wie »I love you«, »Sircam32« und »Nimda«. Mittlerweile gibt es Programme, mit denen böswillige Cracker per Knopfdruck neue Viren erstellen können und die Anzahl der bekannten Viren nimmt immer mehr zu.

Eine kurze Geschichte der Viren

Was ist ein Computer-Virus? Es gibt viele Definitionen, Sie müssen nur einmal die Begriffe »Definition Virus« in eine Suchmaschine wie `www.altavista.de` oder `www.google.de` eingeben. Persönlich finde ich eine der ältesten Definitionen aus dem Jahr 1986 von Fred Cohen am passendsten:

> »Ein Virus ist ein Programm, das andere Programme oder Speichermedien modifizieren kann, um eine Kopie ... von sich selber dort zu hinterlassen.«

Diese Definition trifft den Nagel auf den sprichwörtlichen Kopf. Im kollektiven Verstand denkt die Allgemeinheit an böswillige Programme, die Systeme zum Absturz bringen und andere zerstörerische Eigenschaften haben. Das ist allerdings ein Missverständnis. Einige Viren haben zwar diese Eigenschaften, aber es wäre so, als würden Sie sagen, dass ein Tiger ein Tier ist, das Menschen frisst. Auch das wäre falsch, denn ein Tiger ist eigentlich ein Säugetier, das der Gattung Raubkatze angehört. Dass einige Tiger in der Vergangenheit Menschen angefallen haben, ist glücklicherweise eher eine Ausnahme, etwas das einzelne Tiger gemacht haben, nicht die Spezies als Ganzes.

Wie der Zufall oft so spielt: Die ersten Viren wurden wahrscheinlich aus Versehen geschaffen. Und zwar einfach aus dusseligen Programmierfehlern. Wenn ein Programm z.B. Daten speichert, legt es die Daten in einen Bereich des Speichers ab. Durch einen kleinen, aber gemeinen Fehler kommt es zum Beispiel dazu, dass das Programm die Daten immer und immer wieder ablegt, bis der Speicher voll ist. So wird durch einen dummen Fehler immer und immer wieder dasselbe ausgeführt, weil dem Programm nirgends gesagt wird, dass es aufhören soll. Dadurch, dass der Computer immer wieder denselben Befehl ausführt, reagiert das

System auf nichts anderes, weil es ja beschäftigt ist, so als würde Ihre CD an einer Stelle stehen bleiben, weil ein Kratzer drauf ist.

Diese Art von Programmierfehler wird *Endlosschleife* genannt. Durch fehlerhafte Programmierung friert der Computer ein, weil er wiederholt ohne Unterbrechung denselben Befehl ausführt.

Obwohl diese fehlerhaften Programme eigentlich keine wirklichen Viren waren, gaben sie doch einigen Programmierern die nötige Inspiration, wie so etwas aussehen könnte.

Der erste wirklich bekannte Virus erschien 1987 (noch gar nicht so lange her!) und trug den Namen Lehigh Virus. Dieser Virus setzte sich in den ersten 555 Byte der `command.com` fest. Damals hatten Computer noch keine Festplatten, sondern arbeiteten, indem der Benutzer eine Diskette mit dem Betriebssystem einschob und dieses dann in den Speicher geladen wurde. Wurde von dieser Diskette erst einmal ein Computer gestartet, hielt sich der Virus in dem Speicher auf und infizierte jede `command.com` auf Disketten, die danach reingeschoben wurden. Es zählte mit, wie oft es sich so weiterkopierte und löschte nach dem vierten Mal den Disketten-Inhalt und überschrieb ihn mit Inhalt aus dem System-BIOS.

Aus diesem Virus entwickelten sich zahlreiche Varianten, alle ähnlich insofern, dass sie ausführbare Dateien infizierten und sich so fortpflanzten. Durch die damalige weite Verwendung von Disketten waren sie sehr verbreitet.

Unter dem *BIOS* werden die einfachsten Einstellungen eines Computers gespeichert. Welche Komponenten sich in dem System befinden, wie es auf gewisse Situationen reagiert, z.B. ob es eine Fehlermeldung ausgibt, wenn keine Tastatur angeschlossen ist, und Ähnliches. Es befindet sich meist auf einem kleinen Speicherchip auf der Hauptplatine des Computers.

Eine *ausführbare Datei* ist eine Datei, die kompiliert worden ist und so Befehle auf dem System aufrufen kann. Bei Windows und MS-DOS zum Beispiel wären das `.bat`-, `.com`- und `.exe`-Dateien.

Jahrelang war diese Art des Virus die dominanteste. Mit der Geburt des Internets kam aber eine neue Variante dazu: der Wurm.

Wurm: Vielfraß und Reisender

Die Vorgangsweise eines Wurms oder eines Virus, sich zu verbreiten, wird *Replikation* genannt, da es sich immer wieder selber kopiert.

Ein Wurm ist ein Virus, der sich selbst verbreitet, ohne dass jemand eingreift. Das heißt, dass er Eigenschaften besitzt, um sich selber zu reproduzieren, ohne dass jemand ihn wissentlich oder unwissentlich weitergibt. Eine gemeine Geschichte! E-Mail-Würmer sind ein sehr gutes

Beispiel. Sobald sie ein System infiziert haben, verschicken sie sich selbstständig über die E-Mail-Adressen des Opfers an andere Adressen weiter. Im Zeitalter des Internets ist diese Art des Virus der am meisten verbreitete. Da das Internet ein weltumspannendes Netzwerk ist, können sich Würmer innerhalb kürzester Zeit sehr weit verbreiten. Eine Art Epidemie bricht aus.

Ironischerweise war der erste Wurm, der das Internet richtig heimsuchte, der *Morris Wurm*, eigentlich als gutartig entwickelt worden. Er sollte von System zu System gehen und unbrauchbare Dateien löschen und kleinere Fehler reparieren. Durch einen Fehler in der Programmierung verbreitete er sich über sehr viele Systeme und machte diese unbrauchbar.

Virenarten

Hier eine grobe Aufstellung verschiedener Virenarten:

- ✔ **Makroviren**

  Makroviren sind kleine Skripts, die die Fähigkeit einiger Programme ausnutzen, solche kleinen Hilfsprogramme auszuführen, wie beispielsweise Microsoft Word oder Excel.

- ✔ **Dateiviren**

  Diese Virenart infiziert ausführbare Programme und zerstört dabei häufig das Wirtprogramm.

- ✔ **Bootsektorviren**

  Diese Viren verstecken sich in den Bootbereichen der infizierten Systeme, wodurch sie schwer aufzuspüren sind. Einmal im Speicher geladen durch das Starten des Systems, fangen sie an, andere Speichermedien zu befallen.

- ✔ **Hybridviren**

  Diese Viren sind eine Kombination aus Datei- und Bootsektorviren, wodurch sich ihre Überlebens- und Replikaktionschancen erhöhen, da man beide infizierten Bereiche identifizieren und bereinigen muss.

- ✔ **Polymorphe Viren**

  Diese Viren verändern sich ein bisschen bei jeder Infektion, um schwerer identifiziert zu werden. Auch ihre Arbeitsweise ändert sich dadurch zwangsläufig, so dass einige mit jeder Mutation gefährlicher werden oder auch gänzlich unwirksam. Oftmals wissen nicht einmal die Erschaffer, wie der Wurm sich verändern wird.

- ✔ **Stealth Viren**

  Diese Art von Viren enthält Schutzvorrichtungen gegen Antiviren-Programme, z.B. dadurch, dass sie sich als völlig harmlose Datei zu tarnen versuchen oder sich in Bereichen des Speichers einnisten, die kaum überprüft werden.

- ✔ **Trojanische Pferde**

  Diese schädliche Programmart gaukelt dem Benutzer vor, sie sei etwas Nützliches und hält dem Hacker eine Hintertür auf oder versendet Passwörter oder andere nützliche Dateien an den Angreifer.

Wie Sie sehen, gibt es eine sehr große Auswahl an Virenarten und diese Auflistung ist sicherlich nicht vollständig. Täglich tauchen neue Arten auf und Experten klassifizieren sie noch genauer nach bestimmten Grundzügen. Genau wie in der Medizin Virenforschung ein eigener Wissenschaftsbereich geworden ist, gibt es Computersicherheits-Experten, die sich ausschließlich mit Computer-Viren befassen.

Trojaner

Trojaner sind im eigentlichen Sinne keine Viren. Wenn sie die Geschichte über das Trojanische Pferd kennen, können Sie sich vielleicht denken, was so ein Programm tut.

Also, lassen Sie uns einen gemeinsamen Blick in die griechische Geschichte werfen. Damals bauten die Griechen ein riesiges hölzernes Pferd als Geschenk für ihre Feinde, die Trojaner. Sie hatten die Stadt Troja seit zehn Jahren belagert und taten so, als würden sie aufgeben. Geschmeichelt zogen die Trojaner das Geschenkpferd in ihre Stadt und feierten eine Siegesfeier. Die Griechen hatten allerdings Krieger im hohlen Bauch des Pferdes versteckt und nachts, als alle schliefen, kletterten diese raus aus dem Pferd und öffneten die Stadttore, wodurch die Griechen siegreich waren.

Trojaner-Programme tun genau dasselbe. Sie tarnen sich als etwas anderes (meist ein nützliches Programm) und öffnen dann eine Hintertür, durch die sie das Zielsystem durchsuchen oder steuern können.

Netbus, ein Trojaner für jedermann

Ein sehr bekannter und weit verbreiteter Trojaner ist *Netbus*. Es wird offiziell als Remote-Control-Programm behandelt, d.h., Sie können einen Computer von einem anderen Computer aus über das Internet steuern. Praktisch gesehen wird es allerdings als Trojaner benutzt.

Auf der CD zu diesem Buch finden Sie Netbus in dem Ordner NETBUS.

Netbus besteht aus zwei Dateien, einmal `Netbus.exe`, mit dem Sie einen infizierten Rechner steuern können, und `patch.exe`, der eigentliche Trojaner. Sie müssen `patch.exe` an ein Opfer schicken und ihn dazu bringen, dieses Programm auszuführen. Als Nächstes sollten Sie die IP-Adresse des Opfers wissen (siehe Kapitel 9, »Wo brechen wir heute ein?«). Wenn Sie all das hinter sich haben, können Sie das Programm `Netbus.exe` ausführen.

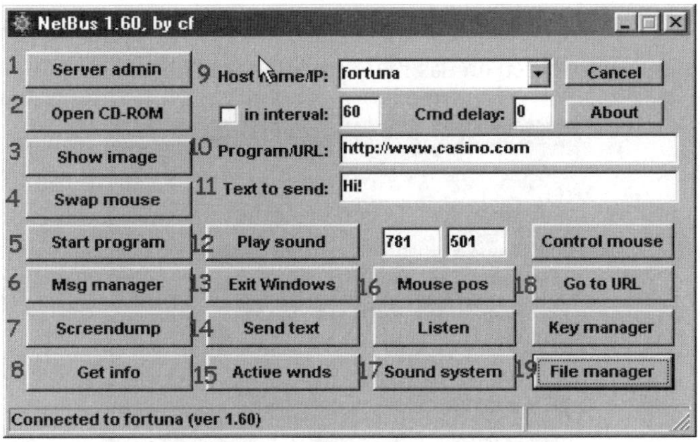

Abbildung 5.1: Der Netbus-Trojaner

Die Funktionen von Netbus sind:

1. **Server Admin**

   Hier können Sie den Server administrieren. Sie können den Netbus-Server auf dem Zielrechner mit einem Passwort belegen (damit nur Sie darauf zugreifen können), den Server beenden und ihn sogar entfernen.

   Belegen Sie Netbus unbedingt mit einem Passwort, besonders wenn Sie bei Ihrem Computer oder bei einem Computer eines Freundes damit herumexperimentieren. Sonst kann es vorkommen, dass ein Fremder die Gewalt über diesen Computer bekommt, etwas, das Sie unbedingt vermeiden sollten.

2. **Open CD-ROM**

   Hier können Sie das CD-ROM Laufwerk des Zielrechners öffnen und schließen. Dem Opfer kommt es so vor, als geschehe es wie durch Geisterhand (nett als praktischer Streich).

3. **Show Image**

   Hier können Sie sich Bilder des Zielsystems anzeigen lassen, allerdings müssen Sie den Namen des Bildes wissen und in welchem Ordner es liegt.

4. **Swap Mouse/Restore Mouse**

   Mit dieser Option können Sie die Kontrolle der Maus des Opfers übernehmen.

5. **Start Program**

   Mit dieser Option können Sie ein Programm auf dem Zielrechner starten. Den Programmnamen und den Pfad zu dem Programm müssen Sie allerdings im Auswahlfeld 10 eingeben.

6. MSG MANAGER

   Hier können Sie Nachrichten an das Ziel verwalten und absenden.

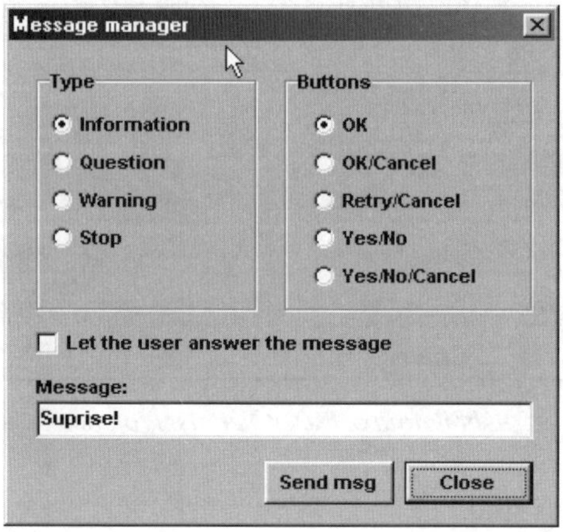

Abbildung 5.2: Der Netbus Message Manager

   Die Auswahlfelder bestimmen, wie das Fenster aussieht und welche Knöpfe das Opfer in dem Fenster sieht. Unten können Sie die zu versendende Nachricht eingeben und mit SEND MSG die Nachricht absenden.

7. SCREENDUMP

   Mit dieser Funktion wird Ihnen ein aktuelles Bild des Monitors des Zieles angezeigt.

8. GET INFO

   Hier können Sie sehen, wo sich der Trojaner auf dem Zielsystem befindet, ob er bei jedem Neustart mit gestartet wird und wie viele andere Leute auf das System mit Netbus zugreifen.

9. HOST NAME/IP

   Hier müssen Sie die Adresse des Zieles eingeben, damit Sie sich mit ihm verbinden können.

10. PROGRAM/URL

   Hier können Sie ein Programm angeben, das Sie auf dem Zielsystem starten möchten, oder auch eine Internetadresse eingeben, die das Zielsystem öffnen soll.

Wenn Sie vorsichtig sind und nichts tun, was das Opfer bemerkt, wird es wahrscheinlich nie mitbekommen, dass sein Computer infiziert ist. Höchstens daran, dass die Festplatte arbeitet, wird jemand sehen können, dass Sie auf das Ziel zugreifen.

11. Text to Send

Hier können Sie angeben, was in einer Nachricht steht, die dem Opfer geschickt werden soll.

12. Play Sound

Hier können Sie eine .WAV-Datei auswählen, die das Opfer dann durch seine Lautsprecher hört. Sie müssen den Pfad und den Namen der .WAV-Datei allerdings kennen.

13. Exit Windows

Mit diesem Knopf können Sie das Zielsystem runterfahren (also ausschalten).

14. Send Text

Die Textnachricht, die Sie in 11 eingegeben haben, absenden.

15. Active Windows

Dieses zeigt Ihnen an, welche Fenster das Opfer geöffnet hat.

16. Mouse Position

Hier wird Ihnen angezeigt, wo sich der Maus-Cursor des Opfers befindet. Die Angaben sind Koordinaten und richten sich danach, welche Bildschirm-Auflösung das Opfer hat.

17. Sound System

Hier können Sie die Sound-Einstellungen des Opfers steuern, z.B. seine Lautstärke-Regelung.

Trojaner sind nicht sonderlich beliebt in der Hacker-Gemeinde, außer unter Skriptkiddies. Einen Trojaner schreiben nötigt Respekt ab, weil der Programmierer dafür sehr viele Kenntnisse haben muss. Sie können gerne mit einigen Trojanern herumprobieren, um zu lernen, wie sie funktionieren, aber dabei sollten Sie es belassen.

18. Go to URL

Hier können Sie dem Webbrowser des Opfers Anweisung geben, zu einer Internetadresse zu surfen, die Sie bei 10 eingeben müssen.

19. File Manager

Hier können Sie die Festplatten und Dateien des Zielrechners anzeigen lassen und betrachten.

Wie Sie sehen, ist Netbus in der Lage, sehr viel auf dem Zielcomputer zu steuern. Ich denke, die meisten Optionen sind ziemlich klar. Probieren Sie einfach mal fröhlich herum, um alle Funktionen besser kennen zu lernen. Am besten, Sie infizieren einen Computer Ihres Freundes (Sie sollten ihn auf jeden Fall vorher fragen) und testen alle Funktionen mit ihm zusammen durch.

Virenbasteln für Dummies

Früher war das Schreiben von Viren ein langwieriges und kompliziertes Unterfangen. Heutzutage bekommen Sie Programme, die Ihnen die Arbeit abnehmen, überall kostenlos im Internet. Sie werden keine Anleitung zum Virenbau in diesem Buch finden. Meiner Meinung nach ist das Schreiben von Viren extrem gefährlich und wenn diese auch noch verbreitet werden, höchst unverantwortlich.

Sollten Sie dennoch der Meinung sein, einen erschaffen zu müssen, achten Sie auf einige Punkte:

- ✔ Seien Sie vorsichtig beim Testen. Wenn Sie einen destruktiven Virus schreiben oder mit einem Programm erstellen sollten (natürlich nur aus reiner Neugierde) und sich selber infizieren, verlieren Sie vielleicht alle Ihre Daten.
- ✔ Testen Sie Viren nur auf isolierten Systemen, also Systemen, die mit keinem anderen System (insbesondere mit dem Internet) verbunden sind.

Viren sind kein Spielzeug und können sehr viel Schaden anrichten. Es ist auch nicht toll, einen auf die unschuldige Internet-Gemeinde loszulassen. Bitte sagen Sie nie, ich hätte Sie nicht gewarnt.

- ✔ Wenn Sie einen Virus erschaffen sollten und Ihnen dieser entwischt, kann das sehr harte rechtliche Schritte zur Folge haben. Sie können für jeglichen Schaden zur Verantwortung gezogen werden, den der Virus anrichtet. Und der kann immens hoch sein.
- ✔ Falls Sie wirklich großes Interesse an Viren haben, lernen Sie, sie selber zu programmieren. Sie sollten genau wissen, was der Virus tut und wie er es macht. Alles andere entspricht nicht dem Hacker-Ethos. Viren-Baukasten-Programme werden in der Hacker-Szene nicht sonderlich hoch angesehen, da die Hacker, die sie verwenden, keinerlei Ahnung davon haben, was sie tun.

Wie schließe ich die Lücken?

6

In diesem Kapitel

- Nützliche Befehle, die man kennen sollte
- Einstellungen in Windows

Wie wir schon festgestellt haben, ist das meistverbreitete Betriebssystem Windows in seinen vielen Variationen. In diesem Kapitel werden wir sehen, wie wir unser Windows bestmöglich gegen Angreifer von draußen schützen können. Viele Windows-Komponenten und -Programme können Sie sicherer machen, wenn Sie wissen, worauf Sie achten müssen.

Ein paar nützliche Befehle

Es gibt einige grundsätzliche Befehle in Windows, die viele Anwender gar nicht kennen, die aber sehr nützlich sein können, um Fehler im Netzwerk zu finden oder allgemein kleinere Überprüfungen durchzuführen. Man kann die meisten sowohl beim Angriff als auch in der Verteidigung einsetzen. Die meisten gibt man in der MS-DOS-Kommandozeile ein. Sie wissen nicht, wo sich dieses Relikt aus alten DOS-Zeiten befindet? Klicken Sie einfach auf den START-Knopf auf dem Windows-Desktop und wählen dann PROGRAMME. Dort sollten Sie das MS-DOS-Icon finden.

Wofür sind diese Befehle gut?

Diese Befehle werden für gewöhnlich dazu verwendet, um Netzwerkverbindungen zu testen und zu überprüfen. Man kann Engpässe in der Verbindung mit Ihnen feststellen, herausfinden, wo sich, wenn überhaupt, Computer befinden und ob sich Router, Firewalls oder andere Geräte zwischen Ihnen und Ihrem Ziel befinden.

Ping

Ping ist ein Befehl (einige würden auch sagen, ein kleines Programm, was auch wahr ist), der kleine Datenpakete an ein bestimmtes Ziel schickt, um zu gucken, ob das Ziel auch aktiv ist. Man sendet also ein kleines Datenpaket an den Zielcomputer und wenn dieser antwortet, geht man davon aus, dass er aktiv (also an) ist. Stellen Sie es sich vor wie bei einem Telefonat: Sie lassen das Telefon klingeln und wenn jemand abnimmt, wissen Sie, dass derjenige da ist. Hebt keiner ab, ist wohl auch keiner zu Hause (oder er will nicht gestört werden, was bei Computern seltener der Fall ist). Die Größe dieses Pakets können Sie bis zu einer gewissen Maximalgröße selber definieren, aber im Moment reicht uns der Standardwert.

Sie können sich den Ping-Befehl so vorstellen wie diese Echolot-Systeme aus alten U-Boot-Filmen. Der Ping ist dementsprechend wie das Sonar-Signal und wenn es auf etwas stößt (in diesem Fall der Zielcomputer), kommt eine Meldung zurück, dass etwas gefunden wurde.

Der Ping-Befehl kann um einige Optionen erweitert werden, die *Switch* genannt werden. Ein Switch wird wie folgt angewandt:

```
C:\ping -Switch Wert Zieladresse
```

Zum Beispiel

```
C:\ping -l 64 192.168.0.1
```

Einige Switches sind:

`-t`: Durch diesen Switch wird durchgehend gepingt statt nur vier Mal, wie es Standard ist.

`-l`: Hiermit wird die Größe des Datenpaketes festgesetzt. Standard sind 32 Bytes.

`-a`: Durch diesen Switch wird eine IP-Adresse in einen Domain-Namen umgeändert (solange es auch einen Hostnamen für diese IP-Adresse gibt).

Sie können auch mehrere Switches kombinieren, zum Beispiel:

```
C:\ping -t -l 64 192.168.0.1
```

Eine vollständige Liste der Switches erhalten Sie, wenn Sie

```
C:\ping -?
```

eingeben.

Der Ping-Befehl ist sehr nützlich, um überhaupt erst festzustellen, ob ein bestimmtes Ziel auch im Netzwerk vorhanden ist. Mit dem `-a`-Switch können Sie auch schnell überprüfen, ob einer IP-Adresse ein Domain-Name zugeordnet ist.

Ein *Switch* ist eine Befehlserweiterung. Meist sieht es so aus, dass man ein Wort oder einen Buchstaben dem Befehl anhängt. Dadurch kann man oft etwas genauere Information bekommen oder den Befehl bestimmten Bedingungen anpassen. Meist bekommt man eine Liste dieser Zusatzbefehle indem man »-?« oder »-help« nach dem Befehl eingibt.

Dieser Befehl ist sowohl unter Windows als auch unter Linux gleich, aber die Switches können manchmal leicht voneinander abweichen. Schauen wir uns Ping einmal genauer an:

```
C:\ping ***.***.***.***
```

So einfach sieht der Befehl aus. Für die Sternchen kann man sowohl eine IP-Adresse wie auch einen Domain- oder Netzwerknamen nehmen, zum Beispiel:

```
C:\ping 127.0.0.1
C:\ping localhost
C:\ping www.beispiel.de
```

Alle diese Beispiele wären also richtig. Probieren Sie doch einfach mal die ersten beiden aus. Sie beziehen sich auf Ihren eigenen Computer (127.0.01 ist eine dieser erwähnten reservierten IP-Adressen und bezieht sich immer auf den Computer, an dem Sie gerade arbeiten, genau wie der Name `localhost`).

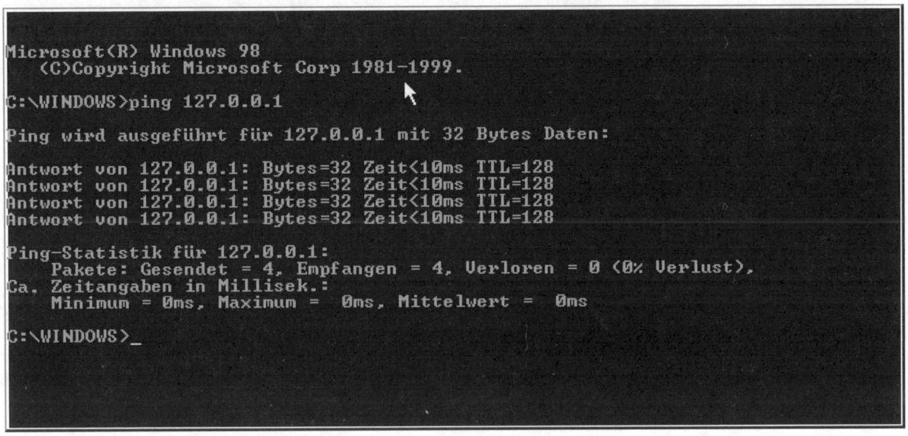

Abbildung 6.1: Wie Sie sehen, haben wir hier den Ping-Befehl ausgeführt und erhalten die Meldung, dass das Ziel aktiv vorhanden ist.

Nun geben Sie doch einmal diesen Befehl ein:

```
c:\ping 127.0.0.1
```

Wie Sie sehen, sagt Ihnen der Computer nun, dass das Ziel aktiv vorhanden ist. Tröstlich, denn immerhin handelt es sich hier um Ihren eigenen Rechner. Wenn hier eine andere Meldung kommt, sollten Sie sich ernsthaft Sorgen machen.

Tracert

Unter `http://www.neotrace.com` finden Sie das Programm *Neotrace*. Es stellt Pings und Tracerts grafisch dar.

Tracert ist noch ein nützlicher Befehl. Mit ihm können Sie die Strecke nachvollziehen, die Ihre Datenpakete nehmen. Jetzt meine ich natürlich nicht, dass er so etwas wie eine Landkarte anzeigt (obwohl es einige Programme gibt, die das tun, z.B. Neotrace auf der CD zu diesem Buch), aber ein geschultes Auge kann sich in etwa vorstellen, wie diese aussehen könnte.

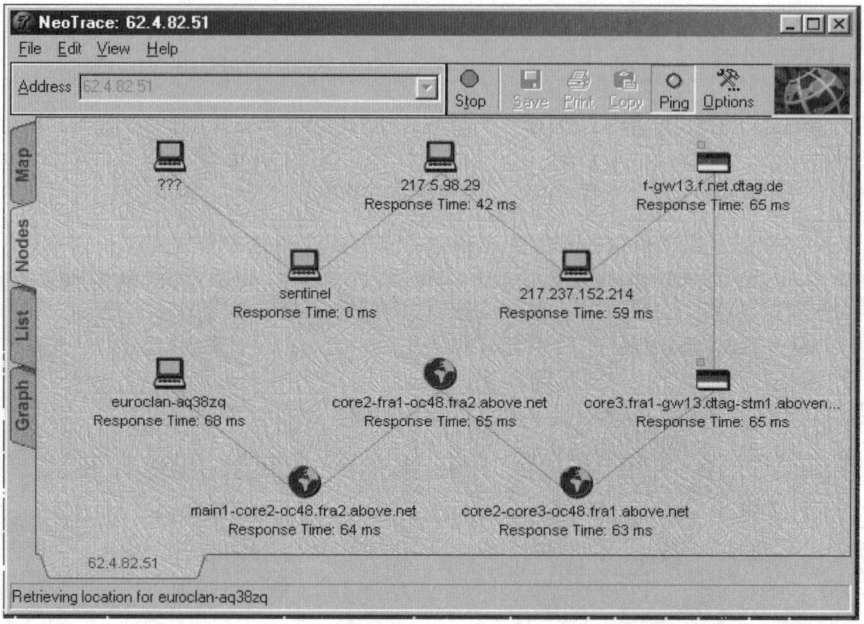

Abbildung 6.2: Neotrace stellt einen Tracert grafisch auf einer Landkarte dar.

Vielmehr zeigt er die Namen und IP-Adressen aller Computer und Router an, über die unser kleines Paketchen geschickt wird. Das kann Ihnen helfen, Engpässe oder Verbindungsstörungen zu finden. Unter Linux heißt dieser Befehl `traceroute`, unter Windows `tracert`. Er wird wie folgt eingegeben:

```
C:\tracert 127.0.01
```

Genau wie bei dem Ping-Befehl kann man hier sowohl IP-Adressen wie auch Namen eingeben. Wenn Sie natürlich 127.0.01 eingeben, wird er nicht sonderlich viel anzeigen, da das ja Ihr eigener Rechner ist. Nehmen wir einfach einmal 194.25.0.60. Das ist die IP eines der Nameserver der Deutschen Telekom.

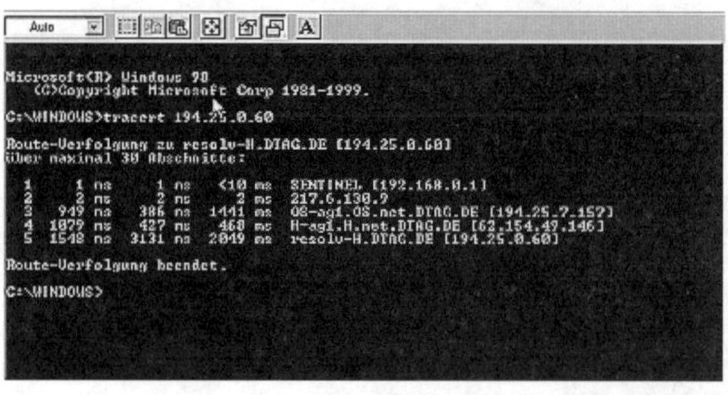

Abbildung 6.3: Der Tracert-Befehl angewandt auf die IP-Adresse eines Nameservers der Telekom

Wie Sie sehen können, zeigt er jeden *Hop* an. Netter Name, oder? Hop und Ping, so trocken ist das doch alles gar nicht! Als *Hop* bezeichnet man jeden Rechner oder Router, über den die Daten gesendet werden. Man kann es sich wirklich so vorstellen, als würden Sie ein seichtes Flussbett überqueren. Sie hüpfen immer zum nächstbesten Stein, darauf bedacht, den sichersten und kürzesten Weg zu nehmen, damit Sie heil und trocken ankommen. Die Millisekunden-Anzeige ist wichtig, um Verbindungsengpässe zu finden. Je höher der Wert, desto schlechter, denn das heißt, dass die Verbindung sehr belastet ist durch schweren Datenverkehr oder durch langsame Geräte, die die Daten weiterleiten. Eine andere Eigenheit des `Traceroute`-Befehls ist, dass er die IP-Adressen auch in DNS-Namen umwandelt, sofern das möglich ist (nicht jedes Gerät im Internet hat einen DNS-Namen).

Netstat

Netstat ist ein sehr schöner Befehl, der sowohl unter Windows als auch unter Linux funktioniert. Es zeigt die aktiven Verbindungen Ihres Rechners an. Die genaue Ausgabe, wie und was er anzeigt, kann man anhand von *Switches* steuern (`netstat ?` unter Windows, bzw. `netstat -help` unter Linux eingeben, um alle Switches anzuzeigen).

Die Eingabe erfolgt wie folgt:

```
C:\netstat - switches
```

Dies ist wohl die einfachste Methode, um anzuzeigen, welche Verbindungen Ihr eigener Computer mit anderen Computern unterhält. So kann man auch sehen, ob andere Benutzer mit Ihrem Computer verbunden sind.

Firewall-Funktionen für Arme

Der Befehl `C:\netstat - switches` ist eine sehr wichtige Funktion. Wenn Sie ihn ab und zu einmal ausführen und Verbindungen sehen, die Ihnen verdächtig vorkommen (zum Beispiel wenn Sie eigentlich mit nichts verbunden sein sollten, es aber sind, ist das mächtig verdächtig), können Sie denen auf den Grund gehen. Es ist zwar nicht so gut oder effektiv wie eine Firewall, gibt Ihnen aber manuell die Funktion, zu sehen, ob jemand ohne Ihr Wissen auf Ihr System zugreift.

Das Schweizer Taschenmesser der Netzwerk-Befehle

Mit diesen drei Befehlen können Sie eine Menge Sachen in Erfahrung bringen und Probleme mit Ihrer Internet-Verbindung schneller auf den Grund gehen.

Sie können Ziele lokalisieren, sehen, wie gut die Verbindung zu dem Ziel ist, und Sie können feststellen, ob Sie eine Verbindung aufgebaut haben.

Wie wir im weiteren Verlauf dieses Buches noch sehen werden, gehören sie auch zu dem Grundwissen jedes Hackers (und Netzwerkadministrators natürlich auch).

Wenn Sie nun einen bestimmten Computer untersuchen möchten, haben Sie alle Grundwerkzeuge, die Sie benötigen. Sie brauchen nur entweder die IP-Adresse oder den Domain-Namen. Mit dem Ping-Befehl können Sie sehen, ob der Computer sich im Internet befindet und wie gut Ihre Verbindung zu ihm ist. Wenn Sie das Ziel nicht anpingen können oder nur eine schlechte Verbindung haben, können Sie mit dem Tracert-Befehl feststellen, wo das Problem liegt (ob es einige Geräte gibt, die die Verbindung verlangsamen oder sogar unterbrechen). Mit dem Netstat-Befehl können Sie währenddessen überprüfen, dass niemand auf Ihren Computer zugreift, den Sie nicht wollen, oder ob vielleicht eine Verbindung zustande gekommen ist. Wie Sie also sehen, mit diesen Befehlen gewappnet ist es beinahe so, als führen Sie eine Art Netzwerk-Schweizer-Taschenmesser mit sich herum.

Datei- und Druckerfreigaben

Einer der gefährlichsten Dienste in Windows ist die Datei- und Druckerfreigabe. Durch diesen Dienst können Sie mühelos Ihre Festplatten und Ihren Drucker mit anderen Leuten im Netzwerk teilen. Das ist an und für sich eine tolle Sache, wäre da nicht der Haken, dass Windows diesen Dienst von sich aus auf alle Netzwerkgeräte in Ihrem Computer anwendet. Was soll daran so schlecht sein? Es ist gut, wenn Sie diese Sachen in Ihrem Netzwerk zur Verfügung stellen möchten, so teilen Sie Ihre Daten und müssen nicht extra für jeden Computer einen Drucker anschaffen, aber wenn dadurch auch jeder im Internet diese benutzen kann, ist das schon etwas beunruhigender. Angenommen, Sie haben eine Netzwerkkarte in Ihrem PC und eine ISDN-Karte. Wenn Sie dann den Datei- und Druckerfreigaben-Dienst von Windows installieren, wird dieser Dienst sowohl auf die Netzwerkkarte als auch die ISDN-Karte angewandt. Nichts ahnend geben Sie Ihre Festplatte und Ihren Drucker im Netzwerk frei in der Annahme, Ihre Kollegen können jetzt darauf zugreifen. Dadurch, dass die ISDN-Karte aber auch mit dem Dienst belegt wurde, gilt dasselbe jedoch auch für jeden Benutzer im Internet. Natürlich hat Microsoft eine Passwortschutz-Funktion mit eingebaut, aber die kann man auch umgehen oder erraten lassen. Viel besser ist es, diesen Dienst nur in dem geschützten Bereich Ihres Netzwerkes anzubieten. Dafür müssen Sie nicht viel einstellen.

1. Schauen Sie sich Ihre Netzwerkeinstellungen an. Entweder Sie haben eine Verknüpfung namens »Netzwerkumgebung« auf Ihrem Desktop oder Sie finden dasselbe Einstellungsfenster, wenn Sie auf das Icon ARBEITSPLATZ, dann SYSTEMSTEUERUNG und dann NETZWERK gehen. Wenn Sie Netzwerkumgebung auf Ihrem Desktop haben, reicht ein Rechtsklick mit der Maus und dann den Menüpunkt EIGENSCHAFTEN anwählen.

2. Wenn Sie hier jetzt so etwas wie DFÜ-ADAPTER oder Ihr MODEM oder ISDN-KARTE entdecken, dann klicken Sie einmal mit der linken Maustaste darauf, um es auszuwählen.

3. Wählen Sie den Punkt EIGENSCHAFTEN und ein anderes Fenster wird angezeigt.

4. Aktivieren Sie BINDUNGEN.

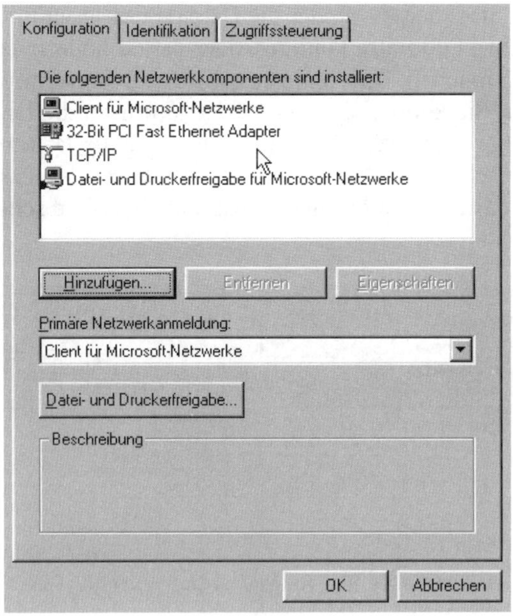

Abbildung 6.4: Hier sehen Sie das Einstellungsfenster der Netzwerkeigenschaften.

5. Wenn hier jetzt DATEI- UND DRUCKERFREIGABE oder NETBIOS mit einem Haken aktiviert ist, entfernen Sie den Haken.

Das war's! Ein paar wenige Klicks mit der Maus und Sie haben Ihre Sicherheit um ein Vielfaches erhöht.

Man kann sehr leicht erkennen, ob dieser Dienst falsch konfiguriert ist. Mit einem einfachen *Portscanner* oder mit dem Tool namens *Legion* (auf der CD zu diesem Buch) kann man einen Computer überprüfen.

Ein *Portscanner* ist ein Programm, das einen Computer auf laufende Dienste überprüft, indem es alle Ports einmal anspricht, um zu sehen, ob diese offen sind. Kapitel 10 beschäftigt sich eingehender mit diesem nützlichen Werkzeug

Die Datei- und Druckerfreigabe verwendet den Port 139. Das heißt, dass Sie, wenn Sie diesen Computer *scannen* und dieser Port offen ist, wissen, dass die Datei- und Druckerfreigabe aktiviert ist. Oftmals wird dieser Dienst aber auch benötigt. Dann haben Sie immer noch die Option, den Zugriff entweder zu limitieren oder mit einem Passwort zu belegen. Indem Sie einen Rechtsklick auf die freizugebende Festplatte machen und dann den Menüpunkt EIGENSCHAFTEN anwählen, erhalten Sie ein Auswahlfenster. Ganz oben rechts ist der Auswahlpunkt FREIGABE, auf den möchten wir jetzt mal gehen. Wie Sie sehen, sind im unteren Bereich des Fensters die Auswahlpunkte SCHREIBGESCHÜTZT, LESE-/SCHREIBZUGRIFF und ZUGRIFF ABHÄNGIG VOM KENNWORT. Wählen Sie ZUGRIFF...., um beide Zugriffsarten mit unterschiedlichen Passwörtern zu belegen.

Schreibgeschützt heißt, dass der Anwender die Dateien nur lesen und kopieren kann, jedoch nicht irgendetwas auf Ihre Festplatte kopieren oder darauf ändern darf. Lese-/Schreibzugriff ermöglicht ihm, alles zu machen. Durch die Passwortbelegung können Sie kontrollieren, wer was machen kann, denn Sie können die Passwörter ja nur an die Leute verteilen, denen Sie auch Zugriff ermöglichen möchten. Dasselbe gilt auch für Drucker. Es ist ein beliebter Streich, Leute auf die falsche Konfiguration ihres Computers aufmerksam zu machen, indem man den Drucker über das Internet bei sich selbst installiert und scherzhaft Nachrichten wie »Füttere mich« ausdrucken lässt.

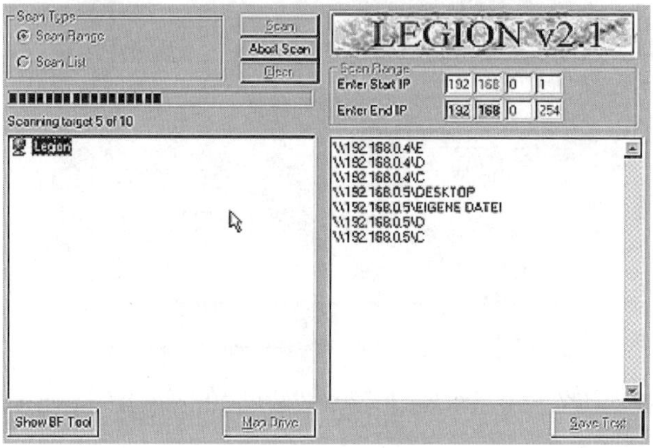

Abbildung 6.5: Legion, ein Scanner für falsch konfigurierte Datei- und Druckerfreigaben

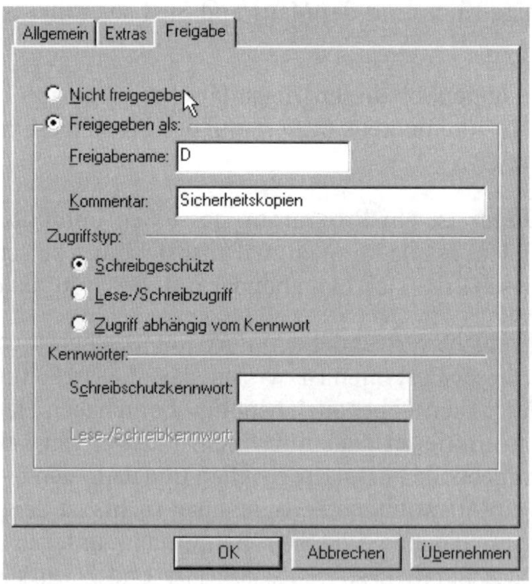

Abbildung 6.6: Das FREIGABE-Dialogfenster von Windows

Sie sollten auch nur unbedingt die Laufwerke oder Ordner freigeben, bei denen Sie es müssen. Jede unnötige Freigabe bietet einen Angriffspunkt oder eine mögliche Schwäche mehr.

Plattensurfen

Wenn Sie die IP-Adresse eines Rechners haben, der Datei- und Druckerfreigabe offen hat, können Sie die IP-Adresse in Ihrem Browser eingeben und erhalten einen Überblick über die Ordner, die dieser freigegeben hat. Geben Sie in Ihrem Browser in der Adressenleiste

```
http://192.168.0.1/
```

ein, wobei 192.168.0.1 die Adresse des Opfers ist. Sie können dann wie gewohnt im Windows-Explorer-Stil sich durch die Verzeichnisse navigieren.

Diese Vorgehensweise wird in der Hacker-Szene *Plattensurfen* genannt. Plattensurfen ist eigentlich reiner Kinderkram. Privat-Rechner haben selten die Art von interessanten Informationen, die Hacker gerne sehen. Server sind der Heilige Gral und dementsprechend wird diese Vorgehensweise auch in Hacker-Kreisen eher belächelt als akzeptiert.

Sicherheitsoptionen in Outlook und Co.

Microsofts Outlook und Outlook Express gehören zu den beliebtesten E-Mail-Programmen, die es gibt. Dadurch, dass Outlook Express beim Microsoft Internet Explorer dabei ist, erfreut es sich besonderer Beliebtheit. Wieder einmal schon wegen der Popularität dieses Programms ist es oft das Ziel vieler Virenangriffe. Es gibt aber auch bei diesem schlecht vorkonfigurierten Programm einiges, das Sie tun können, um Ihre eigene Sicherheit zu erhöhen.

Öffnen von E-Mail-Anhängen

Einer der häufigsten Gründe für eine Virusinfektion ist die schnelle Bereitschaft, jeden Anhang, den man per E-Mail zugeschickt bekommt, zu öffnen. Ein kleiner Beitrag zu diesem Problem ist, dass Windows standardmäßig den Dateinamen für bekannte Datei-Endungen ausblendet. Wenn man eine Datei namens `annakournikova.jpg.vbs` verschickt, zeigt Outlook leider nur `annakournikova.jpg` an. Schon denkt der Benutzer, es ist sicher, es ist ja nur ein Bild und öffnet nichts ahnend das destruktive Programm. Durch eine simple Einstellung können Sie diesen Fehler ruckzuck beseitigen:

1. **Gehen Sie auf den Start-Knopf von Windows, dann auf EINSTELLUNGEN|ORDNEROPTIONEN.**
2. **Dort wählen Sie ANSICHT und aktivieren den Punkt ALLE DATEIEN ANZEIGEN unter VERSTECKTE DATEIEN.**

Schon ist dieses Problem gelöst.

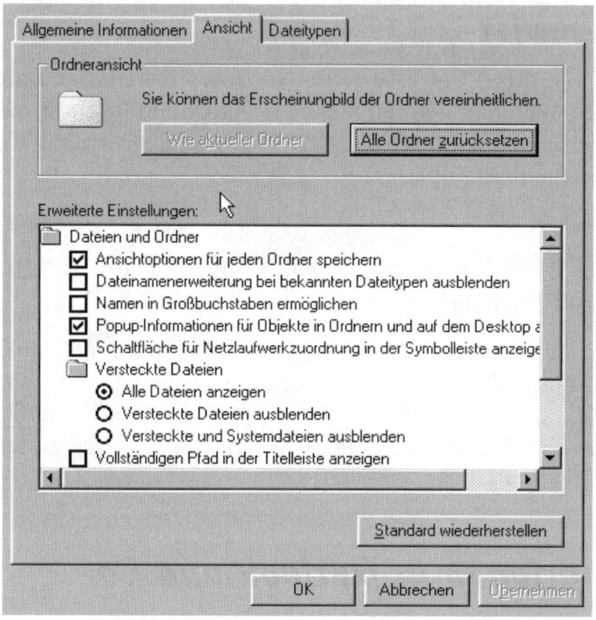

Abbildung 6.7: So sollte Ihre Einstellung ebenfalls sein.

Gefahr durch heimtückische VBS-Viren

Der nächste Punkt, warum Viren so gerne Windows als Wirt nehmen, ist, dass standardmäßig der Windows Scripting Host aktiviert ist. Die meisten Windows-Viren sind nun einmal VBS-Viren.

VBS steht für *Visual Basic Script* und ist eine einfache Skriptsprache basierend auf Microsofts Visual Basic. Man kann damit kleinere Programme schreiben, die jedoch den Scripting Host brauchen, um ausgeführt werden zu können.

Wir werden diesen deinstallieren (aber vorsichtig, wenn Sie den Windows Scripting Host deinstallieren, können Sie keine VBS-Skripts mehr ausführen).

1. **Hierzu klicken Sie auf den START-Knopf, dann auf EINSTELLUNGEN und dann auf SYSTEMSTEUERUNG.**

   Nun öffnet sich das Systemsteuerungsfenster.

2. **Doppelklicken Sie auf SOFTWARE und dann wählen Sie WINDOWS SETUP aus.**
3. **Ganz unten steht ZUBEHÖR, davon möchten wir die DETAILS.**
4. **Als vorletztes steht WINDOWS SCRIPTING HOST. Dort entfernen Sie das Häkchen und bestätigen.**

Sehen Sie, schon wieder ein Problem gelöst.

Automatisches Öffnen von E-Mails

Das nächste Problem besteht darin, dass Outlook neue E-Mails sofort öffnet. Auch das ist nicht sehr vorteilhaft. Sie sollten sich vorher lieber anschauen, von wem die E-Mail kommt, bevor Sie diese einfach öffnen. Um dies zu erreichen, brauchen Sie nur wenige Handgriffe zu tun:

1. **Öffnen Sie Ihr Outlook und wählen Sie unter EXTRAS den Auswahlpunkt OPTIONEN.**
2. **Gehen Sie nun auf den LESEN-Registerreiter.**
3. **Dort müssen Sie das Häkchen von dem Punkt NACHRICHTEN IN DER VORSCHAU AUTOMATISCH HERUNTERLADEN entfernen.**

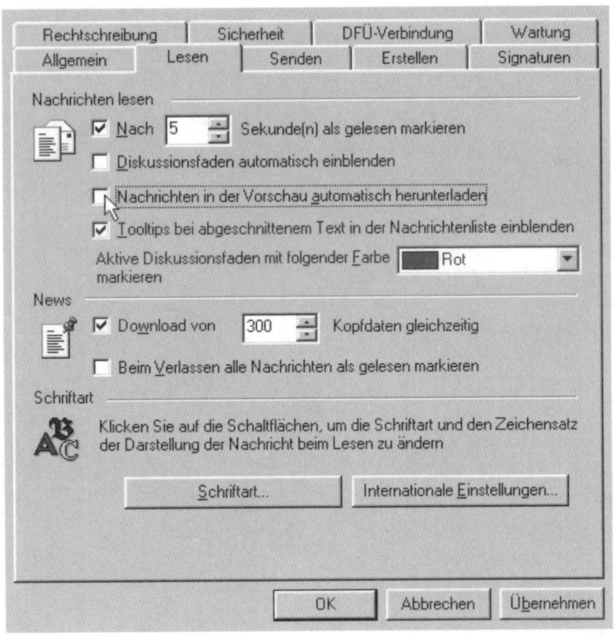

Abbildung 6.8: Dort, wo der Mauszeiger hinzeigt, müssen Sie das Häkchen entfernen.

So haben Sie schon eine Menge getan, um Ihr System gegen feindliche Angriffe von draußen abzusichern. War doch gar nicht schwer. Man fragt sich wirklich, warum Microsoft diese Einstellungen nicht von Anfang an bei der Installation integriert hat. Es wäre sicherlich besser, solche Einstellungen bewusst machen zu müssen, als mit einer Sicherheitslücke so groß wie ein Scheunentor herumzulaufen.

Nun haben Sie einige Einstellungen kennen gelernt, die man in Windows selber ändern kann. Im nächsten Kapitel lernen Sie, wie Sie Ihren Computer noch viel besser sichern können, indem Sie Produkte von Dritten verwenden.

7 Personal Firewalls und Antivirus-Software

In diesem Kapitel

- Was eine Personal Firewall ist
- Was bei der Anschaffung zu beachten ist
- Welche Antivirenprogramme es gibt
- Taugen diese Sachen dann auch etwas?

Es gibt zahlreiche Programme, die Schutz gegen Hacker und Viren versprechen. Früher gab es diese Schutzmechanismen nur zu Preisen, die dem Privatanwender Kopfschmerzen bereiteten, oder mit einem technischen Aufwand verbunden, der weit über dem Nutzen lag. Heutzutage sieht die Sicherheitslandschaft aber ganz anders aus und es gibt eine Menge Schutzprogramme für sehr wenig Geld, wenn nicht sogar kostenlos. In diesem Kapitel werden Sie erfahren, was für Arten von Programmen es gibt, um den heimischen PC zu schützen.

Was ist eine Personal oder Desktop Firewall?

Eine *Firewall* im herkömmlichen Sinne ist ein Gerät oder ein Programm, das Netzverkehr überwacht und/oder nur zulässt, dass gewisse Dienste ansprechbar sind oder bestimmte Daten durchkommen.

Wörtlich übersetzt bedeutet Firewall *Feuerwand*. Heutzutage arbeitet so gut wie keine seriöse Firma ohne Firewalls und eine Vielzahl von Firewall-Produkten ist auf dem Markt erhältlich. Die meisten sind dafür konzipiert, ganze Netzwerke zu sichern. Für den Heimanwender sind diese meist zu kompliziert, zu teuer oder ganz einfach zu aufwendig. Es wäre, als würde man mit Kanonen auf Spatzen schießen. Da der Heimanwender aber immer öfter zum Ziel von Hackerangriffen wird, hat sich auch in diesen Bereich so langsam ein Markt entwickelt. Im Gegensatz zu herkömmlichen Firewall-Lösungen sind Desktop Firewalls schnell installiert, einfach zu konfigurieren und schützen üblicherweise nur einen Computer und zwar den, auf dem sie installiert sind. Die Anforderungen sind meist ganz anderer Natur als bei einem Internetserver. Im gewerblichen und industriellen Bereich schützen Firewalls meist Serveranlagen und Netzwerke, die empfindliche oder vertrauliche Daten enthalten, oder Computer, für deren Benutzung Kunden Geld zahlen. Sie sind so aufgebaut, dass sie, wenn sie richtig konfiguriert sind, gut geplante Angriffe überstehen können und ganze Netzwerkbereiche schützen. Im privaten Gebrauch geht es meist darum, den Benutzer vor Trojanern und so genannten *Nuke-Attacken* zu beschützen.

Eine *Nuke-Attacke* ist ein Angriff, dessen Ziel es ist, den Zielcomputer zum Absturz zu bringen. Oft nutzen diese Angriffe Programmfehler aus, um das zu erreichen.

Welche Firewall ist zu empfehlen?

Es gibt eine Vielzahl von Personal Firewalls auf dem Markt (manchmal spricht man auch von Desktop Firewall). Im Prinzip arbeiten alle gleich. Sie überwachen jede Verbindung zwischen dem eigenen Computer und dem Internet. Der Unterschied liegt darin, wie diese Überwachung erfolgt. Im einfachsten Fall weiß die Firewall, dass sie bestimmte Programme durchlässt oder aber bestimmte Ports zur Kommunikation zulässt. Einige sind dann noch etwas genauer und lassen auch die Einstellung von *vertrauten Computern* zu.

Ein *vertrauter Computer* ist ein Rechner, dem ein anderer Computer Zugriff auf seine Dienste zulässt, indem er ihn anhand der IP-Adresse oder des Computernamens identifiziert.

Das heißt, man kann zusätzlich IP-Adressen von Computern angeben, die auf bestimmte Dienste oder Ports zugreifen können. Die meisten Firewalls arbeiten mit einer Kombination von beiden Methoden, wodurch die Einstellung unter Umständen sehr kompliziert ist. Bei Desktop Firewalls ist es meist so, dass beim ersten Mal, wenn eine für das Programm unbekannte Verbindung entsteht, der Benutzer gefragt wird, ob er diese auch zulassen möchte. Fortgeschrittene Firewalls gehen sogar noch einen Schritt weiter. Sie fragen, ob Sie diese Verbindung gar nicht zulassen möchten, nur dieses Mal oder immer. Nach kurzer Zeit weiß die Firewall dann, was Sie zulassen möchten oder nicht. Genial, nicht wahr? Manche Firewalls sind lernfähig!

Ärgerlich ist es, wenn das Firewall-Programm es nicht zulässt, die bisherigen Regeln abzuspeichern, denn dann fängt der ganze Spaß nach einer Neuinstallation von vorne an.

Der größte Nachteil der Desktop oder Personal Firewalls besteht darin, dass sie oft so erstellt werden, dass sie leicht zu konfigurieren sind. Warum ist das ein Nachteil, fragen Sie sich? Im ersten Moment hört sich das toll an (immerhin, weniger Arbeit für Sie), aber das schränkt oft auch ihre Funktion ein, weil man nicht unbedingt selber festlegen kann, wie sie zu funktionieren hat.

Die Einstellungen einer Firewall nennt man *Regeln*. Durch eine Vielzahl dieser Regeln weiß die Firewall, was Sie als Benutzer zulassen möchten oder nicht.

Die Wahl der persönlichen Firewall ist oftmals eine pure Ansichtssache. Nicht einmal die Fachpresse ist sich in diesem Punkt einig. Ich werde hier nur ein paar mögliche Lösungen vorstellen:

Tiny Software Tiny Personal Firewall

Diese Desktop Firewall hat einige Punkte, die für sie sprechen. Zum einen ist sie kostenlos in der Personal Edition erhältlich und zum anderen hat sie eine Vielzahl von Einstellungsmöglichkeiten. Das ist leider auch der Nachteil an diesem Programm. Wenn Sie es sich trotzdem einmal anschauen möchten: Das Programm finden Sie auf der CD zu diesem Buch.

Die *Tiny Personal Firewall* befindet sich auf der CD zu diesem Buch in dem Ordner TINY.

Sygate Personal Firewall 4.0

Diese Firewall filtert je nach Einstellung Ports, IP-Adressen und den Zugriff von Anwendungen. Sie kennt jedoch kein Javascript, VB Skript oder Trojaner. Dennoch ist sie zum persönlichen Schutz geeignet. Auch diese Firewall ist kostenlos zum Download erhältlich unter `www.sygate.com`.

Network ICE BlackICE Defender 2.5ch

Diese Firewall erkennt nur Verbindungen von außen, wodurch sie sich nur zum Abhalten von Angriffen eignet. Die Konfiguration ist dafür aber relativ einfach, da es nur vier vorbestimmte Einstellungen gibt. Ein richtiger Bonus an dieser Firewall ist die gute Beschreibung von Angriffen, die man auf der Homepage anschauen kann. Wenn ein bestimmter Angriff entdeckt wird, zeigt BlackICE Defender eine Beschreibung des Angriff mit einem Mausklick an.

Zonelabs Zonealarm 2.6

Diese Firewall hat sehr gute Einstellungsmöglichkeiten. Sie eignet sich sowohl für Anfänger als auch für Leute, die etwas mehr selber einstellen möchten.

Zonealarm finden Sie im Internet unter `www.zonelabs.com`.

Hier noch einmal eine kurze Übersicht dieser Programme

Firewall	Einstellungsmöglichkeiten	Bedienerfreundlichkeit	Angriffserläuterung	Preis
Tiny	Gut	Schlecht	Schlecht	Gut
Sygate	Durchschnitt	Gut	Durchschnitt	Gut
Black Ice	Schlecht	Gut	Gut	Durchschnitt
Zonealarm	Gut	Gut	Schlecht	Gut

Sie werden jetzt sehen, wie man eine Firewall installiert und einrichtet. Als Beispiel nehmen wir ZoneAlarm, da sich diese für Einsteiger sehr gut eignet.

Nachdem Sie die Datei SETUP ausgeführt haben und das Programm installiert ist, starten Sie es.

Einstellungen, auf die Sie achten sollten

Egal, für welche Firewall Sie sich entscheiden, es gibt einige Grundsätze, die Sie beachten sollten, wenn Sie eine Firewall einstellen, oder gewisse Anforderungen, die eine Firewall erfüllen sollte:

- ✔ **Konfigurieren Sie die Firewall restriktiv**

  Am Anfang sollten Sie die Firewall so dicht wie möglich konfigurieren. Erst wenn Sie dann merken, dass ein bestimmtes Programm nicht funktioniert, weil es von der Firewall geblockt wird, sollten Sie diese so einstellen, dass es geht. Ihre Firewall sollte dementsprechend konfigurierbar sein.

- ✔ **Vorsicht und Sorgfalt bei der Regelerstellung**

  Wenn Sie von Anfang an Ihre Firewall restriktiv einstellen, werden anfangs eine Menge Alarmmeldungen kommen. Schauen Sie sich diese Meldungen gut an und überlegen Sie sich, ob Sie diese Zugriffe dann erlauben möchten oder nicht. Eine falsch konfigurierte Firewall lässt Ihr System so offen, als hätten Sie überhaupt gar keine. Lassen Sie nur Programme Zugriff auf das Internet haben, die Sie auch wirklich benötigen, wie z.B. Ihren Browser und Ihr E-Mail-Programm.

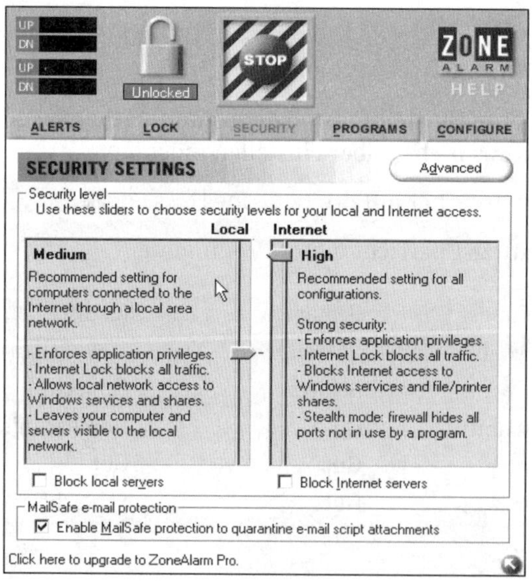

Abbildung 7.1: Hier sehen Sie die einfachen Einstellungsmöglichkeiten von Zonealarm.

✔ **Keine Panik bei Alarmmeldungen**

Bewahren Sie die Ruhe, wenn Ihre Firewall Alarm auslöst. Zum einen sollten Sie genau gucken, warum ein Alarm ausgelöst wurde, und wenn die Firewall Alarm ausgelöst hat, ist das für gewöhnlich ein gutes Zeichen dafür, dass sie den Angriff bemerkt und geblockt hat. Lesen Sie die Meldungen auch sorgfältig. Oftmals sind die Zugriffe auch notwendig, z.B. bei einem Datentransfer per FTP.

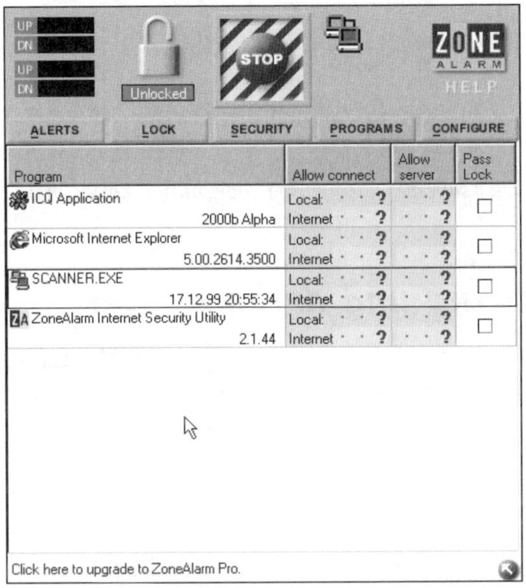

Abbildung 7.2: Hier sehen Sie, wie Zonealarm Sie fragt, ob einem Programm Zugriff gewährt werden soll.

✔ **Überprüfung der Verbindungsweise**

Benutzen Sie die DFÜ-Verbindung Ihres Rechners oder die Netzwerkkarte. Andere Einwahlmöglichkeiten oder Spezialeinwahlverfahren einiger Anbieter werden nicht von der Firewall überwacht. Auch dann ist sie absolut nutzlos. Zur Not lassen Sie sich von einem Bekannten scannen, um zu sehen, ob die Firewall auch funktioniert.

✔ **Achten Sie darauf, was sie tun**

Versuchen Sie sich darüber schlau zu machen, was bestimmte Ports tun oder wofür sie da sind (das Lesen dieses Buches ist schon einmal ein Schritt in die richtige Richtung), so dass Sie Ihre Firewall auch optimal konfigurieren.

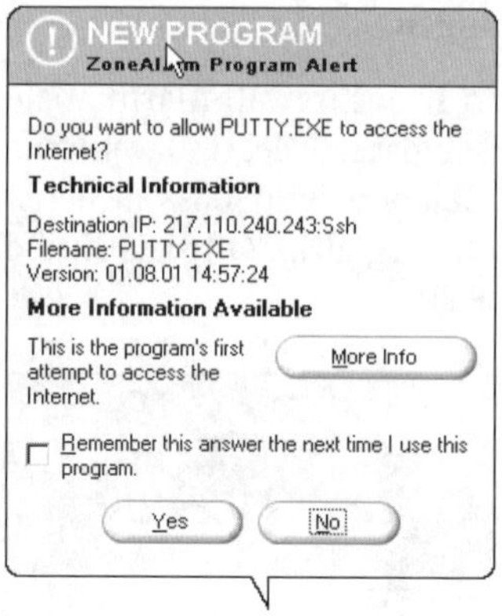

Abbildung 7.3: Hier sehen Sie, welchen Programmen Zonealarm Zugriff gewährt.

Antiviren-Software und deren Nutzen

Genau wie es unzählige Desktop Firewalls gibt, ist auch der Markt für Antiviren-Software sehr gut bevölkert. Die Wahl einer Antiviren-Software fällt da also nicht leicht und jeder Anbieter schwärmt natürlich am meisten von seinem eigenen Produkt. Fest steht, dass kein Antiviren-Programm jeden Virus entdecken und ungefährlich machen kann. Alleine die Anzahl und die Variationen der im Umlauf befindlichen Viren machen die Aufgabe, alle unschädlich zu machen, nahezu unmöglich.

Wenn Sie sich nun denken: Na, dann nehme ich doch einfach mehrere Antiviren-Programme auf einmal nach dem Motto »Doppelt gemoppelt hält besser«, dann kann ich davon nur abraten: Mehrere Antiviren-Programme gleichzeitig zu verwenden (und dasselbe gilt hier eigentlich auch für Firewalls), strengt die meisten Computersysteme zu sehr an und wird durch die dauernden Fehlmeldungen und die Systemressourcen, die sie verwenden, zu einer unpraktischen Lösung. Worauf man allerdings achten kann, ist, dass die wahrscheinlichsten Viren von dem Programm entdeckt werden. Das heißt, Sie sollten sich vor dem Kauf einer Antiviren-Software darüber informieren, welche am besten bei VBS-, Makro- und anderen Skriptviren abschneidet und welche Virenarten zurzeit besonders gängig sind.

Antiviren-Programme verwenden eine Vielzahl von Kontrollverfahren. Zum einen vergleichen sie bekannte Größen von Standardkomponenten, falls sich diese durch eine Infektion geändert haben sollten (z.B. hat das kleine Programm Wordpad immer dieselbe Größe bei den einzelnen Windows-Versionen. Wenn dieses Programm auf einmal größer ist, könnte es sein, dass ein Virus diese Datei befallen hat), zum anderen suchen sie nach Programmen mit der Größe einiger bekannten Viren. Sie untersuchen auch den Inhalt oder die Signatur einiger Dateien nach bekanntem Viruscode oder auch auf Zugriffe auf Systemressourcen bekannter Viren.

Ich persönlich kann z.B. das Programm Antivir 2000 Personal Edition empfehlen. Sie finden es unter `http://www.free-av.de`. Es ist das Antiviren-Programm meiner Wahl, weil es die wichtigsten Punkte erfüllt, die jede Antiviren-Software erfüllen sollte:

- ✔ **Kostengünstig**

  Antivir 2000 Personal Edition ist kostenlos für den persönlichen Gebrauch.

- ✔ **Update via Internet**

  Das Programm hält sich über das Internet immer auf dem neusten Stand. Gerade im Virenbereich, wo die Gefahr am meisten durch neue im Umlauf gebrachte Viren entsteht, ist dies ein wichtiger Punkt.

- ✔ **Erkennt zuverlässig Makro- und Skriptviren**

  In Tests hat das Programm sehr gut gerade in diesen Sparten abgeschnitten. Da die meisten Viren zu dieser Kategorie gehören, ist der Schutz vor Makro- und Skriptviren besonders wichtig.

- ✔ **Durchsucht Festplatten, den Masterboot Record und überprüft Dateien, während sie geöffnet werden**

  Das Programm durchsucht alle Festplatten, auch den sonst unsichtbaren MBR (Master Boot Record). Die Intervalle kann man festlegen oder auch die Überprüfung selber starten. Zusätzlich dazu überprüft es jede Datei, die geöffnet oder ausgeführt wird.

Der *Master Boot Record* ist ein für den normalen Betrieb unsichtbarer Abschnitt der Festplatte. Dort werden Informationen gespeichert wie, welches Betriebssystem beim Start geladen werden soll und von welcher Festplatte aus dieses gestartet werden soll. Viele Viren verstecken sich hier, da der Bereich selten überprüft oder überhaupt vom Benutzer wahrgenommen wird.

- ✔ **Entdeckt auch die meisten bekannten Trojaner**

  Dieses Programm erkennt auch die meisten Trojaner-Arten, falls sich solche auf der Festplatte befinden sollten.

- ✔ **Schonender Umgang mit Systemressourcen**

  Dass das Programm im Hintergrund läuft, bemerkt man kaum. Das ist ein wichtiger Punkt, den viele Antiviren-Programme nicht erfüllen. Schutz vor Viren ist ziemlich unsinnig, wenn dadurch der Computer so langsam wird, dass man kaum damit arbeiten kann. Zusätzlich dazu greift das Programm kaum in die Systemdateien ein, wodurch die Stabilität des Systems beibehalten wird.

  Wenn Sie jetzt einmal Antivir 2000 installieren und starten, sehen Sie, dass das Programm alle Ihre Dateien einmal nach Viren durchsucht.

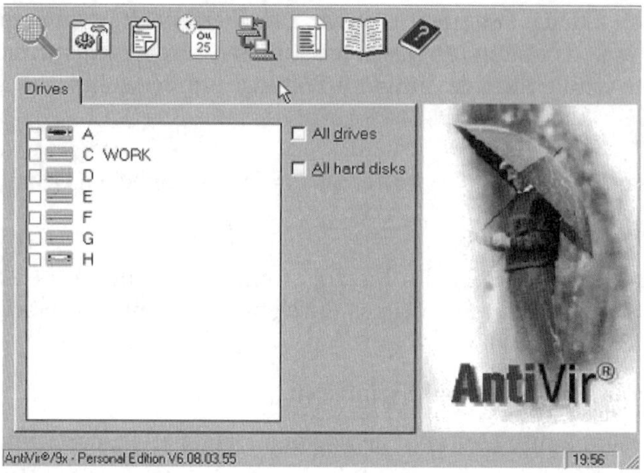

Abbildung 7.4: Hier können Sie Antivir Ihre Speichergeräte nach Viren überprüfen lassen.

In Abbildung 7.5 sehen Sie Antivir. Sie werden jetzt einige der Funktionen kennen lernen.

1. **Scan Settings:** Hier können Sie einstellen, wie Antivir vorgeht. Am Anfang reichen die Standard-Einstellungen. Mit der Zeit können Sie sich allerdings mit der Hilfefunktion überlegen, welche Einstellungen für Sie sinnvoll wären.
2. **Report:** Dieser Menüpunkt generiert einen Bericht über Ihr System mit Ihren Einstellungen und gefundenen Viren.

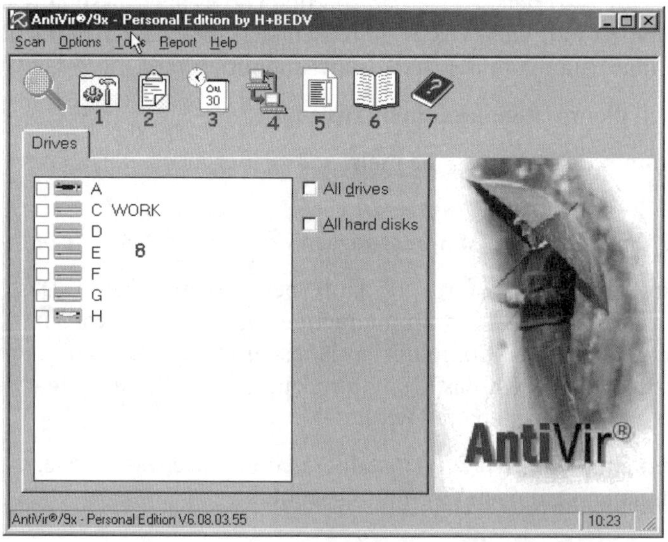

Abbildung 7.5: Antivir und seine Funktionen. Die Funktionen sind mit den roten Zahlen markiert!

3. **Scheduler:** Hier können Sie festlegen, in welchen Abständen und zu welchen Zeiten Antivir seine Diagnose automatisch startet.

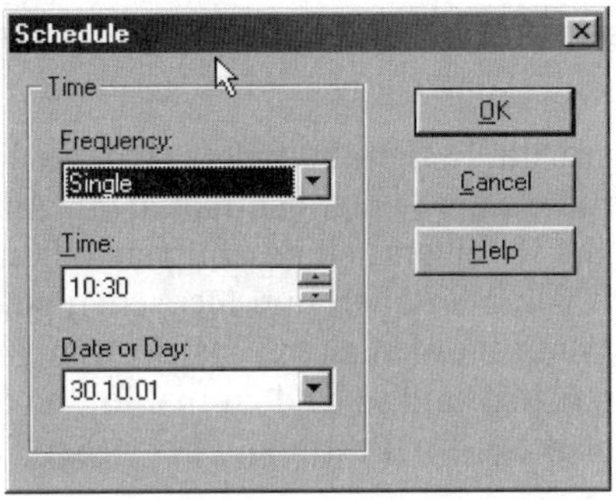

Abbildung 7.6: Hier können Sie die Zeiten einstellen, zu denen Antivir automatisch nach Viren sucht.

4. **Internet Update:** Hier können Sie Antivir anweisen, im Internet nachzuschauen, ob es schon eine neue Version gibt, und sich selber zu aktualisieren.
5. **Virus List:** Hier finden Sie eine vollständige Liste der Viren, die Antivir kennt.
6. **Read Me:** Die Lies-Mich-Datei von Antivir anzeigen.
7. **Help:** Die Bedienungsanleitung und Hilfestellung von Antivir.

Am besten, Sie probieren ein wenig herum und nehmen die Help-Funktion von Antivir zur Hilfe. Die Standard-Einstellungen sind aber schon sehr gut und dürften Ihnen ausreichend Schutz bieten. Allerdings kann es nie schaden, sich mit dem Programm auseinander zu setzen, denn so lernen Sie die Funktionsweise besser kennen.

Wie sicher sind Antiviren-Programme und Personal Firewalls?

Lohnt es sich überhaupt, solche Zusatzprogramme anzuschaffen? Meiner Meinung nach hängt das ganz davon ab, wofür Sie Ihren Computer verwenden. Wenn sich keine wichtigen Daten auf Ihrem Computer befinden oder es Ihnen nichts ausmacht, dass andere Leute Ihre privaten oder geschäftlichen Daten eventuell mitlesen, könnte es Ihnen ja eigentlich egal sein. Allerdings sollten Sie wissen, dass sehr viele Computer gehackt werden, um mit diesen Unfug anzustellen. Beispielsweise könnte jemand Kontrolle über Ihr System erlangen wollen, um dort ein Programm zu installieren, mit dessen Hilfe der Hacker ein anderes Ziel angreift. So endet die Spur des Angriffs bei Ihnen und nicht bei dem Hacker. Kein System ist wirklich sicher, es sei denn, es hängt nicht am Netz. Etwas sicherheitsbewusstes Denken ist aber sicherlich nicht verkehrt. Man sollte alles tun, um sein System so gut wie möglich abzusichern, auch wenn man selber keine Gefahr sieht, denn man kann durchaus noch eine Gefahr für andere darstellen. Es ist jedenfalls besser, sich so gut wie möglich zu schützen, als alles für einen Angriff offen zu lassen.

Bei Viren sieht es ähnlich aus. Ihnen mag es vielleicht nichts ausmachen, Ihr System komplett neu zu installieren, nachdem Sie sich einen Virus eingefangen haben, aber Sie müssen bedenken, dass Viren Ihr System dazu verwenden, sich weiter auszubreiten. In einer Welt mit einem geteilten Netzwerk, das für alle zugänglich ist, muss man etwas Verantwortung entwickeln, damit dieses geteilte System auch weiterhin bestehen kann.

Keines dieser Programme wird Ihr System komplett sichern. Firewalls sind auch nur Programme und diese können genauso gut Fehler beinhalten, die Angreifern einen Angriffspunkt liefern, wie die Programme, die sie eigentlich beschützen sollten. Programmiert und eingestellt werden sie immer noch von Menschen und Menschen sind der Fehlerfaktor Nummer Eins im Sicherheitsbereich. Wenn Sie sich allerdings ein wenig darüber schlau machen, wie Sie Ihre Firewall einzustellen haben und ab und zu mal in den Sicherheitsbereich einer PC-Zeitschrift reinschauen, können Sie Ihr Bestmögliches geben, Ihren eigenen Computer zu sichern.

Virenprogramme sind nur so gut, wie sie aktuell sind. Wenn ein brandneuer Virus zum ersten Mal im Internet erscheint, ist die Wahrscheinlichkeit groß, das Ihr Programm es nicht erkennt. Wie denn auch? Letztendlich muss dem Programm erst einmal gesagt werden, worauf es zu achten hat. Gegen alte und bekannte Virenarten sind Sie aber wahrscheinlich gefeit, was ungemein weniger aufwendig ist, als das System komplett neu aufzusetzen.

Gerade weil öfter neue Viren in Umlauf gebracht werden, sollten Sie darauf achten, Ihr Antivirus-Programm immer auf dem neuesten Stand zu halten.

Das Wichtigste ist, dass man ein Bewusstsein für Sicherheit entwickelt. Wenn jeder sein System so gut wie möglich schützen würde, gäbe es viele Virenseuchen nicht, genauso wenig wie Hacker, die schlecht geschützte Computer als Angriffsplattform nutzen.

Anonymität bewahren, der Gläserne Surfer

8

In diesem Kapitel

- Ihre Spuren im Internet
- Was Spurenleser damit anfangen können
- Gegenmaßnahmen

Es gibt ein Thema, das sowohl Hackern als auch den normalen Internetbenutzer wichtig erscheinen sollte. Anonymität im Internet, oder eher der Mangel davon, ist ein Punkt, der sowohl Regierungsbehörden, Datenschutzbeauftragten und Verfechtern der freien Meinungsäußerung seit längerem ein Dorn im Auge ist. Angehörige der Polizei oder staatlicher Institutionen vertreten oft den Standpunkt, dass sie das Recht haben sollten, die Bevölkerung im Internet überwachen zu dürfen. Big Brother is watching you! Erinnerungen an das gute alte *1984* von George Orwell werden wach. Das ist ein erschreckender Gedanke für viele, denn die meisten Menschen wiegen sich in Sicherheit, wenn sie diese bunte Welt durch ihren Bildschirm betrachten. Was auch immer die Gesetze der Zukunft versprechen mögen, all das kann Ihnen nichts anhaben, denn dank dieses genialen Kapitels sind Sie in der Lage, beinahe unsichtbar zu werden (nun ja, ich übertreibe vielleicht etwas).

Meine Spuren im Internet: Was Sie alles beim Surfen hinterlassen

Es ist wieder einmal Zeit, Sie zu erschrecken. Ich tue das nicht gerne, aber es ist zu Ihrem Vorteil. Geben Sie die WWW-Adresse `http://www.astalavista.com/privacy/data.asp` in Ihrem Browser ein. Und? Wundert es Sie, dass dort so viele Informationen über Ihren Computer stehen? Es wird deutlich angezeigt, welche IP-Adresse Sie haben, welches Betriebssystem und welchen Browser Sie verwenden. Zusätzlich stehen dort noch einige Angaben über Ihre Bildschirmauflösung, die aktuelle Uhrzeit auf Ihrem Computer und einige andere Details.

Diese Daten und noch einiges mehr werden an jeden Computer übertragen, von dem Sie sich eine Internetseite anzeigen lassen. Dem Computer wird mitgeteilt, von welcher Adresse Sie gerade gekommen sind und wo Sie als Nächstes hinsurfen. Sie glauben mir nicht? Dann werde ich es Ihnen beweisen.

Diesmal richten Sie Ihren Browser auf die Adresse `http://privacy.net/analyze/`.

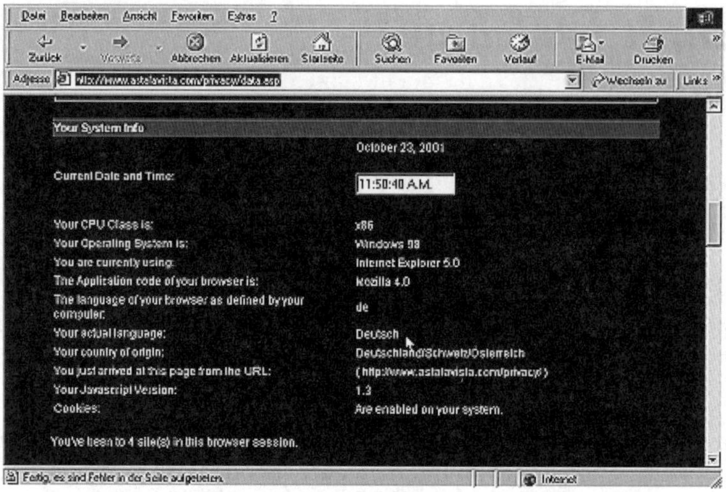

Abbildung 8.1: Diese Internet-Seite zeigt an, welche Daten Sie unter anderem beim Surfen hinterlassen.

Dieses Mal sehen Sie einige der Informationen, die Sie gerade eben schon zu sehen bekamen und noch einige mehr. Laden Sie die Seite einmal neu. Jetzt wird Ihnen angezeigt, dass Sie Cookies entgegengenommen haben und von welcher Seite Sie dorthin gekommen sind. Zusätzlich wird Ihnen angezeigt, welche PlugIns Ihr Browser installiert hat und ganz unten sehen Sie eine TRACROUTE zu Ihnen.

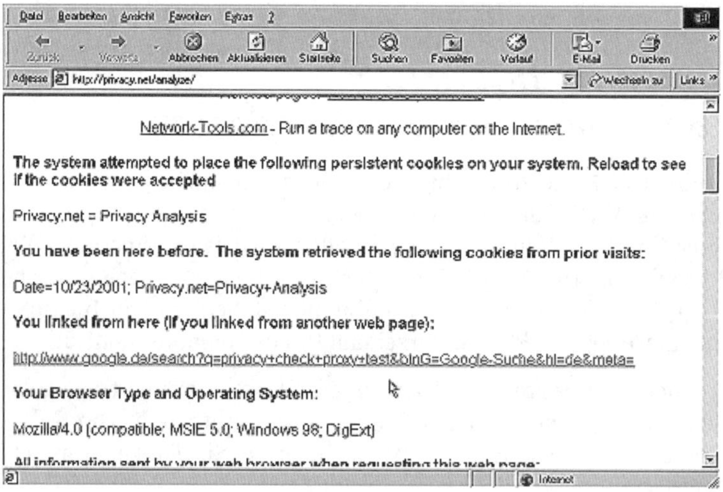

Abbildung 8.2: Hier sehen Sie die Auswertung von `www.privacy.net/analyze/`.

Cookies sind kleine Dateien, die manche Internetseiten bei Ihnen auf den Rechner speichern, um Ihnen eigentlich das Leben einfacher zu machen. Oft speichern sie Passwörter, damit Sie diese nicht ständig eingeben müssen, oder Informationen darüber, ob sich die Seite verändert hat, seit Sie das letzte Mal dort gewesen sind. Oftmals werden sie aber dafür missbraucht, Ihren Weg im Internet zu verfolgen und ein Verhaltensprofil von Ihnen anzulegen.

Anonymität spielt in der Hacker-Gemeinde eine große und umstrittene Rolle. Niemand möchte bei einem Angriff Spuren hinterlassen, aber einige Hacker sind recht ehrgeizig. Wie soll ein Hacker anderen beweisen, dass er es war, ohne Anhaltspunkte für die Polizei zu hinterlassen? Professionelle Hacker stehen Gott sei Dank über solchen Kleinigkeiten. Ihnen geht es um die saubere Abwicklung ihrer Aufträge.

Und wenn ich Ihnen jetzt sage, dass dies nur die Spitze des Eisbergs ist? So langsam müsste ich etwas Paranoia in Ihnen geweckt haben. Na ja, denken Sie sich nun vielleicht, immerhin steht nirgends Ihr Name oder Ihre Adresse, richtig? Also sind Sie ja eigentlich noch anonym. In gewisser Weise haben Sie Recht. Man kann nicht einfach anhand dieser wenigen Daten bestimmen, wer Sie sind, aber mit Hilfe dieser Daten kann man schnell lernen, Sie zu erkennen, auch wenn man nicht genau weiß, wie Ihr Name ist.

Wie Sie gesehen haben, brauchen Sie nur eine Seite zu besuchen und schon kann derjenige, der Zugriff zu dem Server hat, diese Daten über Sie lesen. Wenn jetzt ein und dieselbe Person mehrere Ihrer Besuche überwachen kann, ist er/sie in der Lage, ein persönliches Profil von Ihnen anzulegen. Er weiß nach einiger Zeit, welche Seiten im Netz Sie mit Vorliebe besuchen, er weiß, welche Sie sich regelmäßig anschauen. Dieser heimliche Beobachter bekommt mit, wenn Sie etwas online bestellen oder welche Programme und Bilder Sie herunterladen.

Spione als Werbung getarnt

Das ist doch nicht möglich, denken Sie jetzt vielleicht, keiner kann so viele Computer besitzen oder zu so vielen Zugang haben. Auch diesmal haben Sie wahrscheinlich Recht, aber das ist auch nicht notwendig.

Ist Ihnen schon einmal aufgefallen, wie viel Werbung es im Internet gibt? Überall blinkende bunte Bilder. Möchten Sie jetzt wieder einmal etwas Beunruhigendes hören? Es gibt nicht sehr viele Organisationen, die diese Art von Werbung betreiben. Die meisten dieser Bilder gehören einigen wenigen Firmen und sie werden direkt von den Computern dieser Anbieter auf diese Seiten geladen. Das ist so, als würden Sie diese Seiten besuchen. Dieselben Daten werden von diesen Werbebannern aufgenommen, als wenn Sie direkt auf die Computer dieser Firmen gehen würden. Um das zu überprüfen, öffnen Sie Ihren Browser und suchen Sie sich eine Seite aus mit Werbung drauf (`www.yahoo.de` oder etwas Ähnliches hat so etwas eigentlich immer drauf). Dann führen Sie doch bitte einmal den Netstat-Befehl aus. Wenn Sie nun eigentlich nur eine Verbindung offen haben, wie kommt es, dass mehrere angezeigt werden?

Aber Recht haben Sie, Ihren Namen wissen diese Firmen immer noch nicht. Sie können sehen, welche Angewohnheiten Sie haben, aber das nützt nicht sonderlich viel, wenn sie nicht genau wissen, wer Sie sind.

Die Spuren zusammenfügen

Selbst wenn Sie keine Werbebanner auf einer Seite entdecken, heißt das nicht, dass dort keiner ist. Es reicht, ein sehr kleines durchsichtiges Bild auf eine Seite zu setzen, um Ihre Daten zu bekommen. Wenn Sie sich einmal unsicher sein sollten, benutzen Sie doch einfach einmal den Netstat-Befehl, um nachzuschauen, welche Verbindungen offen sind.

Jetzt denken Sie darüber nach, wie oft Sie Ihre E-Mail-Adresse oder Ihre persönlichen Angaben im Internet eingeben. An wie vielen Preisausschreiben oder Umfragen haben Sie bisher teilgenommen? Also fassen wir jetzt einmal kurz zusammen. Sie haben eine IP-Adresse, mit der man Sie gegebenenfalls wiedererkennt, und Sie haben ein Surfverhalten, das Sie von den meisten anderen Surfern unterscheidet. Sie gehen also auf eine Seite und nehmen an einem Preisausschreiben teil, bei dem Sie Ihren Namen, Ihre E-Mail-Adresse angeben und auch noch Ihre wahre Adresse. Wenn jetzt eine dieser besagten Werbefirmen dieses Preisausschreiben veranstaltet, kann es also gut sein, dass sie sehr schnell auswerten können, dass Sie das waren. Und selbst wenn all das scheitern sollte, anhand Ihrer IP-Adresse weiß immer noch Ihr Provider, wer Sie sind. Entweder Ihr Provider hat Ihre Adresse, weil Sie sich dort angemeldet haben, oder die haben Ihre Telefonnummer (diese wird jedes Mal registriert, wenn Sie sich ins Internet einwählen), mit Hilfe derer man Sie sowieso ausfindig machen kann. Kennen Sie den Film *Staatsfeind Nummer Eins* mit Will Smith? Kommt Ihnen das irgendwie bekannt vor?

DSL als sicherer Weg

Wegen der Art, wie DSL funktioniert, wird keine Telefon-Nummer übermittelt, sondern nur die Benutzerkennung. Das heißt, dass die Telekom (oder andere Anbieter) einen Benutzer nur über die Kennung identifizieren können. Wenn ein Hacker also die Benutzerdaten eines anderen verwendet, ist er in den Augen der Telekom der Benutzer. Wie Sie sich vorstellen können, herrscht für gestohlene Benutzerdaten ein reger Handel in Hackerkreisen.

Was andere damit machen können?

Wozu das Ganze, fragen Sie sich jetzt sicherlich. Wieso sollte irgendjemand ausgerechnet an Ihnen Interesse haben? Es könnte ja sein, dass Sie ein gesuchter Krimineller sind (was ich jedoch nicht hoffe). Dafür gibt es aber auch noch sehr viele andere Begründungen. Wir werden uns zuerst die Punkte anschauen, die dafür sprechen, und dann die, die dagegen sprechen.

Geld regiert die Welt: die Wirtschaft

Die treibende Kraft, die in den letzten Jahren hinter dem Internet steht, ist die Wirtschaft. Experten sagen Millionengewinne voraus, die man durch das Marketing im Internet erzielen könnte. Gerade für Werbung und den Spezialhandel scheint das Internet ideal. Im Gegensatz zur Werbung im Fernsehen, wo die Zielperson einfach umschaltet, oder in den druckbaren Medien, wo der Desinteressierte einfach umblättert, kann man im Internet gezielter vorgehen. Wenn jemand eine Seite über Musikinstrumente besucht, kann eine Werbefirma davon ausgehen, dass sich derjenige auch für Musikinstrumente interessiert. Verfolgen wir das Ganze einen Schritt weiter. Wenn diese Werbefirmen also längere Zeit beobachten, welche Angebote und Dienste Sie im Internet benutzen, ist es diesen Firmen möglich, ein extra für Sie zusammengestelltes Werbeprogramm zu erstellen. Für Anbieter, die gezielt und effektiv werben möchten, scheint das eine ideale Lösung zu sein. Betrachten Sie dann auch noch die geringen Werbekosten, die im Internet entstehen (ein farbiges Bild kostet erheblich weniger als ein Fernseh-Werbefilm), und Sie haben ein beinahe geniales Konzept entwickelt. Gezielte Marktforschung und das auch noch kostengünstig!

Ein anderer Punkt ist die Überwachung von Raubkopierern von Musik, Filmen und Software. Ohne eine vernünftige Überwachungsmethode sind die Medienfirmen der Verbreitung von Raubkopien beinahe schutzlos ausgeliefert.

Gerade wegen all dieser ungezielten Werbung ist es besser, vorsichtig zu sein, wo Sie überall Ihre E-Mail-Adresse hinterlassen. Es ist am besten, wenn Sie sich ein E-Mail-Konto bei einem kostenlosen Anbieter wie `www.gmx.de` oder `www.freemail.de` holen. Diese Dienste kann man über das WWW bedienen und schneller ungewollte Werbung löschen. Wenn das alles nichts nützt, können Sie zur Not das Konto auflösen und ein neues problemlos anlegen lassen.

Außer E-Mail-Adressen gelten auch andere Anmeldedaten als wertvoller Besitz. Viele Firmen haben Werbeabkommen mit anderen Firmen und diese tauschen untereinander ihre E-Mail-Listen aus, um so gezielter werben zu können.

Die Regierung

Auch die Regierung hat einen Nutzen davon, die Bevölkerung zu überwachen. Sie ist in der Lage, Trends und die Stimmung der allgemeinen Bevölkerung zu überwachen. Wenn sich sehr viele Menschen auf Antiregierungs-Seiten tummeln, kann sie sehen, dass das Volk als Ganzes relativ unzufrieden ist. Es können Problemzonen und Themen, die der Nation am Herzen liegen, schnell identifiziert werden.

Die Überwachung im Internet versetzt die Regierung in die Lage, Gefahrengruppen wie Terrororganisationen und Dissidenten zu überwachen oder kriminelle Handlungen frühzeitig zu entdecken. Viele rechtsradikale Gruppen beispielsweise planen ihre Aktionen mit Hilfe des Internets.

Die erschreckendste Entwicklung aus Sicht der Hacker und der meisten Organisationen für freie Meinungsäußerung ist der Versuch der Regierungen, das Internet zu überwachen und zu kontrollieren. Gerade politisch motivierte Gruppierungen benutzen das Internet, um ein Sprachrohr zu haben, und haben Angst davor, dieses zu verlieren. Bisher ist das Internet eine relativ freie Zone gewesen. Die meisten sind sich einig, dass es eine kontrollierende Instanz im Internet geben muss, gerade wegen der hohen Anzahl an Webseiten mit illegalem Inhalt (rechtradikale Seiten, Kinderpornografie, Software-Piraterie). Dennoch befürchten Kritiker der geplanten und teilweise schon erlassenen Gesetze ein System, bei dem jeder überwacht wird, auch die Unschuldigen. Zensur im Internet ist ebenfalls immer ein heikles Thema, da Uneinigkeit darüber herrscht, was denn nun angebracht wäre zu verbieten. Politische und grenzbedingte Interessen geraten hier oftmals in Konflikt. China beispielsweise sperrt alle Seiten, die die chinesische Regierung kritisieren. Darunter fallen auch viele Menschenrechtsorganisationen. Die USA erlaubt das Anbieten von rechtsradikalen Seiten, ein Punkt, der den deutschen Behörden schwer im Magen liegt. Diese Diskussion wird sich über die nächsten Jahre fortsetzen, weil das Internet immer mehr Gesetzen unterliegt und nach und nach gänzlich kommerzialisiert wird.

Wie Sie sehen, gibt es immer zwei Seiten einer Medaille. Wie auch immer Ihre Meinung sein mag, Sie sehen sicherlich die Notwendigkeit ein, Ihre Privatsphäre zu schützen, also werden wir uns jetzt damit befassen, wie Sie das tun können.

E-Mails, Spam und Werbung

Einer der ärgerlichsten Seiten des Internets ist die wahre Fülle an Werbung, mit der man bombardiert wird. Wie vorhin schon erwähnt, macht der geringe Aufwand, der mit Werbung im Internet verbunden ist, dieses zur idealen Plattform für Massenwerbung. Wollte eine Firma 20.000 Briefe verschicken, würde das ein Vermögen an Briefmarken, Papier und Arbeit kosten. 20.000 E-Mails zu verschicken kostet weitaus weniger. Es gibt sogar Programme und Dienste, die diesen Prozess so schnell und einfach gestalten wie nur möglich.

Dem Endbenutzer ist der Großteil dieser Werbung jedoch unangenehm. Die Ladezeit von Webseiten erhöht sich wegen der Anzahl von Bildern, die geladen werden, und wegen der Anzahl der Verbindungen, die hergestellt werden müssen.

Programme, die Ihnen gezielt für Geld oder für kostenlose Benutzung einer Leistung Werbung vorführen, können oft ungewollt Informationen über Sie an den Anbieter versenden. Dann nützen Ihnen auch alle anderen Vorsichtsmaßnahmen nichts. Ich würde davon abraten, solche Programme zu verwenden

Täglich wird der E-Mail-Zugang mit Werbung voll gestopft und das kostet Onlineminuten, von der Zeit, die Sie damit verbringen, sich durch diesen Müll zu arbeiten, mal ganz zu schweigen. Auch der zusätzliche Datenverkehr, der durch diese Unmengen an geschickten Spam-Mails verursacht wird, ist nicht zu übersehen.

Spam ist der Begriff, der für ungewollte Werbe-E-Mails verwendet wird. Obwohl viele Organisationen gegen dieses Marketingverfahren vorgehen, scheint sich die Gerichtsbarkeit noch zu sträuben, feste Gesetze dagegen zu erlassen.

Es gibt mittlerweile sogar Anbieter, die Ihnen dafür Geld zahlen, sich Werbung anzuschauen, oder Programme, deren Kosten durch Werbung, die Ihnen vorgeführt wird, gedeckt werden. Bisher sind die meisten Werbeprojekte dieser Art jedoch gescheitert. Ein Blick auf die Börsenkurse vieler dieser Firmen lässt Sie erahnen, wie sich die Experten vor ein paar Jahren verschätzt haben.

Was für Sie jedoch wichtiger erscheinen sollte, ist der Missbrauch Ihrer persönlichen Daten, denn viele Firmen geben Ihre Details an Werbefirmen weiter, um zusätzlich Geld zu verdienen.

Proxies und andere Mittel, das zu verhindern

Nachdem Sie erfahren haben, wie viel Information Sie von sich selber preisgeben, möchten Sie sicherlich etwas dagegen unternehmen. Das ist einfach zu bewerkstelligen, Sie müssen nur ein paar Einstellungen vornehmen und ein paar hilfreiche Werkzeuge benutzen. Das verbreitetste Mittel, seine eigene IP-Adresse geheim zu halten, ist ein Proxy-Server.

Ein *Proxy-Server* ist einfach ein anderer Computer, dem Sie sagen, welche Seite im Internet Sie sich anschauen möchten. Der Proxy schickt dann die Anfrage an den Computer, auf dem die Seite liegt, und schickt die Seite, die Sie betrachten möchten, weiter an Sie.

Haben Sie schon den Sinn und Zweck dieser Übung herausgefunden? Richtig, weil der Proxy-Server die Anfrage sendet, wird nicht Ihre, sondern seine IP-Adresse bei dem Zielcomputer registriert. Schlau, nicht wahr? Ursprünglich wurden Proxies erstellt, um mehreren Rechnern über eine Verbindung Zugang ins Internet zu gewähren. Heutzutage erfüllen sie aber eher die Funktion, Daten herauszufiltern. Zum anderen kann man mit ihnen den Zugriff auf bestimmte Seiten verweigern. Ein weiterer Vorteil besteht darin, dass man die meisten Proxy-Server so einstellen kann, dass sie häufig aufgerufene Seiten zwischenspeichern. Anstatt dass die Seite dann jedes Mal neu geladen wird, wird sie aus diesem Speicher geladen, was zu höheren Ladegeschwindigkeiten führen kann.

Da man bei einem Proxy-Server auch angeben kann, dass er bestimmte Seiten oder Zugriffe nicht erlaubt, eignet sich ein solcher hervorragend, um Kindern oder anderen Personen den Zugriff auf unangebrachte Seiten zu verweigern.

Proxy-Arten

Es gibt verschiedene Sorten von Proxy-Servern:

- **Internetverbindung teilen**

  Eine Art von Proxy-Server ermöglicht mehreren Computern, das Internet zu verwenden, auch wenn man nur einen Internetzugang hat. Dadurch werden die Kosten mehrerer Internetanbindungen oder eines Routers gespart. Diese sind meist unproblematisch einzurichten und haben zusätzlich die Funktion, dass sie, wie oben erwähnt, Seiten zwischenspeichern. Der Nachteil an diesen Proxies ist meist, dass sie nur Funktionalität für ein paar der TCP/IP-Protokolle ermöglichen, häufig HTTP und FTP. Deswegen funktionieren einige Programme auch nicht mit ihnen zusammen, beispielsweise Spiele, die man im Internet spielen kann, oder Kommunikationsprogramme wie der Hotmail Messenger oder ICQ.

- **HTTP-Proxies**

  Ein HTTP-Proxy ist lediglich eine Webseite, auf der man eine andere Webseite angeben kann, die man betrachten möchte. Diese wird dann innerhalb des Fensters des HTTP-Proxies geöffnet, wodurch nur die IP-Adresse dieses Computers weiterverschickt wird. Der bekannteste von allen ist sicherlich `www.anonimizer.com`. Der Dienst ist kostenpflichtig, aber eine einfache Variante davon ist kostenlos.

Abbildung 8.3: `www.anonimizer.com`, der wohl bekannteste HTTP-Proxy-Dienst

- **Filter-Proxy**

  Ein Filter-Proxy filtert, wie der Name schon sagt, einige der Informationen heraus, die Sie ansonsten beim Surfen mitsenden würden. Meist handelt es sich um Informationen, wo

Sie herkommen, wo Sie als Nächstes hinsurfen und welche Variablen Sie gerade eingestellt haben, z.B. welche Bildschirmauflösung.

- ✔ **Anonymous Proxy**

  Auch Remote Proxy genannt (entfernter Proxy). Dies ist die Sorte von Proxy, durch die Sie Ihre IP-Adresse verschleiern und dementsprechend für uns die Interessanteste.

  Obwohl Anonymous Proxies den Begriff »anonym« in ihrem Namen verwenden, sind sie das nicht wirklich, denn immerhin schicken Sie Ihre Daten ja an den Proxy-Server selber. Wenn man eine illegale Handlung ermittelt, wird der Betreiber des Proxies diese Daten aushändigen müssen, wodurch man Sie immer noch aufspüren kann. Gesetzlich gesehen müssen diese Daten von dem Proxy-Betreiber meist eine gewisse Zeit aufbewahrt werden.

Für unsere Zwecke sind der Filter-Proxy und der Anonymous Proxy interessant, da der erste eher dazu dient, den Aufbau von Internetseiten zu beschleunigen. Ihr Internet-Explorer beinhaltet eine primitive Version davon in Form des Caches, aus dem oft aufgerufene Seiten wieder aufgerufen werden, wenn sich die Seite seit Ihrem letzten Besuch nicht geändert hat.

Wie man einen Proxy verwendet

Um einen Proxy zu verwenden, müssen Sie nur Ihrem Computer sagen, dass er ihn benutzen soll. So einfach ist das! Schwieriger ist es meist, einen funktionierenden zu finden, aber auch hier gibt es Adressen im Internet, die bei diesem Problem Abhilfe schaffen.

Ein ausgezeichneter Filter-Proxy ist *Junkbuster*. Dieses kleine Programm lässt Sie genau festlegen, welche Daten Ihr Browser mitsendet. Das Einzige, was es nicht kann, ist, Ihre IP-Adresse zu tarnen, aber das macht nichts, denn dazu kommen wir noch in einem kleinen Augenblick.

Junkbuster befindet sich auf der CD zu diesem Buch. Jetzt wäre der richtige Zeitpunkt, das Programm zu installieren, dann können Sie es sofort einrichten.

1. **Starten Sie das Programm**

   Es erscheint ein MS-DOS-Fenster. Lassen Sie es geöffnet.

2. **Öffnen Sie den Internet Explorer und gehen Sie auf den Auswahlpunkt Extras|InternetOptionen. Dort wählen Sie den Punkt Verbindungen|Lan-Einstellungen.**

3. **Aktivieren Sie dort das Häkchen für Proxy-Server verwenden. Geben Sie bei Adresse 127.0.0.1 und bei Port 8000 ein (s.a. Abbildung 8.6).**

4. **Bestätigen Sie zweimal mit OK.**

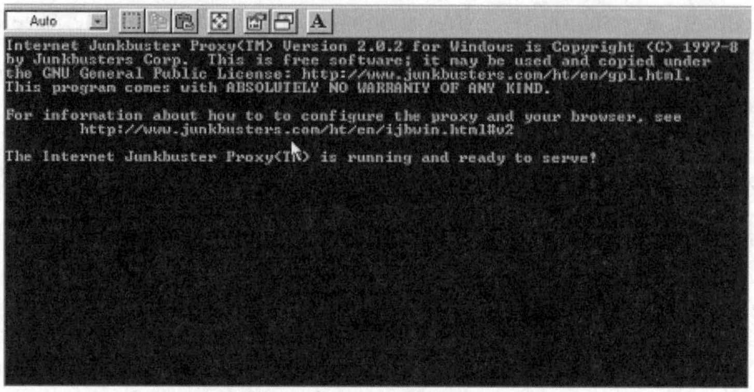

Abbildung 8.4: Der Junkbuster-Proxy läuft

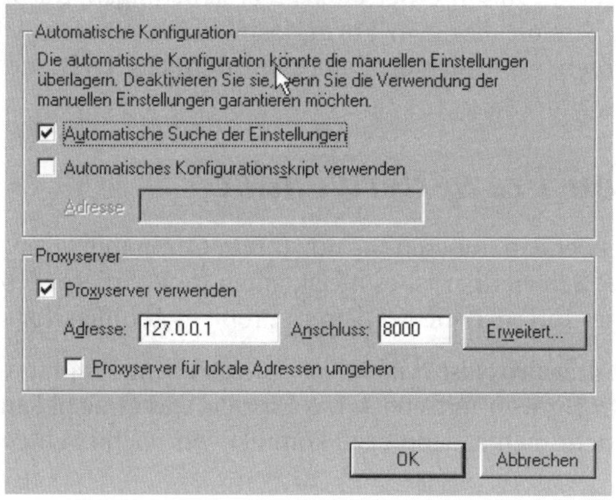

Abbildung 8.5: Das Lan-Dialogfenster vom MS Internet Explorer

5. **Nun geben Sie als Adresse wieder einmal die Adresse** `http://privacy.net/analyze/` **in Ihrem Browser ein.**

   Sehen Sie? Schon etwas weniger Informationen, nicht?

Das Ganze geht aber auch noch einen Schritt weiter, wenn Sie möchten.

Mit Hilfe eines anderen Programms namens *Proxomitron* können Sie das, was wir gerade geleistet haben, mit einer hübschen grafischen Oberfläche und erweiterter Funktionalität erreichen.

Jetzt wäre der richtige Zeitpunkt, das Programm *Proxomitron* im Verzeichnis Junkbuster von der CD zu installieren.

Schließen Sie erst einmal das MS-DOS-Fenster des Junkbuster und wenden Sie sich Proxomitron zu.

1. **Stellen Sie den Proxy-Port von 8000 auf 8080 um, damit Sie Proxomitron verwenden können.**

   Befolgen Sie dabei die Anweisungen wie gerade eben bei dem Junkbuster.

2. **Dann starten Sie das Programm.**

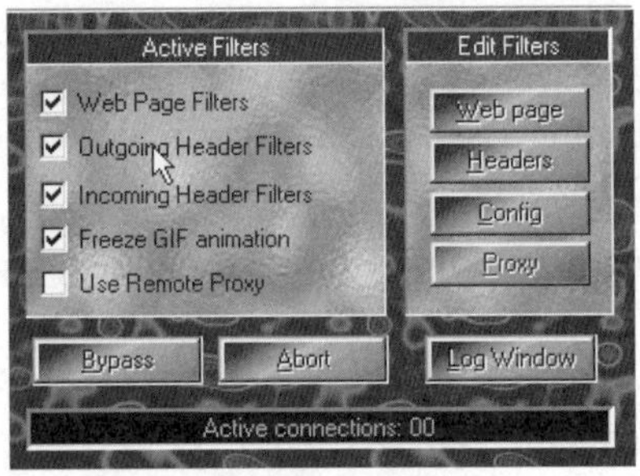

Abbildung 8.6: Der Proxomitron-Proxy-Server

3. **Laden Sie die Seite von `www.privacy.net` erneut.**

Fällt Ihnen etwas auf? Komischerweise wird ein komplett anderes Betriebssystem angezeigt und einige der anderen Angaben stimmen auch nicht mehr so ganz überein. Das liegt daran, dass der Proxomitron einige falsche Daten schickt, um Ihr Aufspüren zu erschweren. Ganz schön clever: falsche Spuren legen.

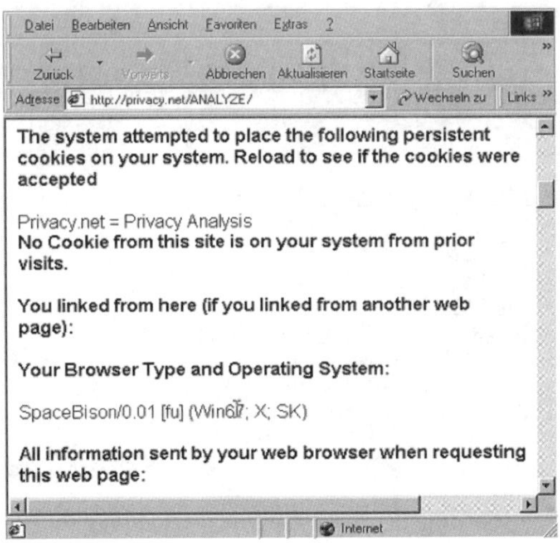

Abbildung 8.7: Wie Sie sehen, wird ein falsches Betriebssystem und ein falscher Webbrowser angezeigt.

Zwei Probleme bleiben jedoch, Ihre IP-Adresse wird immer noch angezeigt und Ihre Bildschirmauflösung und ein paar andere Kleinigkeiten auch.

Widmen Sie sich erst einmal dem Problem mit der IP-Adresse. Eine der nützlichsten Funktionen des Proxomitrons besteht darin, dass er in der Lage ist, mit anderen Proxy-Servern zusammenzuarbeiten. Um das zu testen, brauchen wir erst einmal die Adresse eines Proxy-Servers, der unsere IP-Adresse verschleiern wird. Dafür richten Sie Ihren Webbrowser bitte auf `http://tools.rosinstrument.com/proxy/`. Dort finden Sie listenweise Proxies, die öffentlich zugänglich sind. Ansonsten bringt eine Suche bei `www.google.com` mit den Suchbegriffen »Proxy lists« Unmengen an Seiten, wo sich solche Listen auffinden lassen Leider sind diese Listen auf Englisch verfasst, lässt sich in der englischen Welt des Internets aber leider nicht vermeiden. Immerhin wissen Sie ja, wonach Sie suchen. Wählen Sie am besten die Liste mit Proxies auf Port 8080 aus.

Sie werden wahrscheinlich mehrere durchprobieren müssen, bevor Sie einen funktionierenden finden, da viele sehr oft nur kurze Zeit online sind. Folgen Sie dazu diesen Schritten:

1. **Klicken Sie auf die PROXY-Taste bei PROXOMITRON, geben Sie die Adresse des Proxies ein und dann den Port auf folgende Weise**

   `Adresse:port`

2. **Klicken Sie auf den Test-Knopf**

   Das Programm prüft, ob Sie den Proxy verwenden können.

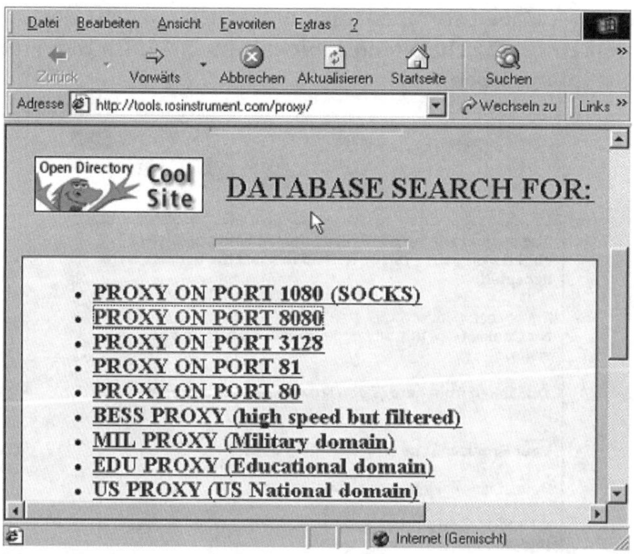

Abbildung 8.8: Hier finden Sie eine Liste von möglichen Proxy-Servern.

3. **Wenn Sie einen gefunden haben, den Sie benutzen können, aktivieren Sie das Häkchen Use Remote Proxy beim Proxomitron und schauen Sie wieder auf die Seite** `http://www.astalavista.com/privacy/data.asp`**.**

   Wie Sie sehen, ist jetzt auch Ihre IP-Adresse mit der des Proxies vertauscht worden. Wenn Sie ein wenig mit dem Proxomitron-Programm herumexperimentieren, werden Sie schnell herausfinden, welche Einstellungen Ihnen am besten gefallen.

Nun werden wir Ihr letztes Problem beseitigen, nämlich dass einige Ihrer Einstellungen immer noch ausgelesen werden können, wie zum Beispiel Ihre Bildschirmauflösung.

Möglich ist das dadurch, dass Ihr Browser Javascript zulässt, eine Skriptsprache, die oft im Internet auf Internetseiten verwendet wird. Durch eine einfache Einstellung können Sie auch dieses letzte kleine Problem lösen.

1. **Gehen Sie in Ihrem Internet Explorer auf den Auswahlpunkt Extras und dann InternetOptionen.**
2. **Wählen Sie die Auswahl Sicherheit und Stufe anpassen.**
3. **Suchen Sie den Auswahlpunkt Scripting Active Scripting etwas weiter unten und setzen dort die Einstellung auf Deaktivieren.**

Abbildung 8.9: Hier stellen Sie Javascript aus.

Obwohl es Ihre Anonymität steigert, würde ich Ihnen dennoch empfehlen, Javascript aktiviert zu lassen. Viele Sonderfunktionen auf Webseiten laufen in Javascript, beispielsweise interaktive Knöpfe. Ohne Javascript wird das WWW sehr trist aussehen.

Wenn Sie jetzt wieder unsere Analyse-Seite laden, werden Sie feststellen, dass so gut wie keine Angaben mehr vorhanden sind.

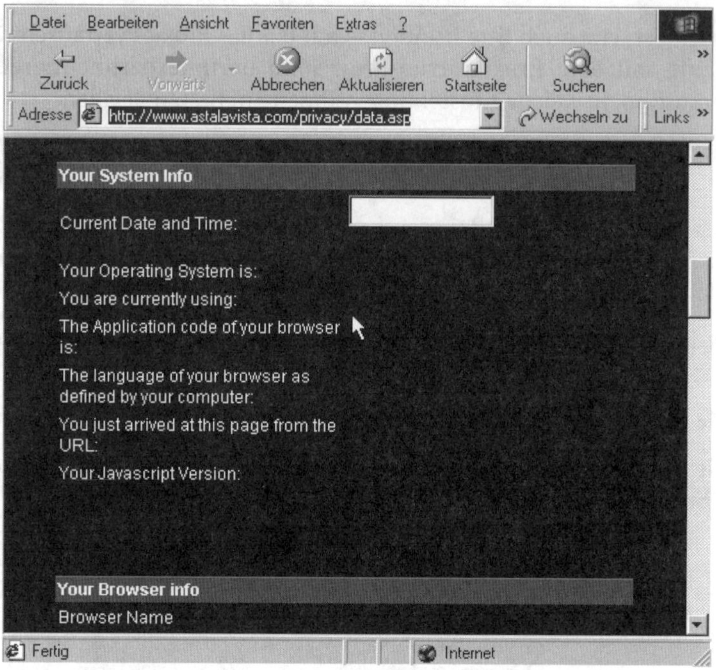

Abbildung 8.10: Beinahe alle Angaben fehlen jetzt.

Wie Sie in diesem Kapitel gesehen haben, ist es nicht allzu schwierig, so viel Anonymität zu bewahren wie möglich. Im nächsten Teil des Buches können Sie lernen, wie man Informationen im Internet herausfindet, anstatt sie zu verstecken.

Teil III

Informationsbeschaffung und Angriffstechniken (Footprinting)

Zugegeben: Die Informationsbeschaffung bei Clown & Co stellt unsere Profi-Hacker vor gewisse Schwierigkeiten.

In diesem Teil ...

Sie haben sich jetzt mit allem befasst, was Sie als normaler Heimanwender betrifft und womit Sie am häufigsten in Berührung kommen werden. Jetzt ist es an der Zeit, zu den Themen zu kommen, die einen Hacker von dem üblichen Internetbenutzer unterscheidet.

In diesem Teil lernen Sie, gezielt nach Informationen zu suchen und Ziele zu identifizieren. Außerdem erfahren Sie, was ein Scanner ist und wie Sie damit umgehen. Damit wird Ihnen eins der nützlichsten Werkzeuge vorgestellt, die es gibt. Ein Handwerker ist meist nur so gut wie sein Werkzeug.

Domainnamen und IP-Adressen (oder: Wo brechen wir heute ein?)

9

In diesem Kapitel

- Wie wird ein Ziel ausfindig gemacht?
- Wie wird die Information benutzt?
- Welche Informationen liefert eine IP-Adresse?

Die Adresse eines Ziels zu wissen, ist das Allerwichtigste. Was nützen Ihnen die besten Werkzeuge und alles Wissen der Welt, wenn Sie sie nirgends anwenden können? Stellen Sie sich eine Armee vor, die planlos herumirrt, ohne zu wissen, wo der Feind sich befindet. Wenn Sie dann wissen, wo sich Ihr Ziel befindet, müssen Sie auch in der Lage sein, das meiste aus dieser Information herauszuholen, so dass Sie jeden Vorteil nutzen können, um erfolgreich zu sein.

Das Ziel lokalisieren

Wenn Sie ein bestimmtes Ziel haben, müssen Sie auch wissen, wo sich dieses befindet. Sie müssen die Adresse wissen, damit Sie zu dem Ziel hinkommen. Klingt logisch, oder nicht? Immerhin können Sie nicht einfach losmarschieren und hoffen, dass Sie schon an der richtigen Stelle ankommen, dann würden Sie zu viel dem Glück überlassen. Meine Devise ist, Glück ist gut, wenn man es hat, aber nicht, wenn man es braucht: Wissen ist besser.

Sie haben also ein Ziel im Visier. Nehmen wir als Beispiel `www.nethacker-security.de`. Wir haben nun den Namen des Ziels und, wie es der Zufall will, ist das auch gleichzeitig eine der Adressen des Ziels. Jede Internetseite, die über solch eine Adresse verfügt, besitzt nämlich mehrere Adressen, die allerdings alle zum selben Ziel führen. Das können Sie jetzt ganz einfach testen:

1. **Öffnen Sie das Windows-Startmenü, indem Sie auf den START-Knopf von Windows gehen und dann auf PROGRAMME und das MS-DOS-Icon.**

   Nun öffnet sich ein Fenster mit der MS-DOS-Eingabeaufforderung.

2. **Geben Sie dort Folgendes ein:**

   ```
   C:\ping www.nethacker-security.de
   ```

   Die Reaktion müsste aussehen wie in Abbildung 9.1.

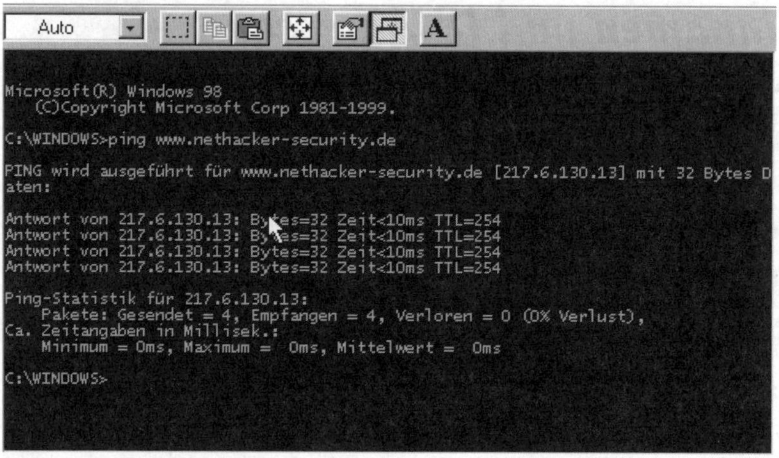

Abbildung 9.1: Man sieht, dass der Computer mit dem Namen `www.nethacker-security.de` auch die Adresse 217.6.130.13 besitzt.

Wie Sie sehen, besitzt dieser Computer schon einmal zwei Adressen und zwar `www.nethacker-security.de` und 217.6.130.13. Dasselbe hätten Sie auch mit dem TRACERT-Befehl herausgefunden, zusammen mit den zusätzlichen Informationen, welchen Weg Ihre Daten nehmen. Ein und derselbe Rechner kann aber auch noch andere Adressen besitzen. Häufig haben Computer auch noch die Namen `ftp` und `mail` statt des `www`. Ersetzen Sie einfach den www.-Teil der Adresse `www.nethacker-security.de` durch ftp., also `ftp.nethacker-security.de`. Probieren Sie es einfach einmal aus. Geben Sie die folgenden Befehle ein:

```
C:\ping ftp.nethacker-security.de
C:\ping mail.nethacker-security.de
```

Auch diese Adressen führen zu demselben Computer. Das kommt häufiger vor bei Servern, weil sie mehrere Aufgaben erfüllen. Oftmals kommt es auch vor, dass mehrere unterschiedliche Adressen auf ein und denselben Server zeigen, weil beispielsweise mehrere Webseiten diesen Rechner ihr Zuhause nennen. Was aber auf jeden Fall immer gleich bleibt, ist die IP-Adresse. Die ist also meist besser geeignet, Nachforschungen anzustellen, als der Domainname.

Ich sage hier bewusst meist, weil es davon abhängt, ob Sie Informationen über einen Server oder über eine Webpräsenz suchen. Ich erwähnte ja gerade eben schon, dass manchmal ein Computer mehrere Webseiten beheimatet. Wenn man gezielt nach Informationen über einen Betreiber einer Webseite sucht, ist man mit dem Domainnamen besser bedient. Firmen, die mehrere Webseiten unterbringen, haben die Information für den Server selber, also für die IP-Adresse auf ihren Namen registriert. Die Daten der Untermieter sind aber meist mit der Domain-Adresse verbunden.

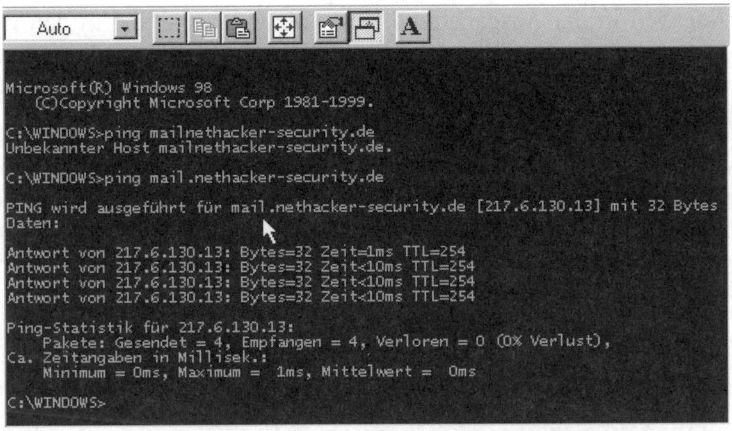

Abbildung 9.2: Wie Sie sehen, führen die Namen `www.nethacker-security.de` *und* `mail.nethacker-security.de` *zum selben Ziel.*

Wie finde ich meine eigene IP-Adresse raus?

Ihre eigene IP-Adresse herauszufinden ist spielend einfach, denn Windows besitzt alle Werkzeuge, die Sie dafür benötigen:

1. **Klicken Sie auf den START-Knopf, dann auf PROGRAMME und wieder einmal auf das MS-DOS-Icon.**
2. **Geben Sie auf der Eingabekonsole folgendes ein:**

   `C:\ipconfig`

   Wie Sie sehen, zeigt Windows Ihnen jetzt die IP-Adressen Ihrer ganzen Netzwerk-Geräte an.

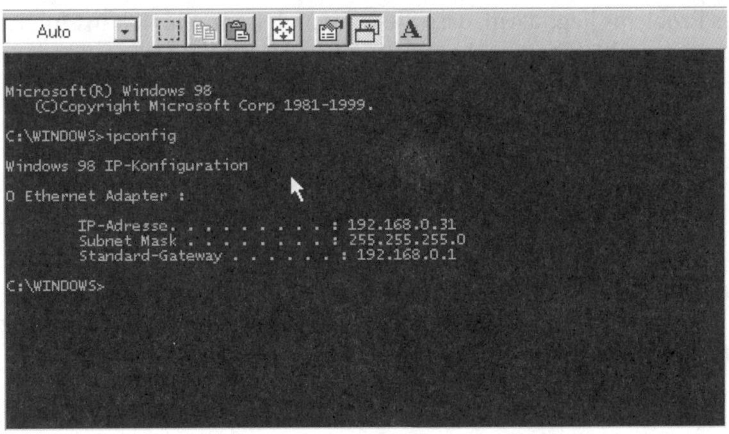

Abbildung 9.3: Sie sehen nun Ihre eigene IP-Adresse(n).

Die anderen Angaben in der Ausgabe sind Ihre Subnetzmaske, die in den meisten Fällen 255.255.255.0 sein wird, und Ihre Standard-Gateway. Dieser Punkt wird nur einen zugewiesenen Wert haben, wenn Sie über einen Router in das Internet gehen und dann wäre es die IP-Adresse Ihres Routers.

Subnetz-IP-Adressen werden auch dazu benutzt, um ein Netzwerk in verschiedene Zonen, genannt Subnetze aufzuteilen. Obwohl alle Rechner dann denselben IP-Adressen-Bereich haben, ist die Subnetzmaske anders. Dies wird der Übersicht oder der Sicherheit zuliebe gemacht. Mehr dazu können Sie in *TCP/IP für Dummies* lesen.

Wie finde ich die IP-Adresse anderer Leute heraus?

Diese Frage zu lösen, ist einer der schwierigsten Aufgaben, die es gibt. Gemeint sind nicht die Adressen von Servern, denn diese bleiben ja immer gleich. Ansonsten könnte man das Internet nicht effektiv nutzen, da man gar nicht wüsste, wo man hinzusurfen hätte. Gemeint ist die IP-Adresse anderer Benutzer. Sie wissen ja meist nicht einmal, ob jemand Bestimmtes sich gerade online befindet, also wie sollten Sie dann die IP-Adresse wissen können? Raten ist etwas schwierig, dafür gibt es viel zu viele Möglichkeiten. Sie können es ja gerne einmal versuchen, aber ich denke, dass Sie sehr schnell aufgeben würden. Selbst wenn Sie eine IP-Adresse erraten würden, die gerade aktiv im Internet vorhanden ist, stehen die Chancen ziemlich schlecht, dass Sie denjenigen dadurch finden würden, den Sie suchen.

Natürlich kann man die Auswahl etwas verringern. Jeder benutzt einen bestimmten Provider und die meisten Provider haben nur einen bestimmten IP-Adressen-Bereich zur Verfügung, dennoch wäre dieses Unterfangen nahezu unmöglich.

Das Problem mit dynamischen IP-Adressen

Die Wurzel des Problems liegt darin, dass Sie jedes Mal, wenn Sie sich ins Internet einwählen, in der Regel eine neue IP-Adresse erhalten. Aus technischen Gründen gibt es eine maximale Anzahl von möglichen IP-Adressen. Dieser Punkt wird bald erreicht sein, also umgeht man das Problem erst einmal, indem man nur den Computern eine feste IP-Adresse zuweist, die unbedingt eine benötigen. Alle anderen teilen sich eine geringe Anzahl von IP-Adressen, die jeweils bei Bedarf an die jeweiligen Computer verteilt werden. Es ist zwar eine äußerst elegante Methode, um das Problem zu lösen, wirft aber im Gegenzug andere Probleme auf.

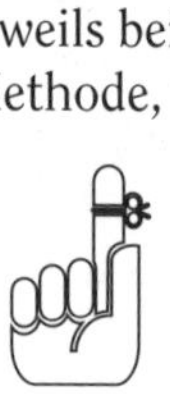

Die IP-Adressen-Knappheit ergibt sich daraus, dass das IPv4-System, das jetzt benutzt wird, maximal vier Milliarden Adressen zulässt. Das hört sich zwar nach viel an, ist es aber nicht, wenn man bedenkt, dass immer mehr Geräte wie Autos, Telefone usw. vernetzt werden.

Keine Panik wegen des IP-Adressen-Mangels. Es wurde schon ein neues System entwickelt und es wird auch schon langsam eingesetzt. Es heißt IPv6 und Sie können mehr darüber erfahren in Büchern über TCP/IP. *TCP/IP für Dummies* wäre ein guter Anfang.

Zum einen gibt es Probleme, wenn sich von einem Anbieter mehr Benutzer einwählen möchten, als dieser IP-Adressen hat. Dann ist erst einmal Schluss und einige werden nicht reinkommen, so lange nicht wieder andere rausgehen und IP-Adressen freigeben. Das andere Problem ist, dass man Leute nicht einfach anhand der IP-Adresse orten kann. Die Einzigen, die wissen, wer gerade welche IP-Adresse benutzt, ist der Anbieter selber und dieser gibt diese Information leider freiwillig nicht raus.

Dennoch ist man nicht gänzlich hilflos. Es gibt schon einige Mittel, um die IP-Adresse trotzdem herauszukriegen, auch wenn dies nicht so ganz einfach ist und die IP-Adresse auch nur kurze Zeit richtig ist.

Chatten

Wenn Sie ein Messagingsystem wie z.B. ICQ oder Hotmail Messenger verwenden, können Sie die IP-Adresse von jemandem herausbekommen, indem Sie einen Chat mit demjenigen einleiten und dann den `Netstat`-BEFEHL verwenden.

ICQ ist eine Messaging-Software. Es zeigt Ihnen an, wenn Freunde von Ihnen online sind, mit denen Sie vorher Ihre Adresse ausgetauscht haben, und Sie können mit diesem Programm mit ihnen chatten. Sie finden das Programm im Internet unter `htt//web.icq.com`.

Um die IP-Adresse mittels Netstat herauszubekommen, müssen Sie einen Switch zur Hilfe nehmen, mit dem Sie genau festlegen, wie Ihnen Netstat die Daten herausgibt. Geben Sie Folgendes in ein MS-DOS Fenster ein, nachdem Sie einen Chat eröffnet haben:

```
C:\netstat -n
```

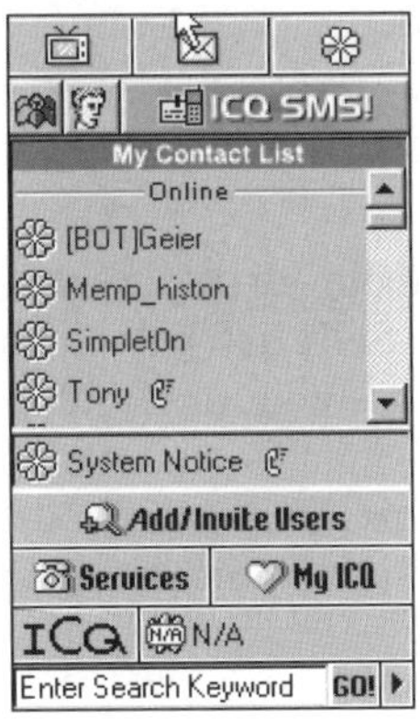

Abbildung 9.4: Hier sehen Sie ICQ.

Das -n bewirkt, dass Netstat alle Verbindungen als IP-Adresse anzeigt anstatt mit den Namen. Das macht Sinn, denn Sie möchten ja auch die IP-Adresse wissen.

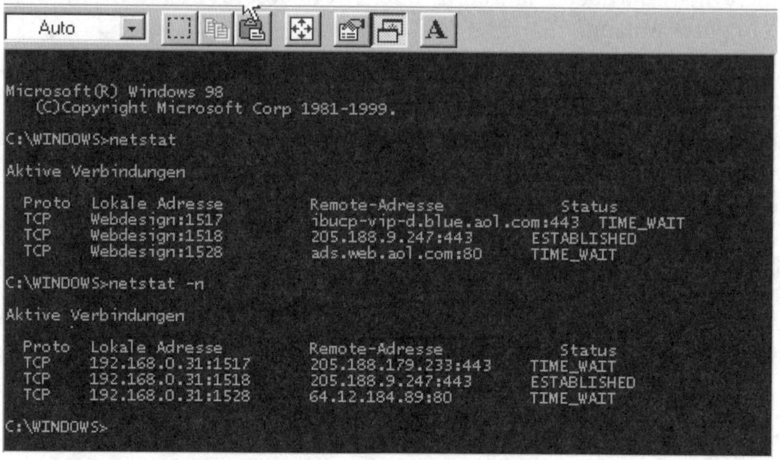

Abbildung 9.5: Die Verbindung in der Mitte ist die Chatverbindung. Man sieht es am Zusatz `Established`.

Wie Sie jetzt sehen, zeigt Ihnen Netstat alle Verbindungen als IP-Adresse an. Wichtig ist, dass Sie so wenig Verbindungen offen haben wie möglich, da Sie sonst durcheinander kommen könnten, wenn Netstat zu viele Verbindungen anzeigt. Meistens werden Sie es daran erkennen, dass dort der Beisatz Established steht. Diese Methode funktioniert bei allen Anwendungen, bei denen Sie direkte Verbindung mit dem anderen aufnehmen, also auch bei Datenübertragungen, wie sie oft bei Musiktauschsystemen wie Gnutella und Bearshare vorkommen.

Ohne eine IP-Adresse läuft gar nichts! Nahezu alle Methoden, die mit Hacken zu tun haben, basieren auf dem Erkennen der IP-Adresse. Was man nur anhand dieser IP-Adresse herausfinden kann, ist schon überwältigend

RIPE

Wenn Sie Ihren Internet Explorer auf die Adresse www.ripe.de richten, finden Sie eine relative schlichte Webseite vor. Diese Seite ist jedoch die Internetpräsenz der Réseaux IP Européens, der zentralen Verwaltungsstelle für IP-Adressen in Europa. Hier ist jede Person und jede Firma zu finden, die jemals einen Domainnamen registriert hat oder einen IP-Adressen-Bereich zugewiesen bekommen hat. Wenn Sie auf den Link WHOIS DB gehen, werden Sie zu einer Eingabe-Maske gebracht. Hier können Sie entweder nach Namen von Menschen suchen oder nach IP-Adressen.

Die RIPE ist nur für europäische Adressen zuständig, die Denic nur für deutsche Domainnamen. Für amerikanische Domainnamen beispielsweise müssten Sie zu `www.internic.com`.

Nehmen wir als Beispiel die besagte 217.6.130.13. Wie Sie in der Abbildung 9.6 sehen können, gehört dieser Adressen-Bereich einer Meridian Computer GmbH i. G., das ist eine der Firmen, für die ich tätig bin.

Abbildung 9.6: Eine RIPE-Auskunft

Adressdaten, Kontaktperson, Telefonnummer, alles Informationen, die man zur weiteren Informationssuche gebrauchen könnte.

Als Nächstes sollten Sie in Ihren Browser `www.denic.de` eingeben. Die Denic ist die zentrale Registrierungsstelle für deutsche Domainnamen, also mit der Endung .de. Wieder einmal möchten Sie dem Whois-Link folgen und wieder werden Sie mit einer Suchmaske begrüßt. Nehmen wir als Beispiel wieder `www.nethacker-security.de`. Achten Sie darauf, nur den Namen hinter dem `www` anzugeben, also `nethacker-security.de`, ansonsten erhalten Sie eine Fehlermeldung. Diesmal sehen Sie die Daten des Domain-Inhabers (in diesem Fall meine) inklusive Telefonnummer und anderer Kontaktdaten.

Abbildung 9.7: Die Daten des Domain-Inhabers werden angezeigt.

Wenn Sie einen Domainnamen registriert haben, können Sie ja diesen als Suchbegriff eingeben. Seien Sie aber nicht darüber überrascht, wie viel von Ihnen dort drin steht.

Wie Sie sehen, kann man anhand des Domainnamens und der IP-Adresse allerhand herausfinden. Diese Informationen können nützlich sein, aber das wirklich Nützliche daran, nämlich, was Sie mit einer IP-Adresse über den dazugehörigen Computer erfahren können, werden Sie im nächsten Kapitel erfahren.

Informationen über das Ziel sammeln

10

In diesem Kapitel

- Was ein Scanner ist
- Wie ein Scanner benutzt werden kann
- Ist Scannen erlaubt?
- Welche Informationen liefert ein Scan?

Nun haben Sie also die IP-Adresse Ihres Ziels und wissen eventuell auch, wem dieses Ziel gehört oder wer es verwaltet. Das sagt Ihnen aber noch nichts über das Ziel selbst. Sie möchten wissen, welche Dienste das Ziel anbietet und ob es irgendwelche Schwächen aufweist, welches Betriebssystem auf dem Ziel läuft und ob es vielleicht irgendwelche sonderbaren Eigenschaften hat.

Zu diesem Zweck gibt es eigens dafür entwickelte Werkzeuge, genannt *Scanner*. Mit diesen kleinen Programmen können Sie viel über ein Ziel herausfinden, denn sie beinhalten oft viele Funktionen.

Scanner: Die Mauern abtasten

Früher musste ein Hacker, wenn er ein Ziel suchte, mehrere IP-Adressen anpingen. Er wusste, dass, wenn er eine Antwort erhielt, sich dort ein aktiver Computer befand. Wenn er einen großen Bereich abzusuchen hatte, war diese Suche langwierig und langsam. Immer wieder musste er die nächste IP-Adresse mit einem PING-Befehl ansprechen und auf eine Antwort warten, bis er zur nächsten überging. Es dauerte nicht lange, bevor einige clevere Köpfe kleine Programme schrieben, die diese Arbeit für sie erledigten, wenn man ihnen einen IP-Adressen-Bereich angegeben hatte.

War ein Ziel gefunden, wussten die Hacker zwar, dass ein Ziel vorhanden war, aber nicht, was es war oder was es tat. Sie tappten also zunächst ziemlich im Dunkeln. Also begannen sie dann, mit Telnet jeden Port anzusprechen, um zu sehen, ob dieser aktiv war. Das war eine noch schwierigere und langweiligere Aufgabe, denn es gibt über 65.000 mögliche Ports, auf denen Dienste laufen können. Nächtelange Tipparbeit mit Hilfe von viel, viel Kaffee und sehr verschlafene Hacker waren das Ergebnis.

Telnet ist ein Protokoll, eine Serveranwendung und ein Client. Ein Server hat einen Telnet-Server laufen, mit dem sich ein Benutzer mit Hilfe eines Telnet-Clients verbinden kann. Dann kann der Benutzer so arbeiten, als säße er vor dem Server, auch wenn sich dieser in Nepal oder Hamburg befindet. Viele Dienste geben eine Meldung heraus, wenn man sich mit ihnen mit einem Telnet-Client verbindet, wodurch man erkennen kann, welcher Dienst dort läuft.

Auch diesmal dauerte es nicht lange, bis jemand ein Programm schrieb, dass auch diesen Vorgang automatisierte. Jetzt haben Sie vielleicht den Eindruck, dass solche Programme nur von Hackern geschrieben wurden, aber wie Sie sich sicherlich erinnern können, sind Hacker nicht nur Kriminelle, sondern auch Netzwerktechniker, deren Aufgabe es war, ihre eigenen Netzwerke und die von anderen zu sichern und zu warten.

Stellen Sie sich einmal vor, Sie müssten tatsächlich 65.000 Mal Ihr MS-DOS-Fenster öffnen und

```
C:\telnet 192.168.0.1:1
C:\telnet 192.168.0.1:2
C:\telnet 192.168.0.1:3
```

eingeben? Grausame Vorstellung, nicht wahr? Sie können es einmal gerne versuchen, um den Pioniergeist und die Hartnäckigkeit der früheren Hacker zu erleben, aber schämen Sie sich nicht, wenn Sie dieses Erlebnis nur kurzzeitig haben möchten.

Auf der CD zu diesem Buch befindet sich ein Programm namens *Putty*. Es ist ein Telnet-Client-Programm. Obwohl bei Windows ein Telnet-Client dabei ist, ist Putty wesentlich flexibler und besser zu bedienen. Zusätzlich erlaubt es auch SSH-Verbindungen, ein Telnet mit Verschlüsselung zur besseren Sicherheit.

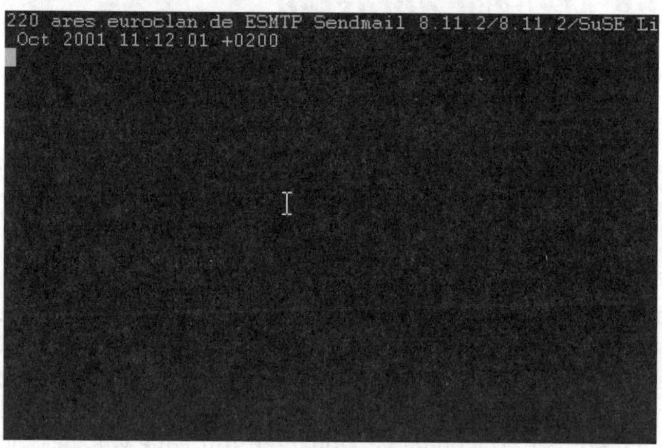

Abbildung 10.1: Eine Telnet-Verbindung auf einen 25-Port. Der Port meldet, dass es sich um Sendmail handelt, einen E-Mail Dienst.

Was sind Scanner?

Ein *Scanner* ist ein Programm, das entweder einen IP-Adressen-Bereich nach aktiven Computern oder Geräten absucht oder einen bestimmten Computer nach laufenden Diensten abfragt. Es tut nichts anderes, als eine Verbindung zu dem Zielrechner aufzubauen und die Reaktion dieses Computers an Sie weiterzugeben. Viele Scanner wandeln dann auch gleich die IP-Adresse in den dazugehörigen Domainnamen um und probieren einige bekannte Sicherheitslücken aus. Hört sich vielleicht nicht nach viel an, ist aber eine Meisterleistung verglichen damit, dass Sie alles per Hand machen müssten. Die Nützlichkeit dieser Programme mag Ihnen zurzeit auch noch nicht so ganz in den Sinn kommen, aber das werden Sie sehr schnell einsehen.

Angenommen, Sie möchten über eine Organisation herausfinden, wie groß deren Netzwerk ist oder wie weit ihre Internet-Infrastruktur ausgebaut ist. Wenn Sie die IP-Adresse eines ihrer Computer wissen, können Sie den gesamten Netzwerkbereich abscannen.

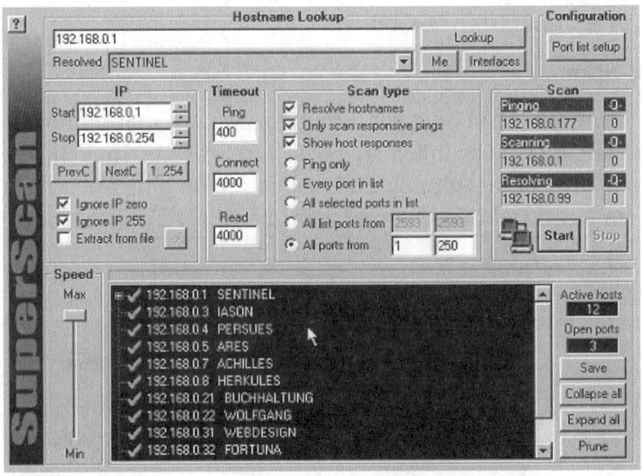

Abbildung 10.2: Hier sehen Sie einen Scan eines Netzwerkbereiches von 1 bis 254.

Wenn jemand von dem *gesamten Netzwerkbereich* spricht, meint er für gewöhnlich einen IP-Adressen-Block. Das heißt, jede IP-Adresse von z.B. 192.168.0.1 bis 192.168.0.254. Diesen Bereich nennt man ein *Klasse-C-Netz*.

Wenn sich dort mehrere Computer befinden und alle z.B. denselben Domainnamen aufweisen, können Sie sich ein gutes Bild davon machen, wie das Netzwerk dieser Organisation aufgebaut ist. Dabei spricht der Fachmann von *Netzwerktopografie* oder *Netzwerkkartografie*. Wenn Sie dann auch noch die einzelnen Computer nach offenen Ports untersuchen, können Sie auch deren Aufgaben erahnen und so ein gutes Bild davon bekommen, wie das Netzwerk aufgebaut ist und wie es funktioniert.

Netzwerktopografie ist der Begriff, womit im Allgemeinen der Aufbau eines Netzwerkes gemeint ist. Den Begriff kennen Sie vielleicht aus Erdkunde oder von Landkarten her und genau dort hat er auch seinen Ursprung. Es ist möglich, ein Netzwerk zu kartografieren, so dass man einen Plan erhält, wo was ist und wie die einzelnen Computer zusammenhängen.

Viele Hacker besitzen sehr viele Scans von verschiedenen IP-Adress-Bereichen, die sie sorgfältig scannen, und, wenn sie etwas Interessantes finden, forschen sie weiter nach. Es ist immer gut zu wissen, wo sich ein bestimmter Dienst oder eine Firma finden lässt, auch wenn es im ersten Moment uninteressant erscheint. Es ist dann allerdings auch notwendig, die Scans gut zu archivieren.

Arten von Scannern

Es gibt eine große Auswahl an Scannern, die alle für verschiedene Aufgaben konzipiert wurden. Es gibt sowohl Spezialscanner als auch Multifunktionswerkzeuge. Ich möchte Ihnen hier einmal die typischen Scannerarten vorstellen:

- **Ping-Suchlauf-Scanner**

  Diese Art von Scanner wird verwendet, um ganze Netzwerkabschnitte nach aktiven Computern abzusuchen. Es ist die einfachste Sorte von Scanner. Im Prinzip senden sie einfach einen PING-Befehl an jede IP-Adresse und zeigen an, ob eine Antwort erfolgte oder nicht. Superscan ist ein Multifunktionsscanner, der über diese Funktion verfügt.

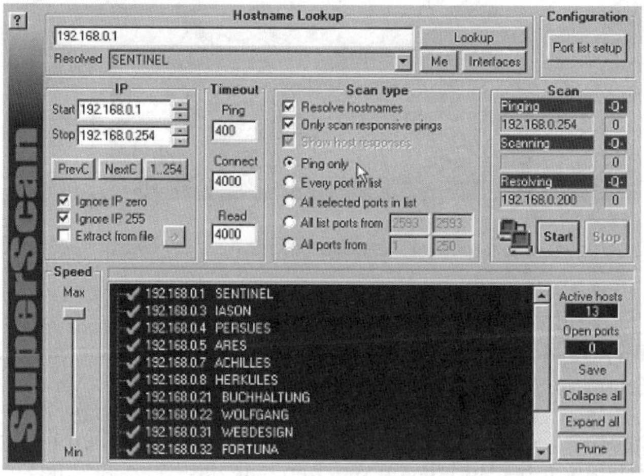

Abbildung 10.3: Hier sehen Sie Superscan. Dort, wo der Cursor ist, sehen Sie, dass die Ping-Funktion aktiviert ist.

Superscan finden Sie auf der CD zu diesem Buch in dem Ordner SUPERSCAN. Sie müssen das Programm lediglich auf Ihren Computer kopieren und können die `superscan.exe` sofort ausführen.

✔ **Portscanner**

Ein Portscanner untersucht einen Computer auf offene Ports. Er baut eine Verbindung zu den Ports auf und gibt an den Benutzer zurück, ob der Port offen oder aktiv ist. Neuere Scanner geben auch Meldungen von diesem Port zurück, was meistens die Funktion oder den Dienst auf diesem Port preisgibt. Dieses Abfangen der Ausgabe nennt man *Banner fangen.* Gute Portscanner wissen auch, welche Dienste standardmäßig auf welchen Ports laufen und geben das dann auch bekannt.

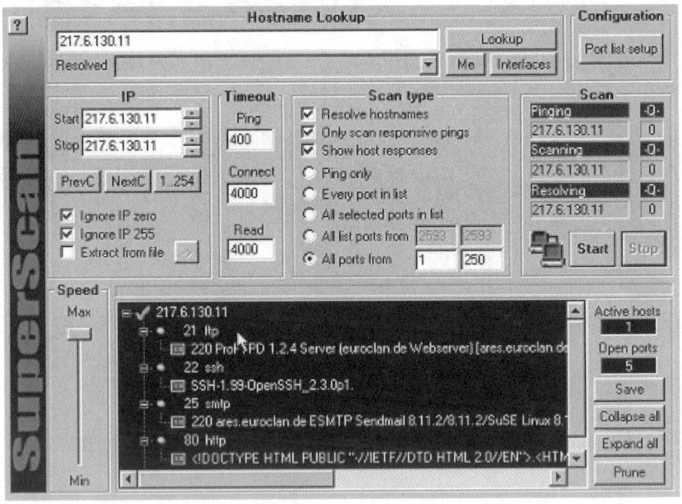

Abbildung 10.4: Hier sehen Sie Superscan, wie es einen Computer nach offenen Ports scannt. Es zeigt auch die Meldungen der Ports an.

Bei Superscan können Sie diese Liste einsehen, indem Sie oben links auf den Knopf PORT LIST SETUP klicken.

Abbildung 10.5: Oben rechts befindet sich der PORT LIST SETUP-Knopf.

Bei Superscan können Sie verschiedene Scan-Optionen angeben, z.B. dass dieser nur einen bestimmten Portbereich abscannt oder nur die bekannten Ports.

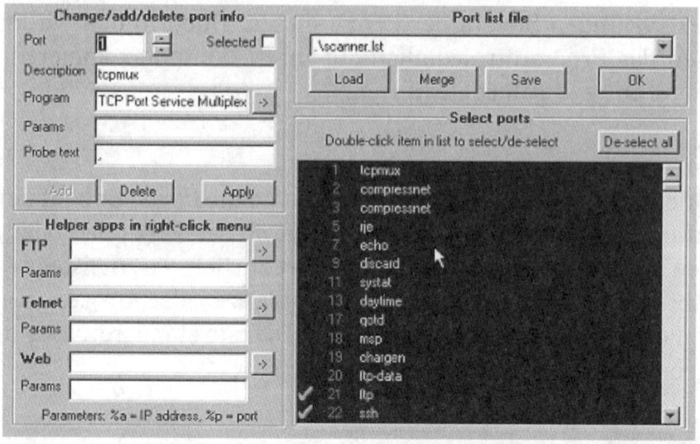

Abbildung 10.6: Hier ist die Liste der Superscan bekannten Ports.

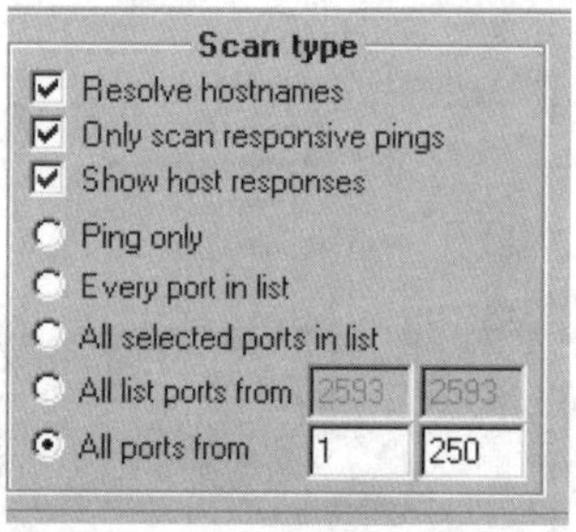

Abbildung 10.7: Hier sehen Sie die Auswahl für den Portbereich, den Superscan scannen soll.

Sie haben dort einige Optionen zur Auswahl, die ich Ihnen einmal näher erläutern möchte.

✔ Ping only

Wenn Sie diese Option wählen, wird Superscan nur die angegebenen IP-Adressen anpingen, wodurch es zu einem Ping-Suchlauf-Scanner wird. Den IP-Adressen-Bereich können Sie links in dem Programm angeben.

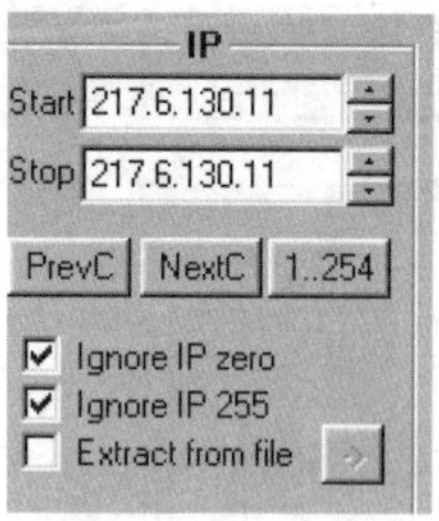

Abbildung 10.8: Hier sehen Sie die Auswahlpunkte für den IP-Bereich.

START ist die Start-IP-Adresse, an der das Programm anfangen soll, und STOP die IP-Adresse, wo der Scan aufhören soll. PREVIOUS C setzt den ganzen IP-Adressen-Bereich einer C-Klasse runter, also von angenommen 192.168.0.1 auf 192.167.255.1 und NEXT C setzt es umgekehrt hoch, also von 192.168.0.1 auf 192.168.1.1. Der Knopf 1...254 setzt die Start-IP-Adresse automatisch auf 1 und die Stop-IP-Adresse automatisch auf 254.

- ✔ EVERY PORT IN LIST

  Diese Auswahl lässt Superscan jeden Port in der Port-List-Setup-Liste scannen.

- ✔ ALL SELECTED PORTS IN LIST

  Diese Option lässt Superscan nur die mit einem Häkchen markierten Ports in der Port-List-Setup-Liste scannen.

- ✔ ALL LIST PORTS FROM ...

  Hier können Sie festlegen, bei welchem Port Superscan anfängt und aufhört.

- ✔ ALL PORTS FROM ...

  Hier können Sie einen Bereich festlegen, bei dem Superscan anfangen und aufhören soll.

- ✔ IGNORE IP ZERO UND IGNORE IP 255

  Hiermit sagen Sie Superscan, ob er die IP-Adressen 0 und 255 ignorieren soll, da diese ja reserviert sind und somit keine Computer sein können.

- ✔ EXTRACT FROM FILE

  Hier können Sie eine Textdatei angeben, in der die IP-Adressen geschrieben sind, die Superscan scannen soll.

- ✔ RESOLVE HOSTNAMES

  Hier können Sie Superscan sagen, ob er IP-Adressen in Domainnamen umwandeln soll oder nicht.

- ✔ ONLY SCAN RESPONSIVE PINGS

  Ist diese Option aktiviert, scannt Superscan nur die Adressen, die auch dem PING-Befehl antworten. Das spart Zeit, da er ansonsten auch nicht-existente Computer scannen würde.

- ✔ SHOW HOST RESPONSES

  Diese Option gibt Superscan die Anweisung, dass er auch die Meldungen des Zielcomputers an Sie weitergibt, also was die Dienste an jedem Port zurückgeben.

Wie Sie sehen, ist Superscan ein mächtiges Werkzeug mit vielen Einstellungsoptionen.

Oftmals stehen in der Ausgabe der Dienste weitere interessante Informationen, wie der Domainname der IP-Adresse. Das kann nützlich sein für DENIC WHOIS-Abfragen und ähnliche Dinge.

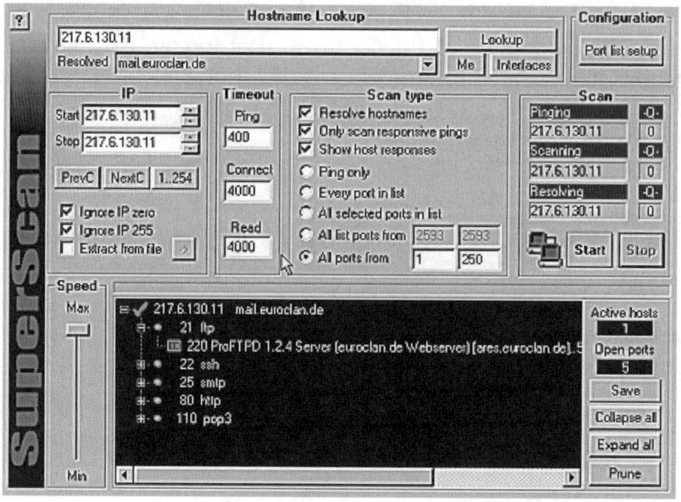

Abbildung 10.9: Hier sehen Sie deutlich bei dem FTP-Dienst den Domainnamen `euroclan.de`.

- **Vulnerability Scanner**

  Diese Art von Scanner ist mit Informationen über bekannte Sicherheitslücken und Probleme ausgestattet und versucht, diese zu finden und manchmal auch gleich auszuprobieren. Die meisten sind so ausgelegt, dass Sie die Liste der Sicherheitslücken auch selbst verändern und auf dem aktuellsten Stand halten können. Die meisten guten Scanner dieser Art laufen auf Linux oder Unix, es gibt allerdings inzwischen schon einige bekannte auch für Windows. Als Beispiel werden Sie jetzt FTP-Scan kennen lernen. Dieses kleine Werkzeug sucht nach falsch konfigurierten FTP-Servern, die anonyme Verbindungen zulassen, also die keine gültigen Benutzernamen oder Passwörter benötigen.

Sicherheitslücken werden als *Vulnerability* bezeichnet, was aus dem Englischen kommt und »anfällig« oder »angreifbar« bedeutet.

Beim ersten Starten wird das Programm ein paar Informationen von Ihnen verlangen. Unter dem Punkt LOGIN CONFIG bei USER NAME geben Sie `anonymous` ein und unter PASSWORD geben sie `anonymous@test.com` an.

Nur weil Sie eine erfundene E-Mail-Adresse angeben, sind Sie nicht wirklich anonym, denn Ihre IP-Adresse wird registriert.

Bill Gates auf Ihrem Server?

Die meisten anonymen FTP-Dienste brauchen die Angabe des Benutzernamens Anonymous (anonym) und eine gültige E-Mail-Adresse. Nur sehr wenige überprüfen, ob es tatsächlich eine gültige ist, sie überprüfen lediglich, ob der Aufbau einer E-Mail-Adresse entspricht, also dass es einen Namen, dann ein @-Symbol und einen Domainnamen am Ende gibt. So können Sie meistens angeben, was Sie möchten, sehr beliebt scheint `gates@microsoft.com` zu sein.

1. **Bei Connection geben Sie bei Port** `21` **ein und bei Timeout** `10` **an.**

   Port 21 ist der Standard-FTP-Port.

2. **Bei IP-Logging geben Sie** `c:\programme\ftp scanner\iplog.txt` **an.**

   Das ist die Datei, in der die Ergebnisse gespeichert werden.

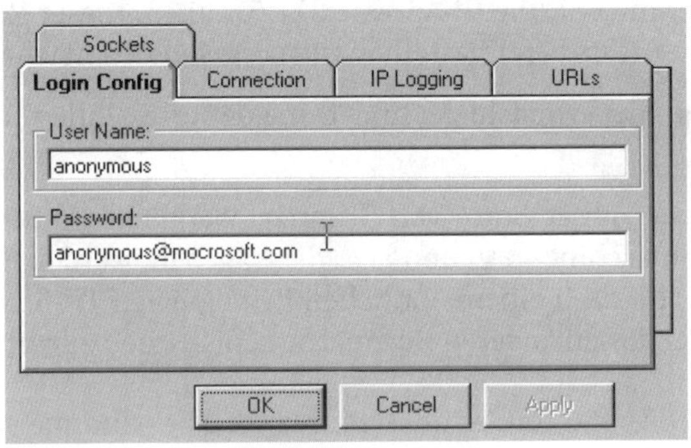

Abbildung 10.10: Das Einstellungsfenster von FTP-Scan

FTP-Scan befindet sich im FTP-Scanner-Ordner auf der CD zu diesem Buch. Führen Sie das Setup-Programm aus.

3. **Unter URLs geben Sie den Pfad** `c:\programme\ftp scanner\URL's\` **ein.**

4. **Den Punkt Sockets lassen Sie so, wie er ist oder leer.**

5. **Nun drücken Sie den OK-Knopf und Sie sehen das Programm.**

   Wie Ihnen schon von Superscan bekannt sein sollte, sehen Sie eine Eingabe für IP-Adressen und zwar für den Start und das Ende. Hier können Sie den Bereich eingeben, den FTP-Scan absuchen soll. Und los geht's!

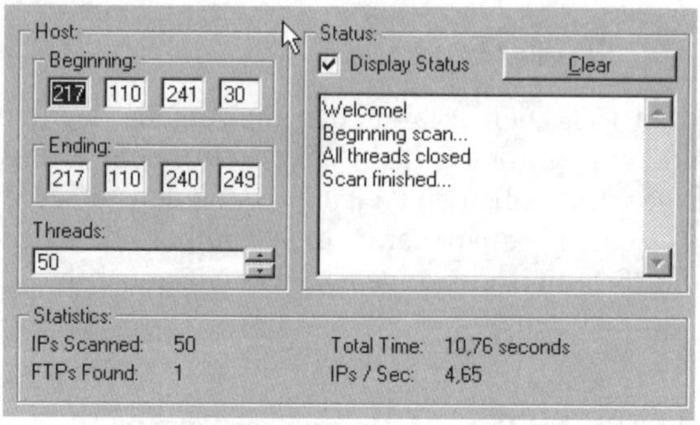

Abbildung 10.11: FTP-Scan bei der Arbeit. Das Netz ist sicher und es hat keine Sicherheitslücke gefunden.

Dieses Programm dürfen Sie nur bei Computern verwenden, bei denen Sie sich vorher die Erlaubnis vom Besitzer eingeholt haben. Wenn Sie es unbedingt testen müssen, nehmen Sie die IP-Adresse 217.6.130.13. Dieser Rechner gehört mir und ist für solche Tests bereitgestellt worden. Ansonsten machen Sie sich strafbar!

Wenn der Scanner eine Sicherheitslücke findet, meldet er es Ihnen. Wie ein Spürhund, der Laut gibt.

Es gibt eine Vielzahl von dieser Sorte von Scanner. Wenn Sie `Scanner vulnerability download` in der Suchmaschine `www.google.de` eingeben, werden Sie mit Ergebnissen erschlagen. Sie arbeiten alle nach einem ähnlichen Prinzip wie FTP-Scan und Superscan, also sollten Sie sich auch bei diesen anderen Scannern recht schnell zurechtfinden.

Die besten Scanner, die es auf dem Markt gibt, sind meist für Linux. Wenn Sie mehr über solche und andere Scanner erfahren möchten empfehle ich Ihnen *Das Anti Hacker Buch* vom mitp-Verlag

Ist Scannen legal?

Dieser Punkt ist sehr umstritten. Sie müssen es sich so vorstellen, als würden Sie zu einem Haus gehen und alle Fenster und Türen ausprobieren, um zu sehen, ob der Hausbesitzer irgendwo vergessen hat, abzuschließen. Was würden Sie sagen, wenn das jemand bei Ihnen täte? Sie würden wahrscheinlich Verdacht schöpfen, nicht wahr?

Genau so sieht es auch in der Computerwelt aus. Das Aufspüren von Scans ist gewöhnlich ein erstes Anzeichen für einen bevorstehenden Angriff und das macht den Systemadministrator misstrauisch. Zurzeit sieht es so aus, dass Ihnen für das Scannen an sich rechtlich nichts geschehen kann. Allerdings kann sich das Opfer des Scans an Ihren Provider wenden und dieser wird Ihnen sicherlich sagen, dass Sie das besser in Zukunft bleiben lassen sollten und er sonst Ihren Internetzugang sperren wird. Benutzen Sie Vulnerability Scanner und diese nutzen dann tatsächlich eine Sicherheitslücke aus, kann Ihnen weitaus mehr geschehen, denn Sie haben diesen Computer dann widerrechtlich gehackt.

In der Regel sollte man Scanner nur bei sich selber anwenden oder den Besitzer des Zielcomputers vorher um die Erlaubnis bitten. Ich mache Sie hierauf noch einmal aufmerksam, sagen Sie nicht, wir hätten Sie nicht gewarnt.

Was finde ich durch einen Scan heraus?

Ein Scan ist sozusagen der Späher, den Sie losschicken, um die Gegend zu erkunden. Er gibt Ihnen vielerlei Hinweise darauf, wie schwer das Gelände ist, wie groß die Macht des Feindes ist und woraus das feindliche Heer besteht. Nahezu alle weiteren Schritte werden aus den Informationen dieses Scans hervorgehen. Fassen wir noch einmal zusammen:

- ✔ **Ziele identifizieren**

  Anhand eines Scans können Sie sehen, ob sich überhaupt ein Ziel dort befindet, wo Sie es suchen oder vermuten.

- ✔ **Netzwerktopografie**

  Dadurch, dass Sie mehrere Teilbereiche eines IP-Adressen-Bereiches scannen, sehen Sie, wie viele Computer oder Geräte sich dort befinden. Sie können skizzieren, wie groß das Netzwerk einer bestimmten Organisation ist und wie sie es aufgebaut hat.

- ✔ **Ziele auskundschaften**

  Durch einen Portscan können Sie sehen, welche Dienste auf einem Gerät laufen, was für die spätere Klassifizierung der Aufgaben dieses Computers nützlich ist (Näheres hierzu in Kapitel 11, »Woran erkenne ich, was für ein Server es ist?«). Sie sind auch in der Lage, durch das Auslesen der Meldungen der einzelnen Dienste einige Sachen herauszufinden, zum Beispiel Domainnamen.

- ✔ **Sicherheitslücken erkennen**

  Durch Vulnerability Scanner können Sie eine erste Analyse bekannter Sicherheitslücken vornehmen. Wenn Sie ein System schützen möchten, ist das ein wichtiger Punkt, denn Sicherheitslücken, die sehr bekannt sind, werden oftmals zuerst ausgenutzt. Wenn Sie diese Sicherheitsrisiken beheben, ist Ihr System schon um einiges sicherer.

Weitere Footprinting-Verfahren

Unter *Footprinting* versteht man das Sammeln von Informationen über einen Computer oder ein Netzwerk.

Es gibt auch noch andere Methoden, Informationen über ein Ziel zu sammeln, die weitaus weniger technischer Natur sind, aber dennoch nützliche Informationen zu Tage bringen können.

Webseiten

Wenn Ihnen die Adresse der Webseite des Computers oder der Firma bekannt ist, die Sie untersuchen, schauen Sie sich diese einmal in Ruhe an. Informationen wie E-Mail-Adressen, Telefonnummern, Kundendienste und andere Sachen können Ihnen später sehr nützlich sein.

E-Mail-Adressen sind auch oft als Benutzernamen in einem System vorhanden, meistens der Name vor dem @-Teil der E-Mail-Adresse. Da die meisten Systeme einen Benutzernamen und ein Passwort benötigen, bevor Sie mit dem Computer Verbindung aufnehmen können, haben Sie hier schon einmal die halbe Lösung des Rätsels.

Telefonnummern können auch wichtig sein, wie Sie in Kapitel 21, »Social Engineering«, feststellen werden Auch eine Auflistung der angebotenen Dienste einer Firma, z.B. eines Internetanbieters, bringt Ihnen nützliche Informationen. Wenn eine Firma einen E-Mail-Dienst anbietet, muss diese auch über die entsprechenden Computer verfügen, um es überhaupt anbieten zu können.

Bei Homepages von privaten Leuten kann man oft Sachen lesen über deren Neigungen und Hobbys, Haustiere und Familie. Oftmals werden Begriffe als Passwörter verwendet, zu denen der Benutzer eine persönliche Beziehung hat, also werden hier oft mögliche Passwörter mit dabei sein.

Suchmaschinen

So einfach es klingt: Wenn Ihnen der Name der Firma oder der Person, denen das Ziel gehört, bekannt ist, dann geben Sie dies doch einmal in eine Suchmaschine ein. `www.google.de` oder `www.altavista.de` eignen sich hervorragend für solche Zwecke. Man weiß nie, was einem alles per Zufall in die Hände fällt.

Es gibt auch Suchmaschinen für Personen und E-Mail-Adressen wie zum Beispiel `www.bigfoot.de`.

Einen Blick auf `www.yahoo.de` unter der Rubrik NACHSCHLAGEWERKE und Sie werden staunen, wie viele Information man finden kann, wenn man nur weiß, wo man zu suchen hat.

Abbildung 10.12: `www.bigfoot.de` ist ein E-Mail-Adressen-Verzeichnis.

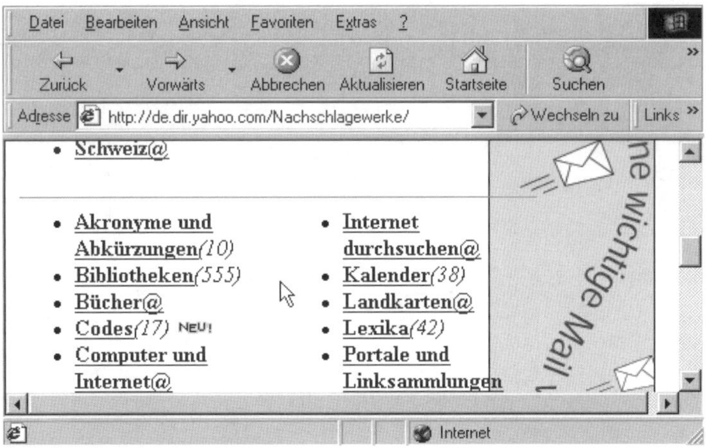

Abbildung 10.13: `www.de.dir.yahoo.com/Nachschlagewerke/` enthält eine beinahe endlose Fülle an Suchdiensten.

Wie Sie sehen, gibt es eine Menge Methoden, um an Informationen zu gelangen. Ein wenig detektivischer Spürsinn ist gefragt. Sherlock Holmes lässt grüßen!

Allerdings nützt Ihnen das ja wenig, wenn Sie nicht wissen, was diese Sachen bedeuten oder was Sie damit anfangen können. Im nächsten Teil werden Sie lernen, diese Fülle an Informationen auch auswerten zu können.

Teil IV

Server und Betriebssysteme

In diesem Teil …

Der heimische Computer steht ganz vorne an der virtuellen Kriegsfront. Er ist für den angehenden Hacker aber nur ein unwichtiges Ziel zum Üben oder zum Zeitvertreib. Richtige Hacker sehen es häufiger auf Server ab, das sind die Computer, die die eigentliche Infrastruktur des Internets und vieler Netzwerke bilden. Sie sind die taktischen und strategisch wichtigen Ziele im Cyberkrieg und bieten meistens auch die größte Kriegsbeute: Rechenzeit, Speicherplatz und wichtige Daten.

Bevor sich ein Hacker überhaupt so nennen darf, muss er in der Lage sein, diese oft gut gesicherten Computer zu infiltrieren. Alles andere wird innerhalb der Szene als Kinderkram und lamerhaft abgestempelt und nur das Hacken eines wichtigen Ziels bringt dem Hacker das Prestige ein, auf das es alle abgesehen haben.

Server, Betriebssysteme und Servertypen

11

In diesem Kapitel

- Die gängigsten Server-Betriebssysteme
- Wie Sie solche erkennen
- Häufige Schwächen
- Die besten Methoden zur Absicherung

Obwohl es eine Vielzahl von Betriebssystemen auf dem Markt gibt, trifft man im Allgemeinen nur eine kleine Auswahl häufig im Internet an. Gerade im Server-Bereich beschränkt sich die Verwendung eigentlich nur auf Unix, Linux und Windows NT bzw. 2000. Diese Betriebssysteme werden mit vielen Funktionen ausgestattet, durch die sie sich für Aufgaben in diesem Bereich besonders eignen.

Wenn Sie vorhaben, einen Server zu bezwingen oder sogar einen zu verwalten, sollten Sie sich unbedingt mit den Vor- und Nachteilen dieser Systeme auskennen. In diesem Kapitel werde ich auf diese Stärken und Schwächen etwas näher eingehen und Sie werden einige der bekannteren Erkennungsmerkmale und Schwächen dieser Systeme kennen lernen.

Warum verschiedene Betriebssysteme?

Warum gibt es nicht nur ein Betriebssystem, das von allen benutzt wird?

Wenn Sie einen Nagel in die Wand hämmern möchten, benutzen Sie doch einen Hammer, wenn Sie einen haben, und nicht etwa eine Zange, oder? Und um eine Schraube zu befestigen, benutzen Sie sicherlich einen Schraubendreher statt eines Messers. Und wenn Sie ein Loch in die Wand bohren wollen? Gut, Sie sind Superman und brauchen nur Ihren Zeigefinger und den Röntgenblick dafür. Doch für alle Normalmenschen gilt: Unterschiedliche Aufgaben benötigen unterschiedliche Werkzeuge. Und genau deswegen werden verschiedene Betriebssysteme und auch Server eingesetzt.

Ein Webserver für ein kleines Unternehmen muss ganz andere Anforderungen erfüllen als ein Server, der für mehrere Tausend Benutzer die E-Mails verwalten muss.

Dazu kommen auch noch andere Faktoren wie die Bedienbarkeit, die Skalierbarkeit und die Anschaffungskosten. Für eine große Anzahl von Servern rechnet es sich einfach besser, das kostenlose Linux zu verwenden als horrende Summen für einige Windows-2000-Lizenzen auszugeben.

Unter *Skalierbarkeit* versteht man die Möglichkeit, das System später zu erweitern. Es ist ein wichtiger Punkt gerade im Internet-Bereich, da die Anforderungen an Leistung und Kapazität ständig steigen.

Genauso wenig lohnt es sich für eine kleine Firma, extra einen Systemadministrator einzustellen, wenn sie ein Betriebssystem einsetzen kann, das so einfach zu bedienen ist, dass ein ungeschulter Benutzer es verwalten kann.

Welche Aufgaben haben Server?

Ein *Einzelplatzsystem* ist ein Computersystem, das für einen einzigen Benutzer gedacht wurde. Es bietet gewöhnlich keine Dienste für andere Computer an.

Server sind Computer, die anderen Computern Dienste anbieten. Wenn jeder Computer einen eigenen E-Mail-Server bräuchte, dann wären die Kosten und der Verwaltungsaufwand viel zu hoch. Wenn Sie bedenken, dass ein E-Mail-Server für mehrere Tausend Benutzer alles erledigen kann, dann brauchen Sie kein Mathematiker zu sein, um sich auszurechnen, was für Kosten und welcher Aufwand gespart wird. Im Prinzip erledigt der Server Aufgaben für viele Benutzer.

Webserver sind ein gutes Beispiel für die Notwendigkeit von Servern. Alle Benutzer, egal woher sie kommen oder welches Betriebssystem sie verwenden, können an einer zentralen Stelle auf die dort gespeicherten Webseiten zugreifen. Die Besucher müssen lediglich nur die Adresse wissen. Für den Anbieter rechnet sich solch ein Server auch. Er muss nur eine Kopie seiner Webseite auf den neuesten Stand halten und kann sicher sein, dass alle Benutzer darauf zugreifen können. Er muss nur sichergehen, dass alle die Adresse wissen.

Die meisten Internetdienste arbeiten nach der *Client-Server-Methode*. Der Server bietet Dienste an, die von einem Benutzer (dem Client) abgerufen werden können. Der Begriff wird für viele Sachen verwendet, z.B. wird ein Programm, das benötigt wird, um mit einem bestimmten Serverdienst zu arbeiten, auch Client genannt. Ihr Webbrowser ist beispielsweise auch ein Webclient

Und weil Server oft eine zentrale Rolle spielen und die Daten von sehr vielen Benutzern und für sehr viele Benutzer verwalten, sind sie beliebte Ziele von Hackerangriffen. Durch einen Angriff kann sich ein Eindringling die Zugangsdaten und Details von sehr vielen Benutzern aneignen. Daher spielt bei der Auswahl des Server-Betriebssystems auch die Sicherheit eine wichtige Rolle. Wenn jemand einen Server einsetzt, dann muss er immer die Sicherheit gegen die Nutzbarkeit abwägen. Wenn Sie beispielsweise nur wenige oder gar keine sensiblen Daten auf dem Server beherbergen, ist die Sicherheit nicht so hochrangig wie bei einem Server, der Bankdaten von Kunden verwaltet.

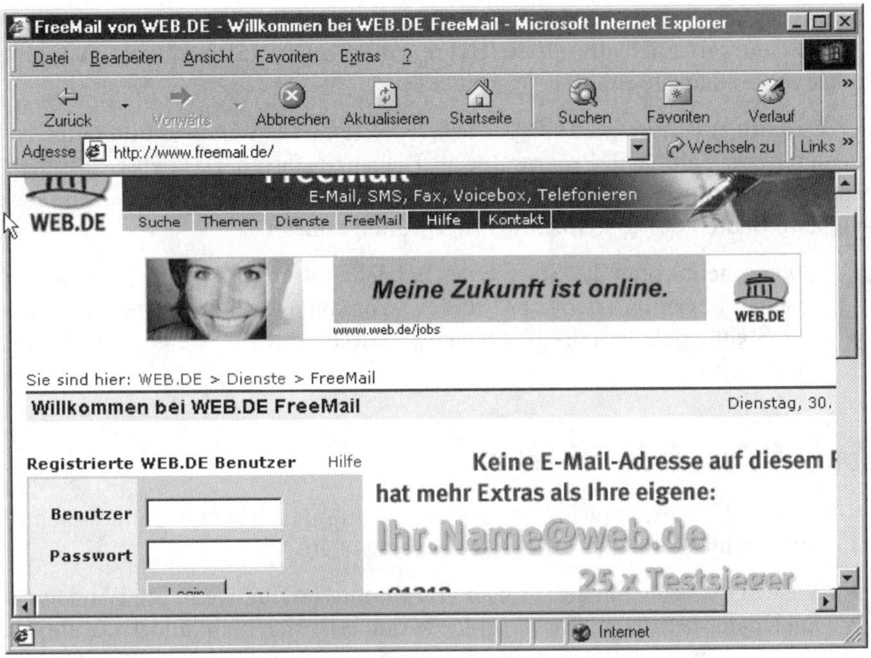

Abbildung 11.1: Freemail ist ein gutes Beispiel für eine sinnvolle Serveranwendung. Es bietet Tausenden von Benutzern E-Mail-Dienste an.

Welche Server-Betriebssysteme gibt es?

Die gängigsten Betriebssysteme im Servereinsatz sind Linux/Unix und Windows NT/2000. Ich werde die beiden jeweils zusammenfassen, da sich diese Programme vom Aufbau und der Benutzung sehr ähnlich sind und unter vielen derselben Schwächen leiden.

Windows NT/2000

Windows NT und 2000 sind Microsofts kommerzielle Server-Betriebssysteme. Sie treffen diese Betriebssysteme in vielen Netzwerken an, da die Microsoft-Produktpalette sehr verbreitet ist. Merkmal dieses Systems ist die grafische Benutzeroberfläche (GUI), ihre Bedienerfreundlichkeit und die Integration vieler Serverdienste in dem Grundpaket.

GUI steht für Graphical User Interface, was übersetzt grafische Benutzeroberfläche heißt. Gemeint ist damit, dass der Benutzer mit Hilfe eines Eingabegerätes wie einer Maus und einiger Icons das System bedienen und steuern kann. Im Gegensatz dazu stehen Kommandozeilen-Systeme, bei denen jeder Befehl per Tastatur an den Computer gegeben werden muss.

Dieses Betriebssystem besitzt die Fähigkeit, Benutzer und Benutzergruppen anzulegen und die Systemressourcen nach diesen Kriterien zu verteilen (also einzelnen Gruppen die Benutzungsrechte zuzuweisen).

Ein anderer wichtiger Unterschied solcher Server-Systeme wie Windows und Linux zu Einzelplatzsystemen ist die Fähigkeit, Programme als Dienst zu starten. Das heißt, dass kein Benutzer angemeldet sein muss oder ein Programm bewusst starten muss. Programme werden automatisch beim Booten des Systems im Hintergrund gestartet.

Booten nennt man das Starten des Betriebssystems. Es kommt von dem amerikanischen Begriff »to boot up« , das den Vorgang des Pferdebesteigens mit Hilfe eines Steigbügels beschreibt (der englische Begriff für Steigbügel ist Bootstraps, Stiefelschnalle).

Windows NT und 2000 erkennen

Windows-NT- und -2000-Systeme haben ein ganz bestimmtes Erkennungsmerkmal. Die Ports 135 bis 139 (in den meisten Fällen 135 und 139) sind offen.

Viele der Befehle, die jetzt folgen, funktionieren nur, wenn Sie Windows NT/2000 auch dafür benutzen. Das ist leider so und lässt sich nicht ändern. Wenn Sie ernsthaft hacken möchten, brauchen Sie sowieso ein System wie Windows 2000 oder Linux, da die anderen Windows-Varianten die benötigten Werkzeuge einfach nicht enthalten.

Diese Ports benutzt Windows für seine Implementation von CIFS/SMB (Common Internet File System/Server Message Block), die Windows als Datentransportprotokolle hauptsächlich benutzt. Diese sind dem heimischen Anwender besser als NetBIOS bekannt. Warum Microsoft immer noch diese Protokolle benutzt, obwohl Windows 2000 in der Lage ist, gänzlich auf TCP/IP zu laufen, ist vielen Sicherheitsexperten ein Rätsel, da die meisten Schwächen in Windows durch diese Protokolle entstehen.

Ein anderer guter Erkennungspunkt für Windows-Server ist das Vorhandensein des Microsoft IIS. IIS (Internet Information Server) ist Microsofts Lösung für Webserver, FTP-Server und ähnliche Anwendungen. Bei einem Portscan mit Superscan werden die IIS-Banner mit abgefangen. Bei Port 80 (HTTP) können Sie eine Meldung in der Art von »Microsoft IIS-Server\4« oder Ähnliches erwarten. Bei Port 21 (FTP) kommt meist die Meldung »Microsoft FTP Service (Version 4)«. Bei Port 25 (SMTP) kommt die Meldung »Microsoft SMTP Mail«.

Einfacher geht es wohl kaum, ein Betriebssystem zu identifizieren. Danke, Herr Gates. IIS ist wahrscheinlich einer der Gründe, weshalb Windows 2000 so einen schlechten Ruf unter Hackern hat. Die Anzahl der Sicherheitsmeldungen über dieses Produkt übersteigt den Rahmen des Erträglichen für einen Systemadministrator.

Wie Sie sehen, ist es also relativ einfach zu erkennen, ob ein Ziel ein Microsoft-Server ist. Selbst wenn der IIS-Server nicht verwendet wird, ist das Vorhandensein der Ports 135 und 139 ein ziemlich sicherer Indikator. Wenn diese Ports allerdings von einer Firewall geschützt sind oder andere als Microsoft-Programme für den Webserver und seine Dienste benutzt werden, sieht die Identifizierung des Betriebssystems schon schwieriger aus. Aber wenigstens ein Dienst findet sich meistens, der nur unter Windows laufen kann.

Webserver: Warnung vor dem IIS

Die Nutzer des Internet Information Server (IIS) aus dem Hause Microsoft sollten sich angesichts der Sicherheitsproblematik dieser Software nach Alternativen umsehen, meint die Gartner Group (eine der größten IT-Branchen-Analysten, Sie finden deren Webseite unter `www.gartner.com`). Der sichere Betrieb von am Internet angebundenen IIS-Servern sei zwar möglich, aber sehr teuer. Grund: Jedes System, das mit IIS arbeitet, müsse wenigstens wöchentlich mit neuen Patches gegen eventuelle Attacken aus dem Web gefüttert werden. Um sicherzustellen, dass die Angriffe auf Microsoft-Server aufhören, müssen die Redmonder (Microsoft) eine vollständig neu erarbeitete und im Vorfeld ausführlich getestete Version des IIS auf den Markt bringen, so Gartner weiter.

Ein *Patch* ist wie eine Art Pflaster für die kleinen Wunden, die öfter mal bei Programmen gefunden werden. Damit können Sie diese Kratzer verarzten (aber natürlich nur virtuell).

Quelle: Internet World 11/2001

Bekannte Schwächen von Windows

Das Windows-System ist mit einigen ernsten Sicherheitsproblemen behaftet.

- ✔ **NetBIOS**

  NetBIOS und CIFS/SMB sind die größten Schwächen von Windows. Sind diese Dienste von außen zugänglich, so könnte das dem Administrator schon das System kosten. Diese Dienste geben nahezu jedem bereitwillig Auskunft über System-Informationen wie Benutzer und Freigaben.

  Ein gutes Tool zum Auswerten von Windows-Servern ist der Languard-Scanner. Dieser Scanner liest wirklich fast alle wichtigen Informationen von einem Windows-Server.

Den Languard-Scanner können Sie von `http://www.webattack.com/get/languardscan.shtml` herunterladen. Es empfiehlt sich, Windows 2000 damit zu verwenden.

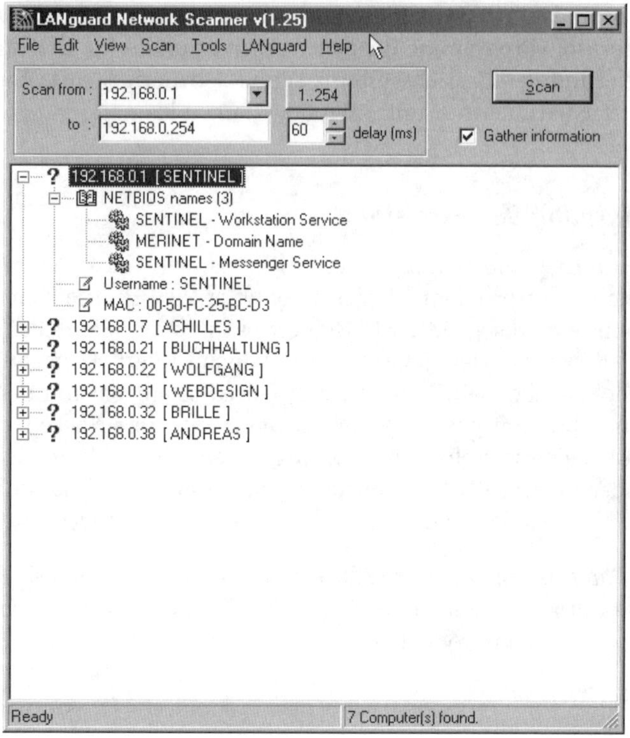

Abbildung 11.2: Hier sehen Sie, wie detailliert der Bericht von Languard ist.

Null-Session: Verbindung ohne Kontrolle

Eine Null-Session ist ein Verbindungs-Aufbau ohne Angabe eines Passworts (Null= 0 Passwort). Dafür müssen Sie nur Folgendes auf der Kommandozeile eingeben:

```
C:\ net use \\zieladresse\IPC$ __ /u __
```

Durch `net use` baut Windows eine Verbindung zu dem Zielrechner auf. `IPC$` ist eine versteckter Windows-Server-Prozess, der *Interprocess Commications Process* heißt. Es ist ein Verwaltungsdienst. Die Verbindung erfolgt als anonymer Standard Benutzer: `/u` und zwar ohne Passwort: __.

So, das war es, Sie sind mit dem Ziel verbunden und das ohne eine Sicherheitsabfrage.

Jede Windows-Freigabe enthält das $-Zeichen am Ende. So ist das freigegebene C-Laufwerk beispielsweise C$.

Auch das Verbinden mit einem freigegebenen Laufwerk ist sehr unproblematisch. Sie müssen nur die IP-Adresse des Zieles und das zu verbindende freigegebene Laufwerk in Ihrem Browser wie folgt eingeben:

```
\\zieladresse\laufwerk
```

zum Beispiel

```
\\192.168.0.31\c
```

Genaue technische Beschreibungen über das Hacken von Windows und UNIX finden Sie in dem Anti-Hacker-Buch vom mitp-Verlag. Nachdem Sie dieses Buch hier gelesen haben, haben Sie ein gutes Polster an Vorkentnissen, um sich dort noch schlauer machen zu können.

Wenn das Laufwerk freigegeben ist, wird Ihnen der Inhalt dann so dargestellt, als würden Sie den Windows-Explorer benutzen.

- **IIS**

  Der Internet Information Server besitzt so viele bekannte Sicherheitslücken, dass sie eine Vielzahl von Büchern füllen könnten. Eine Suche mit einer Exploit-Suchmaschine wie `www.securityfocus.com` bringt unzählige Treffer.

  Viele der Exploits für IIS beruhen auf der Art und Weise, wie der Webserver von IIS Standard-Verzeichnisse einrichtet und vor allem, welche Test-Skripts und Ähnliches er dort ablegt.

- **Trojaner**

  Die Großzahl der Trojaner sind für die Windows-Plattform geschrieben. Bekannte Trojaner wie *Back Orrifice* laufen auch auf Windows 2000. Da nützt der beste Schutz nichts, wenn Sie es schaffen, den Administrator dazu zu bringen, einen Trojaner unwissentlich zu öffnen.

Ein sehr guter Text zum Thema Windows-Hacking ist die NT Wardoc von dem Rhino9-Hacker-Team. Suchen Sie es einfach einmal mit `www.google.de`. Es ist umfassender als die meisten Bücher zu dem Thema und außerdem sind alle genannten Methoden in der Praxis erprobt.

Linux

Linux hat sich über die letzten Jahre als das Internet-Betriebssystem Nr. 1 entwickelt. Es ist an UNIX angelehnt und teilt sich größtenteils auch die Befehlssyntax mit diesem System.

Linux ist das Betriebssystem der Wahl in der Hacker-Szene. Alle möglichen Werkzeuge und Programme, die ein Hacker benötigt, sind in einer guten Linux-Distribution enthalten und die Hardware-Anforderungen sind sehr gering.

Verglichen mit Windows ist Linux sehr kryptisch und schwer zu bedienen, allerdings läuft es sicherlich wesentlich stabiler als Windows. Linux erfüllt weitgehend die Bedingungen, die ein Server-Betriebssystem erfüllen muss.

- ✔ Die Hardware-Anforderungen sind sehr gering
- ✔ Die Stabilität ist sehr hoch, Ausfälle kommen kaum vor
- ✔ Es ist günstig
- ✔ Es gibt kostenlose Software für alle Server-Anwendungsbereiche
- ✔ Es ist einfach, es abzuändern oder anzupassen, da der Quellcode frei erhältlich ist

Die meisten Internet-Server im professionellen Einsatz laufen auf Linux (oder UNIX) und deswegen ist es als Hacker wichtig, sich damit auszukennen.

Das Wichtigste ist es, Linux nicht mit Windows zu vergleichen. Wenn Sie das tun, werden Sie nicht vorankommen, denn es sind zwei von Grund auf verschiedene Denkweisen nötig.

Microsoft als Witz

Die Anzahl der Witze über Windows und Microsoft ist erstaunlich hoch und die meisten kommen sicherlich aus dem Linux-Lager. Hier drei Beispiele

I love Linux because Life is too short for Reboot.

(Ich mag Linux, denn das Leben ist zu kurz für einen Neustart).

Linux is like a Wigwam, no Windows, no gates, and Apache inside.

(Linux ist wie ein Wigwam, keine Fenster (Windows) keine Tore (Gates) und ein Apache (der beliebteste Linux-Webserver) sitzt drin).

Auf der Verpackung stand »Bitte installieren Sie Windows 95 oder besser«, also installierte ich Linux.

Linux erkennen

Um Linux sicher zu erkennen, muss man die Banner der laufenden Dienste studieren. Es gibt einige Dienste, die nur auf Linux-Systemen anzutreffen sind, zum Beispiel Sendmail oder ProFTP.

Scanner wie Superscan erledigen diese Aufgabe bei einigen Diensten automatisch für Sie. Es ist allerdings wichtig, dass Sie einen Linux-Dienst auch als solches erkennen, also heißt es wieder büffeln und recherchieren. Der erste Leitsatz eines Hackers lautet: Lesen, lesen, lesen und dann noch mehr lesen. Wenn Sie nicht genug lesen, dann werden Sie irgendwann über die Fallstricke, die ein System-Administrator ausgelegt hat, stolpern.

Wenn Sie Anleitungen aus dem Internet zum Lernen nehmen möchten, achten Sie darauf, wann diese geschrieben wurden. Viele Methoden funktionieren schon lange nicht mehr. Der Text sollte nach Möglichkeit nicht älter als ein bis zwei Jahre sein.

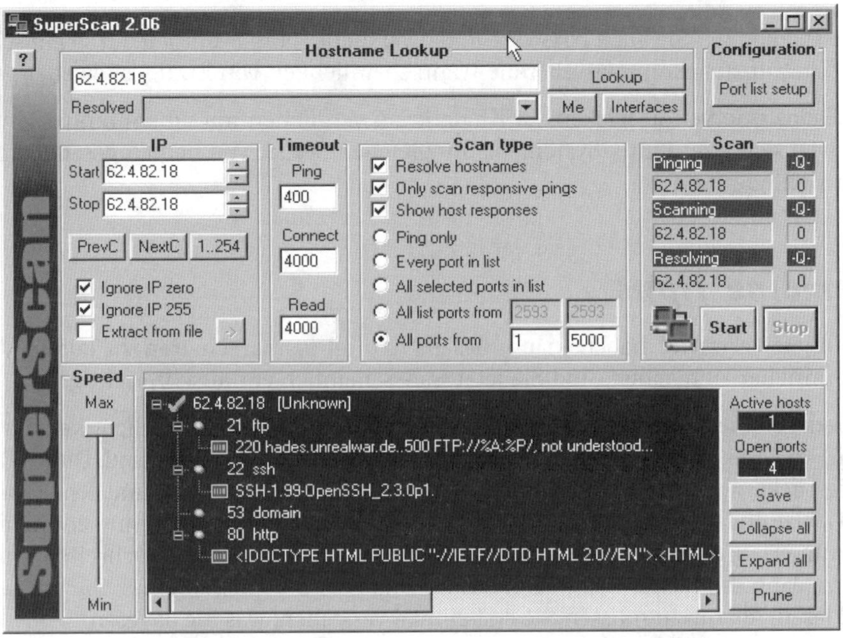

Abbildung 11.3: An den laufenden Diensten sehen Sie, dass ein Linux-System aufgeführt wird.

SSH oder Telnet sind schon ein wichtiger Hinweis, denn nur sehr wenige Windows-Server benutzen diesen Dienst. Das Windows-System eignet sich nicht sonderlich dafür, da sehr vieles über das grafische User-Interface gemacht werden muss.

Ein anderer offensichtlicher Unterschied zwischen Linux und Windows ist der Name des Servers. Schlichte Namen wie Administrator oder E-Mail finden Sie gewöhnlich nur bei Windows-Systemen, bei Linux hingegen ist der Name immer nach dem Schema

```
Rechnername.domain.de
```

aufgebaut, zum Beispiel

```
gibson.nethacker-security.de
```

Der Angriff auf Linux

Die Schwächen von Linux liegen in den Diensten, die auf einem gegebenen Linux-Computer laufen. Es ist deshalb wichtig, die laufenden Dienste zu identifizieren (Banner abfangen durch einen Scanner oder durch Telnet), zum Beispiel einen FTP-Daemon mit bekannten Fehlern oder eine für Exploits anfällige Version von Sendmail (dazu mehr in Kapitel 12). Wenn ein Dienst identifiziert wurde, müssen Sie darangehen, eine bekannte Sicherheitslücke oder einen Exploit dafür zu finden. Wieder einmal müssen Sie also auf Suchen zurückgreifen. `www.google.de` und `www.securityfocus.com` eignen sich hierfür sehr gut.

Des Weiteren können Sie auch Passwort-Raten versuchen, um eventuell durch ein schwaches Passwort Zugriff zu bekommen, aber die Wahrscheinlichkeit von Erfolg ist da eher gering.

Einen Windows-Server zu hacken, ist Kinderkram verglichen mit einem Linux-Server, ganz einfach, weil sich zwei Linux-Systeme kaum gleichen, weder von den eingesetzten Diensten noch der Konfiguration her.

Allgemeine Tipps

Wenn Sie jetzt erwartet haben, nach diesem Kapitel losmarschieren zu können, um das Internet unsicher zu machen, sind Sie jetzt wahrscheinlich enttäuscht, richtig?

Dann überlegen Sie einmal, wieso Sie dieses Buch gekauft haben. Sicherlich, weil die anderen Bücher über dieses Thema nicht an Einsteiger oder Neulinge gerichtet sind. Dieses Buch versucht, die Lücke zwischen dem absoluten Neuling im Hacken einerseits und dem Experten auf diesem Gebiet andererseits zu schließen. Um ein Experte zu werden, müssen Sie die steile Treppe zum erfahrenen sicherheitsbewussten Benutzer methodisch beschreiten. Zuerst das linke Bein, dann das rechte Bein, dann das linke ... Und Sie müssen eines: Sie müssen lesen, sehr viel lesen. Aber dazu müssen Sie erst einmal verstehen, was Sie da lesen.

Es gibt einige Sachen, die Sie beachten sollten:

- ✔ **Spezialisierung**

  Sie sollten sich am Anfang auf ein bis zwei Betriebssysteme spezialisieren (mindestens auf dasjenige, das Sie selber benutzen und das, das Sie hacken wollen. Erst wenn Sie diese beiden beherrschen, sollten Sie sich auch anderen zuwenden. Es nützt Ihnen wenig, nur ein bisschen von allem zu wissen, dann lieber viel von einem Bereich.

- ✔ **Recherchieren**

  Lesen Sie viel. Im Internet gibt es unzählige Texte über Betriebssysteme und Computer-Sicherheit. Alles kann nützlich sein, selbst wenn Sie es im ersten Moment nicht als nützlich erkennen. Lesen Sie viel.

  Es ist leider eine Tatsache, dass Sie sehr viel lesen und lernen müssen. Vielleicht wiederhole ich mich ja. Aber das ist nun einmal so. Das Ganze baut darauf auf, mehr zu wissen als der Feind. Ihr ganzes Streben muss der einzigen Waffe gelten, die Ihnen den Angriff und die Verteidigung erlaubt: dem Informationsvorsprung. Wissen ist Macht. Mit mehr Wissen kann man mehr machen. Und dazu müssen Sie viel lesen (erwähnte ich das schon?). Besonders, was Betriebssysteme angeht, sollten Sie sich so schlau machen wie nur möglich.

- ✔ **Probieren**

  Sie sollten möglichst einen zweiten Computer haben, auf dem Sie ein Server-Betriebssystem installieren. Nur so werden Sie lernen, wie so ein System von innen aussieht und wie es funktioniert. Nein, dafür müssen Sie den Computer nicht aufschrauben. So können Sie auch Angriffe und Methoden direkt unter sicheren Bedingungen ausprobieren.

  Oftmals führen Hacker-Gruppen öffentliche Shows durch, bei denen sie eine bestimmte Sicherheitslücke vorführen. Dabei kann das Publikum die Reaktionen des Angreifenden und des angegriffenen Rechners sehen. Im Prinzip können Sie so etwas auch zu Hause machen, Hacken unter kontrollierbaren Bedingungen.

- ✔ **Windows 2000 oder Linux**

  Sollten Sie zu den Leuten gehören, die Windows 98 oder ME oder so etwas benutzen, dann gebe ich Ihnen jetzt einen Tipp. Schmeißen Sie es runter und installieren Sie Windows 2000 oder Linux. Diese Betriebssysteme sind für den harten Einsatz im Netzwerk vorgesehen und bieten viele Funktionen, die bei den anderen Systemen fehlen, gerade im Netzwerk-Bereich.

Im nächsten Kapitel werden einige bekannte Dienste etwas näher unter die Lupe genommen.

Telnet, HTTP und andere Dienste

12

In diesem Kapitel

- Was ist ein Dienst?
- Clients – wie Sie einen Dienst verwenden können
- Die häufigsten Dienste und ihre Schwächen

Dass ein Betriebssystem die unterste Stufe der Software ist, wissen Sie ja jetzt bereits. Ein Computer läuft mit einem Betriebssystem, kann aber relativ wenig machen ohne Zusatz-Programme. Im Server-Bereich werden diese kleinen Programme meist Dienste genannt.

Was ist ein Dienst?

Ein *Dienst* ist ein Programm auf einem Server, das irgendeine Aufgabe übernimmt. Dazu gehört zum Beispiel E-Mails annehmen und verteilen oder Webseiten an Surfer schicken.

Es gibt eine Menge verschiedener Dienste. Zu den bekanntesten zählen ohne Zweifel

- ✔ **HTTP-Webserver:** Durch diesen Dienst können Sie auf Webseiten surfen.

Eigentlich ist das WWW nur auf HTTP aufgebaut. Die anderen Dienste und das WWW zusammen ergeben das Internet. Dieses Missverständnis ist entstanden, weil das WWW der bekannteste und präsenteste der Dienste ist.

- ✔ **FTP-Datentransfer:** Dieser Dienst ermöglicht das Hoch- und Runterladen von Dateien aus dem Internet.
- ✔ **IRC-Chatserver:** Durch diesen Dienst können Chat-Gemeinschaften aufgebaut werden.
- ✔ **E-Mail:** Dieser Dienst besteht meist aus zwei Diensten, SMTP, der die Daten serverseitig bearbeitet, und POP oder IMAP, durch den die einzelnen Benutzer ihre E-Mails von den Servern abrufen können.

Mit diesen Diensten arbeiten viele Menschen täglich. Sie bilden gemeinsam das, was die Allgemeinheit auch als das WWW versteht.

Es gibt jedoch viel mehr Dienste, die weniger bekannt sind. Einige Beispiele sind Dienste, die den Systemstatus abliefern, oder Telnet, wodurch ein Administrator in der Lage ist, ein System von überall her so zu bedienen, als säße er gerade davor.

Client - Wie Sie Dienste benutzen können

Um mit einem Dienst zu agieren, müssen Sie sich eines Clients bedienen. Sie tun dies wahrscheinlich jeden Tag, ohne es zu merken. Ihr Webbrowser beispielsweise ist nichts anderes als ein HTTP-Client. Sie geben eine Adresse ein und der Browser verbindet sich mit dem Webserver. Der Webserver übermittelt Ihrem Browser dann die Daten, die er anzeigen soll.

Jedes Programm, das einen Dienst aktivieren kann und über diesen Dienst Daten erhält, wird *Client* (engl. client) genannt.

Auch FTP-Clients sind weit verbreitet. Die neuesten Webbrowser haben sogar einen integriert, das können Sie sehen, wenn Sie auf eine Adresse gelangen, die mit `ftp` statt `http` beginnt.

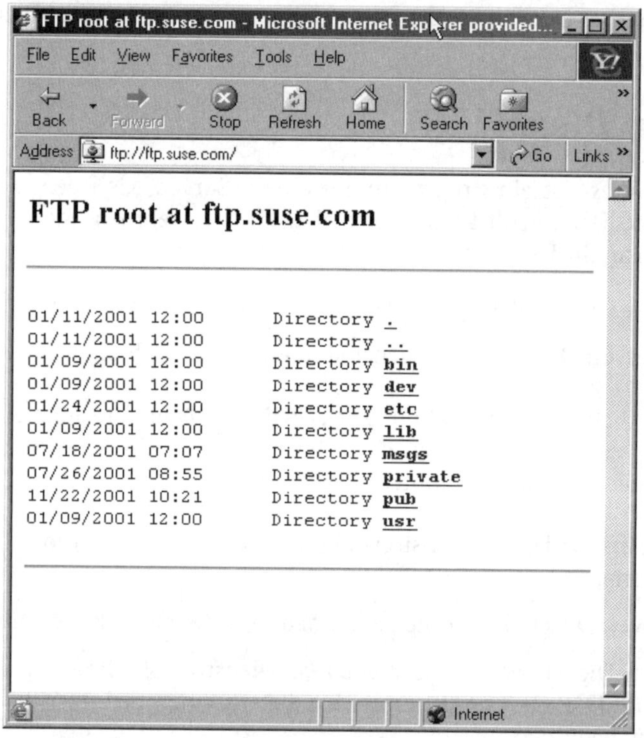

Abbildung 12.1: Hier sehen Sie, dass der FTP-Client bereits im Internet Explorer integriert ist.

Um ihre E-Mails zu schreiben, zu lesen und zu versenden, benutzen Sie sicherlich auch einen E-Mail-Client (Outlook Express ist ein Beispiel). Dienste und Clients sind heutzutage so alltäglich, dass die breite Masse sie nicht mehr als solche erkennt. Andere, die es eigentlich wissen sollten, sind sich dessen durch Gewöhnung nicht mehr bewusst.

Bekannte Dienste

Nun möchte ich Ihnen einige bekannte Dienste vorstellen. Unter dem Namen des Dienstes, gegebenenfalls mit dem verbreiteten Begriff dafür, finden Sie folgende Detail-Infos:

Client: Welchen Client Sie dafür benötigen und manchmal einige Vorschläge, welchen Client Sie benutzen können.

Standard-Port: Der Standard-Port, auf dem der Dienst für gewöhnlich läuft.

Funktion: Welche Funktion der Dienst hat.

Schwächen: Wenn es welche gibt, dann, welche Schwächen dieser Dienst häufig aufweist.

Und los geht's:

HTTP Web

Client: Webbrowser, zum Beispiel Microsoft Internet Explorer oder Netscape Navigator

Standard-Port: 80

Funktion: Dieser Dienst ermöglicht die Darstellung und Übertragung von Webseiten. Früher war dieses Medium nur textfähig. Mit der Zeit wurde es immer mehr erweitert, so dass die Übertragung von Dateien, Darstellung von Bildern und anderen Medien möglich ist.

Es ist der bekannteste und am meisten verbreitete Dienst. Die Gruppe aller Server, die diesen Dienst anbieten, ist kollektiv als das World Wide Web bekannt (WWW, Weltweites Netz).

Webseiten werden in einer Skriptsprache erstellt, die HTML (Hypertext Markup Language) heißt.

Schwächen: Die bekanntesten Schwächen des HTTP-Dienstes hängen mit der Konfiguration des Webservers zusammen. Wenn die Zugriffs- und Ausführrechte falsch vergeben sind, ist es einem Hacker möglich, Dateien auszuführen oder anzuschauen. Dadurch ist es ihm möglich, weitere Dateien oder Befehle einzusehen oder auszuführen, die eventuell die Sicherheit Ihres Systems gefährden.

Ein anderer wunder Punkt des HTTP-Dienstes ist die Anfälligkeit der HTTP-Daemons für Puffer-Überläufe (englisch: Buffer-Overflow).

HTTP-Dienste geben bereitwillig Informationen wie Programmname und Versionsnummer heraus, wodurch das Suchen eines Exploits erheblich vereinfacht wird.

Puffer-Überlauf

Ein Puffer-Überlauf ist eine Art Exploit (in Kapitel 18 finden Sie mehr zu dem Thema Exploits). Als Puffer bezeichnet man einen Speicherbereich, der für ein bestimmtes Programm oder einen Programmabschnitt zur Zwischenlagerung vorgesehen war. Diese Puffer haben natürlich eine für das entsprechende Programm vorgesehene Speicherkapazität. Ein Puffer-Überlauf tritt dann ein, wenn durch fehlerhafte Programmierung mehr Daten in einen Puffer geschrieben werden können, als von dem Programm ursprünglich vorgesehen war. Das heißt, dass ein Stück der Daten aus dem Puffer »heraushängt«. Wenn sich am Ende eines solchen Daten-Strings ein Befehl, zum Beispiel zum Aufruf einer Eingabeaufforderung, befindet, wird dieser ausgeführt. Dies deshalb, weil er jetzt in einem nicht mehr geschützten Bereich des Speichers ist, sondern sich teilweise in einem ungeschützten Bereich befindet. Diese Angriffsart ist mitunter die eleganteste (und auch schwierigste), die es gibt. Wenn man sie anwenden kann, ist sie sehr effektiv.

FTP File Transfer Protocol

Client: Einige bekannte FTP-Clients sind CuteFTP oder WS-FTP. Was die wenigsten wissen, ist, dass es einen manuellen FTP-Client in ihrem Betriebssystem gibt. Wenn Sie in einer MS-DOS-Eingabeaufforderung den Befehl

```
C:\ftp zieladresse
```

eingeben, werden Sie automatisch mit dem Port 21 des Ziels verbunden. Es erfolgt dann eine Anforderung von Benutzername und Passwort und Sie sind drin.

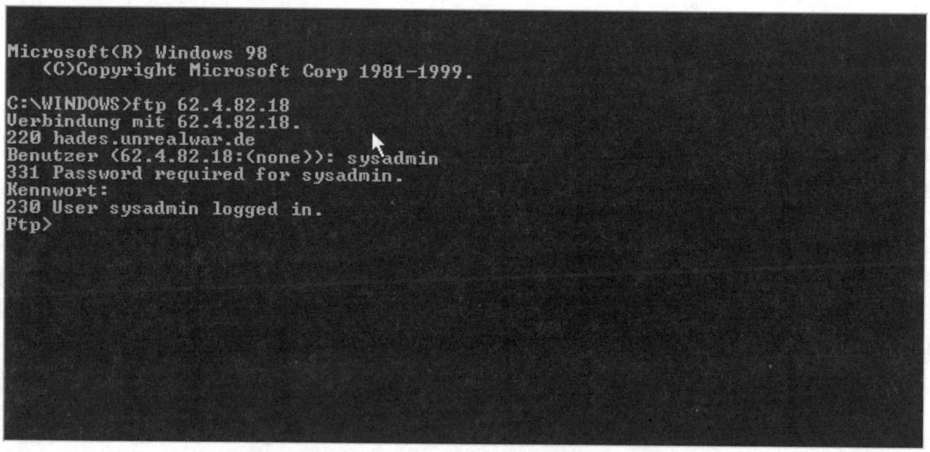

Abbildung 12.2: Der MS-DOS-FTP-Client, wie ihn selten einer sieht oder benutzt

Standard Port: 21

Funktion: FTP ist ein Dienst (und ein Protokoll), der die beidseitige Übertragung von Dateien ermöglicht.

Bekannte Schwächen: Ähnlich wie bei HTTP liegen die großen Schwächen von FTP in der Konfiguration und den Puffer-Überläufen.

Wenn die Zugriffsrechte falsch verteilt werden, kann ein Benutzer das ganze Dateisystem einsehen, oder zumindest Bereiche, die er eigentlich nicht sehen soll. Sind die Schreib- und Löschrechte falsch verteilt, kann der Server ernsthaft beschädigt werden (Löschen von Systemdateien) oder als Speicher für Raubkopien und Ähnlichem missbraucht werden.

Die FTP-Bounce-Attacke: Exportgesetze umgehen

Eine der bekanntesten Angriffe durch FTP ist die so genannte *FTP-Bounce-Attacke*. Einige Software-Produkte dürfen laut amerikanischen Gesetz wegen der Einstufung als militärisches Gerät, wegen der Stärke der Verschlüsselung und Ähnlichem nicht aus Amerika (oder einigen anderen Ländern) exportiert werden. Wenn ein Benutzer solche Software herunterladen möchte, kann es ihm passieren, dass seine IP-Adresse daraufhin überprüft wird, ob sie aus einem erlaubten Land kommt.

Natürlich sind gerade solche Verschlüsselungstools interessant für Hacker, also dauerte es nicht lange, bis eine Methode entwickelt wurde, um diese Kontrolle zu umgehen.

Und das geht so: Der Hacker schreibt eine Datei, die den Befehl enthält, sich mit demjenigen FTP-Server zu verbinden, der das Verschlüsselungstool enthält. Dann sucht sich der Hacker einen FTP-Server in den USA, der einen anonymen Zugriff und auch das Ausführen von Dateien zulässt. Diesen Server benutzt er als Sprungbrett, um die Kontrolle auszutricksen. Das Kuckucksei ist gelegt, der Hack beginnt. Auf dem Server kopiert der Hacker nun seine selbst geschriebene Datei und führt sie aus: Die Datei stellt den Kontakt zum Software-Server her, der sich bis jetzt geziert hat. Das Verschlüsselungstool wird herausgegeben, denn jetzt wird von einem amerikanischen Server auf die Daten eines anderen amerikanischen Servers zugegriffen. Aus der Sicht des FTP-Servers mit der Herkunfts-Überprüfung wird die Verbindung von dem angegriffenen FTP-Server hergestellt. So stellt die Überprüfung nur fest, dass die Verbindung aus dem eigenen Land kommt. Deswegen wird der Transfer zugelassen. Danach kann der Hacker die Datei seelenruhig von dem gehackten FTP-Server abholen und hat somit die amerikanischen Exportgesetze umgangen.

Dieser Angriff kann allgemein dazu genutzt werden, um Ihre IP-Adresse zu verbergen, da immer nur die IP-Adresse des Rechners, der die Verbindung aufbaut, angezeigt wird. In diesem Fall also die des gehackten FTP-Servers.

SMTP Sendmail

Client: Ein E-Mail-Client wie Eudora Pro oder Outlook Express

Standard Port: 25

Funktion: SMTP dient der Übertragung von E-Mails

Bekannte Schwächen: Bei falscher Konfiguration kann ein beliebiger Benutzer den Server dazu verwenden, gefälschte oder Spam-Mails zu verschicken.

Hier gibt es ebenfalls viele Puffer-Überlauf-Exploits für viele der eingesetzten SMTP-Dienste.

Näheres zu SMTP in Kapitel 17, »Fakemails und Mailbomber«.

Telnet

Client: Die meisten Betriebssysteme haben einen eingebauten Telnet-Client. Eine gute Wahl, um den Client zu ersetzen, der im Windows-Betriebssystem integriert ist, heißt Putty.

Auf der CD zu diesem Buch finden Sie im Verzeichnis PUTTY auch das Programm *Putty*. Es ist ein verbesserter Telnet-Client und unterstützt auch SSH.

Standard Port: 23

Funktion: Telnet war dafür gedacht, Systeme aus der Ferne zu administrieren. Die Vorstellung hinter diesem Client ist, dass Sie sich mit dem Rechner über ein Netzwerk verbinden und dann Befehle eingeben, als säßen Sie direkt davor.

Sie können sich mit nahezu jedem Port (solange er aktiv mit einem Dienst belegt ist) verbinden. Meistens bekommen Sie eine Ausgabe, auch wenn Sie keine Befehle senden können, da Telnet ein eigenes Protokoll ist. Zwei Dienste, mit denen Sie sich verbinden können, sind:

- ✔ FTP: Sie erhalten eine Login-Meldung, können jedoch kaum Befehle geben, da die Syntax der beiden Protokolle zu unterschiedlich ist.
- ✔ SMTP: Über Telnet können Sie SMTP Befehle erteilen.

Um sich per Telnet zu verbinden, reicht es aus, wenn Sie auf den START-Knopf bei Windows klicken und auf AUSFÜHREN gehen. Dort geben Sie dann

```
telnet adresse port
```

ein und der Windows-Telnet-Client öffnet sich und eröffnet eine Verbindung.

Die Fähigkeit, sich mit allen Ports verbinden zu können, macht Telnet zu einem wichtigen Werkzeug, um Banner (die Ausgabe beim Verbinden) von Diensten abzufangen, um zu sehen, welche Dienste genau laufen und welche Versionen. Wenn Sie Exploits anwenden möchten, ist dies unersetzbar.

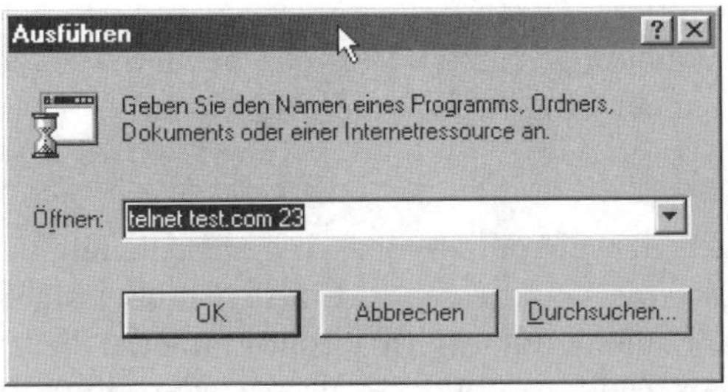

Abbildung 12.3: Aufrufen des Telnet-Clients bei Windows

Bekannte Schwächen: Die größte Schwäche an Telnet ist, dass die Passwortübertragung ohne Verschlüsselung erfolgt, wodurch ein Angreifer die Passwörter bei der Übertragung leicht abfangen kann. Aus diesem Grund wird heute Telnet größtenteils durch SSH ersetzt.

Angriff über Umwege

Da Sie durch Telnet einen Rechner steuern können, egal wo er sich befindet, hat sich Telnet (oder SSH, die sicherere Version von Telnet) als sehr brauchbar erwiesen, um einen Rechner anzugreifen und dabei Ihre eigene IP-Adresse zu verbergen.

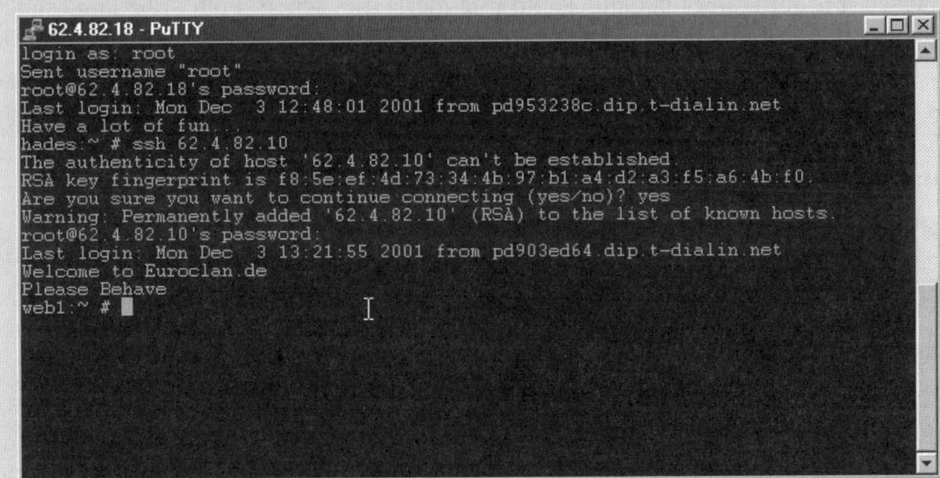

Abbildung 12.4: Hier sehen Sie, wie sich ein Computer per SSH gesteuert mit einem anderen Computer über SSH verbunden hat.

Wenn Sie per Telnet mit einem Computer verbunden sind, können Sie sich weiterhin mit anderen Computern von dort aus verbinden. Sie müssen lediglich eine Telnet-Verbindung aufbauen (am besten zu einem gehackten Rechner, bei dem Sie die Logs danach bereinigen können) und dann in der Eingabeaufforderung wieder

```
telnet zieladresse
```

eingeben. Der Computer, den Sie gerade über Telnet bedienen, verbindet sich dann mit dem Zielcomputer und seine IP-Adresse wird in den Logs festgehalten und nicht Ihre. Auch ist es so möglich, Exploits und Angriffsprogramme auf diesen Rechner über Telnet auszuführen und auf das Ziel zu richten, so dass wieder einmal Ihre wahre IP-Adresse verborgen bleibt.

SSH

Client: Es gibt spezielle SSH-Clients, ein Beispiel für Windows wäre Putty

Standard Port: 22

Funktion: SSH ermöglicht dieselben Funktionen wie Telnet, jedoch mit einem Unterschied: Die Datenübertragung erfolgt verschlüsselt, wodurch die Passwörter nicht so leicht abgefangen werden können.

Schwächen: Bis auf Puffer-Überläufe kaum (Sie merken es schon, Puffer-Überläufe sind bei nahezu jedem Dienst möglich).

IRC

Client: Ein IRC-Client, zum Beispiel MIRC für Windows oder Bitch-X für Linux

MIRC, der wohl beliebteste IRC-Client für Windows, befindet sich auf der CD zu diesem Buch in dem Verzeichnis MIRC.

Standard Port: 6667 bis 6669

Funktion: IRC wird für Chat-Dienste benutzt. Es ermöglicht auch Datei-Übertragung von einem Chat-Teilnehmer zum anderen.

Schwächen: Das Ermitteln der IP-Adresse ist über IRC möglich und die Gefahr, bei Datei-Austausch Viren und Trojaner zugeschoben zu bekommen, ist auch nicht zu vernachlässigen.

Finger

Client: Ein Finger-Client, zum Beispiel ist einer bei nahezu jeder Linux-Distribution dabei

Standard Port: 79

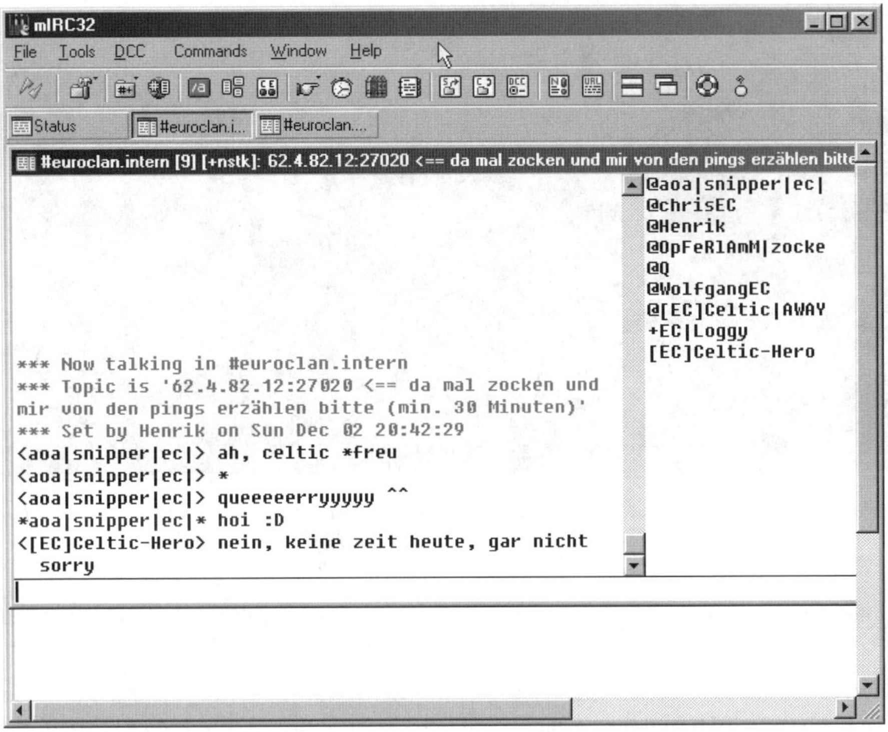

Abbildung 12.5: MIRC, ein IRC-Client für Windows

Funktion: Mit Finger kann ermittelt werden, wer gerade online auf einem System arbeitet und welche Informationen einem System über einen gegebenen Benutzer zur Verfügung stehen. Die Syntax ist denkbar einfach:

```
finger benutzername@domain.de
```

Daraufhin wird das System alle Informationen ausgeben, die es über diesen Benutzer hat. Dazu gehört zum Beispiel auch, ob er gerade eingeloggt und online ist.

Die Eingabe von

```
Finger @domain.de
```

gibt eine Liste von allen Benutzern aus, die gerade eingeloggt sind.

Bekannte Schwächen: Die Möglichkeit, abzurufen, wer gerade auf dem System arbeitet, ist ein beträchtliches Sicherheitsrisiko. Ein Hacker kann auf diese Weise nämlich überprüfen, ob der SuperUser gerade auf dem System arbeitet. Dadurch kann sich der Hacker einen günstigen Angriffszeitpunkt aussuchen, nach dem Motto: Der Administrator ist da, ich komme dann mal lieber morgen wieder.

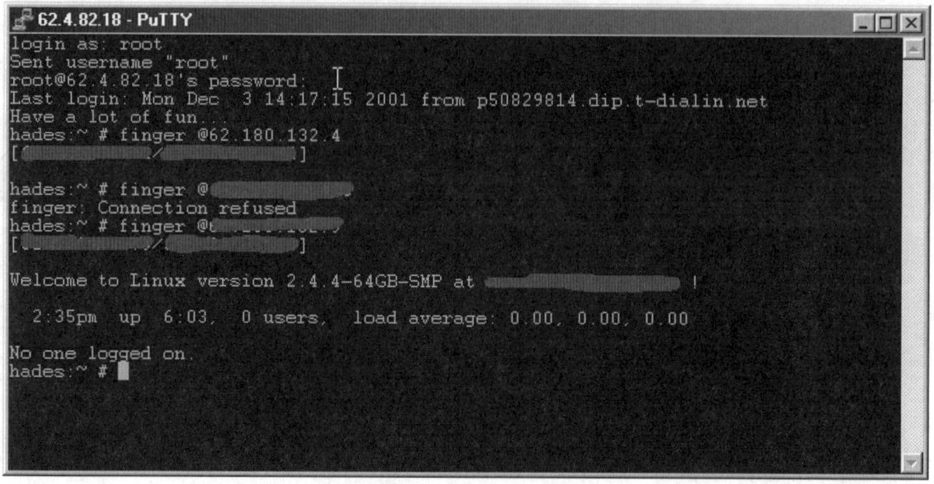

Abbildung 12.6: Wie Sie sehen, können Sie mit Finger feststellen, ob der SuperUser an dem Zielrechner eingeloggt ist.

Abgesehen davon gefährdet es auch die Privatsphäre der Benutzer, da Daten wie der volle Name, E-Mail-Adresse usw. ausgegeben werden, wenn diese Angaben gemacht wurden.

Ein weiterer Punkt ist, dass ein Hacker verschiedene Benutzernamen ausprobieren kann und so sehen kann, welche Benutzernamen es auf dem System gibt. Dann hat er schon einmal die Hälfte eines Benutzernamen/Passwort-Paares.

Hacken im Laborstil

Diese Liste stellt nur eine kleine Auswahl dar, denn es gibt unzählige mögliche Dienste abhängig von der Konfiguration und Einsatzart des Servers und des Betriebssystems. Die beste Möglichkeit, die Funktion und Sicherheit der verschiedenen Dienste auszuprobieren, ist, sich selber zu Hause ein kleines Netzwerk aufzubauen und einen Server aufzusetzen.

Alles, was Sie dafür brauchen, sind zwei Netzwerkkarten und ein Kabel, Ihren eigenen Computer und einen älteren. Linux läuft auch auf relativ langsamen Computern, was heißt, dass Sie keine nagelneue Maschine dafür brauchen. Eine Linux-Distribution ist mittlerweile schon bei vielen Zeitschriften kostenlos dabei und selbst die Anschaffung einer Vollversion kostet meist nur wenige Euro (wenn Sie eine schnelle Internet-Anbindung haben, können Sie zum Beispiel auch SuSE oder so etwas aus dem Internet kostenlos herunterladen von `www.suse.de`).

Sie werden dadurch viel mehr lernen als durch das Lesen von Büchern. Wie wollen Sie so ein System hacken, wenn Sie nicht einmal wissen, wie so etwas von innen aussieht?

Passwörter und andere Schutzmechanismen

13

In diesem Kapitel

- Benutzer- und Passwörter
- Trusted Hosts und andere Vertrauensmethoden
- Cookies und wo sie sich befinden (außer in Keksdosen)

Es gibt eine Vielzahl von Zugriffsschutzverfahren. Sobald ein Anbieter Daten oder Dienste bereitstellen möchte, die nur von gewollten Benutzern verwendet werden sollen, muss er sich überlegen, wie er das gewährleisten möchte. Zu diesem Zweck haben Experten über die Jahre hinweg mehrere Methoden entwickelt. Sie werden in diesem Kapitel diejenigen kennen lernen, die Sie am häufigsten antreffen werden. Das ist quasi der Grundstein für das nächste Kapitel. Dort geht es dann ans Eingemachte, Sie erfahren nämlich, wie Sie Passwörter knacken können.

Passwörter und Benutzer

Die am weitesten verbreitete Methode, um nur denen Einlass zu gewähren, die man auch reinlassen möchte, ist so einfach und doch so gut: ein *Passwort*.

Ein *Passwort* ist ein Begriff oder eine Zeichenfolge, die ein Benutzer eingeben kann, um zu zeigen, dass er auch rein darf.

Sie erinnern sich bestimmt noch, wie Sie in Ihrer Kindheit mit Klopfzeichen oder Passphrasen gespielt haben. Viele Kinder benutzen solche Spielereien, um Zugehörigkeit auszudrücken, zum Beispiel kommen andere Kinder nur dann in das Baumhaus, wenn sie die Antwort zu der Geheimfrage kennen (siehe Abbildung 13.1).

Genau nach diesem Prinzip arbeiten auch viele Computersysteme. Oftmals brauchen Sie einen Benutzernamen mit dem dazugehörigen Passwort, um einen Dienst benutzen oder einen Bereich betreten zu können. Eine einfache Angelegenheit und dazu noch ziemlich wirkungsvoll, solange die Passwortwahl nicht zu offensichtlich ist.

Anhand von Linux zeige ich Ihnen, wie so eine Passwortabfrage vonstatten geht.

In der Abbildung 13.2 wurde eine Verbindung zu einem Linux-Server hergestellt. Beim Verbinden fragt der Server nach einem Benutzernamen. In diesem Beispiel wurde der Benutzername »root« eingegeben. Danach fragt der Server nach einem gültigen Passwort.

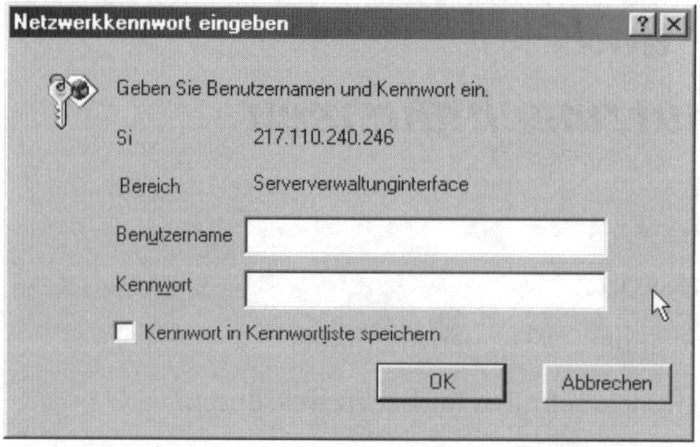

Abbildung 13.1: Eine Sicherheitsabfrage, bei der Sie einen Benutzernamen und ein Passwort eingeben müssen, bevor Sie auf die Webseite kommen.

Abbildung 13.2: Eine Eingabeaufforderung bei einem Linux-System für Benutzername und Passwort

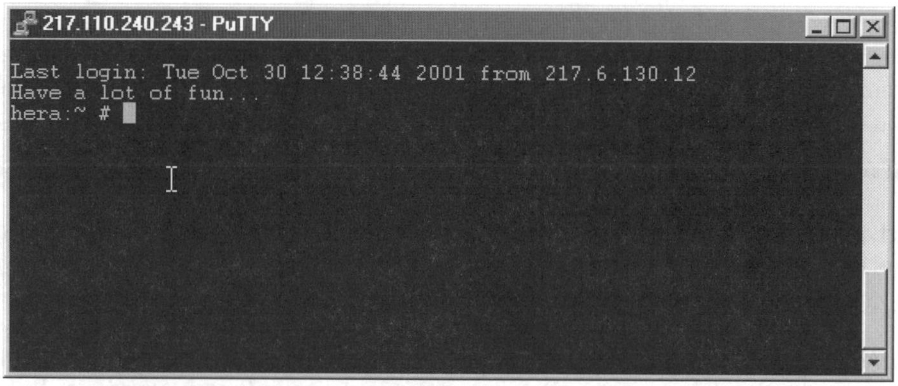

Abbildung 13.3: Nach der Eingabe des Passwortes lässt das System Sie rein.

Nachdem ein gültiges Passwort eingegeben wurde, lässt das System Sie auch rein. So war das doch auch schon beim Märchen mit dem berühmten Spruch »Sesam öffne dich«, oder? Aber woher weiß der Server, welche Benutzernamen und Passwörter richtig sind? Die Antwort ist ganz einfach. Der Benutzer wurde vorher von dem Systemadministrator angelegt.

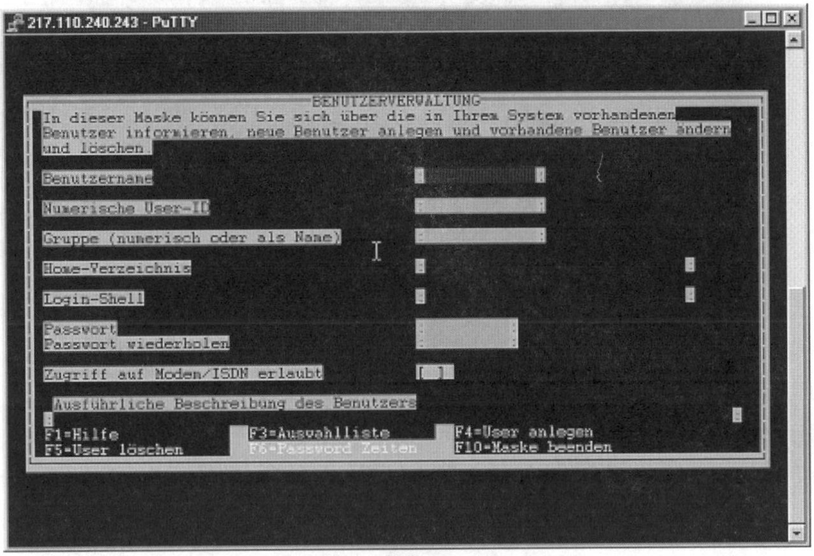

Abbildung 13.4: Hier kann man bei einem SuSE-Linux-System einen Benutzer anlegen. Sie sehen deutlich die Eingabefelder für Benutzername und Passwort.

In Abbildung 13.4 sehen Sie ein Linux-Programm, mit dem Sie Benutzer anlegen können. Die Eingabefelder für Benutzername sind deutlich zu erkennen, genau wie für das Passwort. Nachdem solch ein Benutzer mit Passwort angelegt wurde, werden diese Daten in einer Datei abgelegt. Bei Linux heißt diese Datei `passwd`.

In dieser Datei befinden sich alle Benutzernamen mit ihrem dazugehörigen Passwort, sowie welche Rechte diese Benutzer besitzen.

Die Datei, in der Benutzernamen und Passwörter gespeichert werden, heißt bei Linux und Unix Systemen `passwd`. Bei Windows hingegen hat diese Datei einen anderen Namen. Bei Windows 9x und ME beispielsweise heißt sie `.pwl` und bei Windows NT und 2000 `sam`.

Schauen Sie sich einen Eintrag einmal genauer an, den für root zum Beispiel. Dort steht:

```
root:x:0:0:root:/root:/bin/bash
```

Wichtig für Sie sind nur die beiden vorderen Einträge, also

```
root:x
```

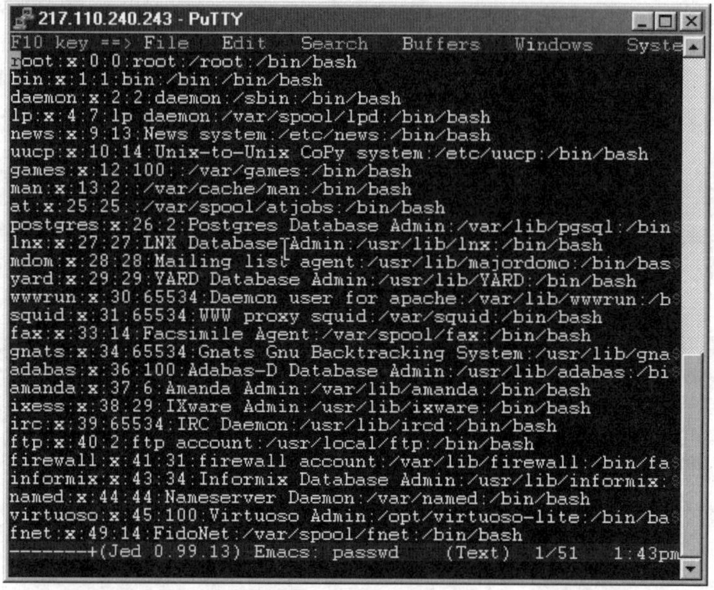

Abbildung 13.5: Eine Linux-`passwd`*-Datei*

Wieso steht da jetzt ein `x`? Sie haben soeben einen weiteren Sicherheitsmechanismus von Linux entdeckt, das so genannte *shadowing*. Shadowing ist ein Verfahren, bei dem die Passwörter in einer anderen Datei abgelegt werden, so dass ein Einbrecher sie nicht erfährt, wenn er an die `passwd`-Datei herankommt. Raffiniert, nicht wahr? Ein bisschen wie Versteckenspielen! Das `x` ist ein Platzhalter für das Passwort, das sich in einer anderen Datei befindet. Die Datei heißt `shadow`. Betrachten Sie nun einmal die `shadow`-Datei.

Dadurch, dass die `passwd`-Datei und die `shadow`-Datei getrennt sind, kann der Systemadministrator die Dateien an unterschiedlichen Orten abspeichern, die anders geschützt sind. Das erschwert die Aufgabe des Hackers beträchtlich. Obwohl es Verzeichnisse gibt, in denen diese Dateien abgelegt werden, muss sich der Administrator nicht daran halten. Solange er dem System sagt, wo sich diese Dateien befinden, kann er sie ablegen, wo er möchte. Für den Hacker heißt es dann suchen, oder am besten einen anderen Weg finden. Dazu kommt auch noch, dass auch andere Dateien als nur die `passwd`-Datei auf die `shadow`-Datei zugreifen. Dadurch wird der Aufwand für einen Angreifer, an alle Daten heranzukommen, schwieriger, da er sämtliche wichtige Dateien erst einmal lokalisieren und dann den jeweiligen Schutz umgehen muss.

Shadowing wird seit einigen Jahren bei Unix- und Linux-Systemen benutzt, um die Passwörter des Systems zu schützen. Selbst wenn der Angreifer an die PASSWD-Datei herankommt, erhält er trotzdem keine gültigen Passwörter, weil diese in einer anderen Datei an einer anderen Stelle des Systems sind.

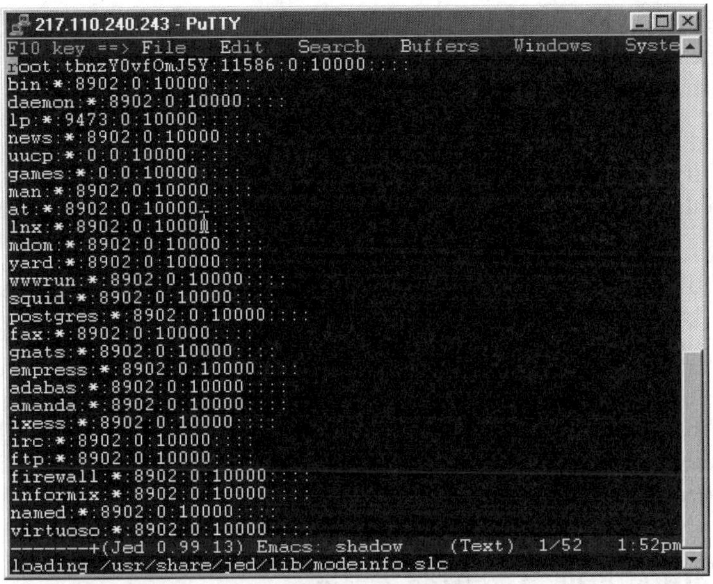

Abbildung 13.6: Hier sehen Sie eine `shadow`*-Datei.*

In der Abbildung sehen Sie eine `shadow`-Datei. Betrachten Sie wieder einmal den Eintrag für ROOT und wieder einmal sind nur die ersten beiden Werte für Sie wichtig:

```
root:tzgYOufOmJsYzt
```

Was für ein komisches Passwort, nicht? Nun, eigentlich ist das nicht das Passwort. Es ist eine verschlüsselte Version davon. Verwirrt? Müssen Sie aber nicht sein, denn die Erklärung dafür ist ganz einfach. Damit ein Hacker die Passwörter nicht bekommt, selbst wenn er an die `shadow`-Datei herankommt, werden die Passwörter verschlüsselt, das heißt unkenntlich gemacht. Der Computer versetzt und ändert einige Zeichen nach einer mathematischen Formel, die nur er kennt. Wenn Sie dann Ihr Passwort eingeben, stellt er dasselbe damit an und vergleicht die beiden miteinander. Wenn die Ergebnisse übereinstimmen, weiß das System, dass Ihr Passwort richtig war. Auch Windows und andere Systeme verschlüsseln die Passwörter. Sie können mehr darüber in Kapitel 22, »Kryptographie und Verschlüsselung«, erfahren.

Wenn Sie sich also als Benutzer anmelden und Ihren Benutzernamen und Ihr Passwort eingeben, greift das System auf diese Dateien zu, vergleicht die Eingaben mit den gespeicherten Daten und weiß, ob Ihre Angaben richtig sind oder nicht. So einfach ist das. Die meisten Systeme arbeiten mit einer Methode ähnlich wie dieser.

Verifizierung durch IP-Adressen und Standort

Eine andere weit verbreitete Methode zum Schutz ist die Verifizierung durch Ihre Adresse. Dieses Verfahren wird auch *Trusted Hosts* genannt.

Trusted heißt übersetzt »vertraut«. Ein *Trusted Host* ist also ein Computer oder eine Adresse, mit dem ein System ein vertrautes Verhältnis hat und dem Benutzer vertraut. Klingt fast wie eine amouröse Liaison, oder?

Im Prinzip wird anstatt eines Passworts die Adresse oder ein anderes Identifikationsmerkmal abgespeichert und beim Verbindungsaufbau miteinander verglichen. Die Adresse oder ein Name, der bei der Verbindung übertragen wird, ist das am weitesten verbreitete Identifikationsmerkmal.

Besonders die IP-Adresse ist sehr beliebt, weil diese nur schwer und mit hohem Aufwand gefälscht werden kann (sehen Sie hierzu Kapitel 18, »Spoofing«, wenn es Sie näher interessiert).

Das Verfahren ist denkbar einfach. Bei jeder Verbindung schicken Sie Ihre IP-Adresse mit. Bei einem Verbindungsaufbau überprüft der Server Ihre IP-Adresse mit einer Liste von erlaubten IP-Adressen. Ist Ihre nicht dabei, verweigert er den Zugriff. Stellen Sie sich Ihre IP-Adresse wie einen Schlüssel vor. Wenn der Schlüssel ins Schloss passt, dürfen Sie rein, wenn nicht, bleibt die Tür verschlossen.

Für Krümelmonster: Cookies & Co.

Es gibt auch noch andere Schutzmethoden. Eine der bekanntesten, die man oft im Internet antrifft, sind *Cookies*. Ein Cookie, übersetzt in etwa »Keks«, ist eine kleine Datei, die auf Ihren Computer abgelegt wird, wenn Sie auf eine Internetseite gehen. Es kann verschiedene Daten enthalten, zum Beispiel wann Sie das letzte Mal da waren oder wie Sie heißen, wenn Sie schon einmal aufgefordert wurden, dieses einzugeben. Oft wird aber auch ein Cookie verwendet, um Ihre Passwörter zu speichern.

Um Cookies benutzen zu können, müssen Sie eine Voraussetzung erfüllen und zwar, dass Ihr Webbrowser Cookies annehmen kann. Um das zu überprüfen, folgen Sie diesen Schritten:

1. **Öffnen Sie Ihren Internet Explorer und gehen Sie auf den Menüpunkt Extras, dann Internetoptionen.**

2. **Dann wählen Sie oben den Punkt Sicherheit aus und dann den Punkt Stufe anpassen.**

   In der Abbildung sehen sie den Punkt Cookies, der etwas weiter unten in der Auswahl ist.

3. **Aktivieren Sie hier Cookies annehmen, die gespeichert sind.**

   Nun nimmt Ihr Browser Cookies an.

4. **Richten Sie jetzt Ihren Browser auf**

   `http://www.nethacker.de/cgi-bin/board/YaBB.pl?board`

   Es erscheint ein Diskussionsforum. Oben in der rechten Ecke sehen Sie die Meldung aus Abbildung 13.8.

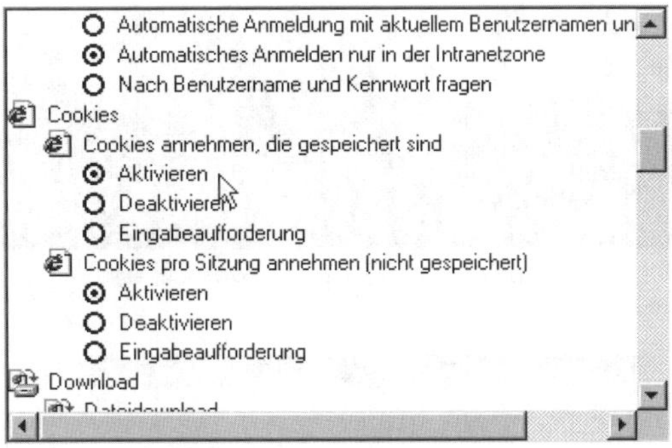

Abbildung 13.7: Cookies aktivieren

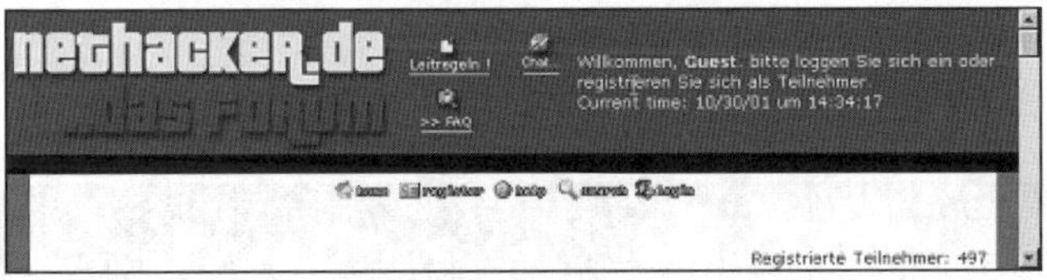

Abbildung 13.8: Sie sind als Gast eingeloggt.

Sie werden nur als Gast erkannt, weil Sie vorher noch nie in diesem Forum gewesen sind und sich noch nie registriert haben.

5. **Wählen Sie jetzt den Punkt Registrieren und machen dort Ihre Angaben wie in der Abbildung 13.9 (natürlich mit Ihren Angaben und nicht meinen).**

Abbildung 13.9: Registrierung im Forum von `www.nethacker.de`

Es erscheint ein weiteres Fenster mit dem Knopf Einloggen.

6. **Klicken Sie auf den Knopf Einloggen.**

Abbildung 13.10: Klicken Sie auf den EINLOGGEN-Knopf.

Oben rechts sehen Sie diesmal Ihren Namen.

7. **Schließen Sie jetzt das Fenster.**

Abbildung 13.11: Ihr Name steht hier, weil Sie eingeloggt sind.

8. **Öffnen Sie wieder dieselbe Adresse.**

   Wie Sie sehen, steht wieder Ihr Name oben rechts, obwohl Sie weder Ihren Benutzernamen noch Ihr Passwort angegeben haben.

9. **Wechseln Sie jetzt in das Verzeichnis**

   `C:\WINDOWS\Cookies`

   Sie finden einige (oder wenn dies Ihr erstes Cookie ist, nur eine) Textdatei(en).

10. **Suchen Sie die Textdatei mit dem Namen *@BOARD[1].TXT.**

    Dabei entspricht das Sternchen dem Namen, unter dem Sie an Ihrem Windows-System angemeldet sind.

11. **Öffnen Sie diese Datei mit einem Doppelklick.**

```
YaBBusername■johhny2■www.nethacker.de/cgi-bin/board/■
0■3183861760■102796565■209043168■29450567■*■
YaBBpassword■■www.nethacker.de/cgi-bin/board/■0■
3183861760■102796565■1728619464■29450566■*■
```

Abbildung 13.12: Der Inhalt des Cookies

Wie Sie sehen, stehen in dieser Datei einige Daten drin. Ihr Benutzername, die Adresse des Forums und einige verschlüsselte Daten. Alle Ihre Anmeldedaten sind hier abgespeichert und werden automatisch eingelesen, wenn Sie Cookies aktiviert haben und die Seite betreten.

Viele andere Methoden sind nach demselben Prinzip aufgebaut. Meist heißt die Datei anders und wird nicht durch den Webbrowser gelesen, aber das Prinzip ist dasselbe. Der Schwachpunkt dieser Methode ist, dass jemand nur die Datei (im oberen Beispiel den Cookie) kopieren muss, um Zugriff zu erlangen.

Im nächsten Kapitel werden Sie einige Verfahren kennen lernen, um Passwörter zu knacken.

Die Tür einschlagen: Bruteforce und andere Verfahren

14

In diesem Kapitel

- Passwörter raten
- Programme, die Passwörter erraten
- Verschiedene Verfahren, um Passwörter zu erraten

Wenn nichts anderes hilft und Sie keine anderen Sicherheitslücken finden, gibt es meist nur noch eine Methode, um in das System einzudringen: das fröhliche Passwortraten. Das kann oft eine langwierige Prozedur sein, die zu keinem Ergebnis führt, da die Auswahl an Passwörtern nahezu unendlich erscheint. In diesem Kapitel werden Sie allerdings erfahren, dass es Möglichkeiten gibt, die Menge der möglichen Passwörter von vornherein einzuschränken und dass es häufig aufgrund mangelnden Einfallsreichtums der Passworterfinder gar nicht so schwierig ist, dem Wort auf die Schliche zu kommen.

Benutzernamen herausfinden

Die meisten Zugriffsschutz-Mechanismen sind nach dem Schema »Benutzername und Passwort« aufgebaut. Kennen Sie diese, können Sie auch auf den geschützten Dienst zugreifen.

Abbildung 14.1: Eine Passwort-Abfrage nach dem Schema »Benutzername und Passwort« auf einem Linux-Server

In den meisten Fällen ist dieser Schutz ausreichend, um Angreifer von dem System fernzuhalten, bietet aber dennoch reichlich Schwachpunkte, um einem hartnäckigen Angreifer (so wie Sie!) zum Eindringen zu verhelfen.

Zum Glück können Sie den Benutzernamen häufig schon aus der E-Mail-Adresse oder einem der Standard-Benutzernamen des Betriebssystems ableiten. Damit wäre die erste Hälfte des Rätsels schon einmal gelöst.

Standard-Benutzernamen: Sage mir dein Betriebssystem und ich sage dir deinen Benutzernamen

Nahezu jedes Betriebssystem und auch viele andere Programme und andere Anwendungen haben Standard-Benutzernamen, die von Anfang an aktiviert sind. Die Benutzernamen variieren abhängig von der eingesetzten Software, aber jemand, der viel mit einer bestimmten Software arbeitet, kennt diese.

Bei einem Linux- oder Unix-System finden Sie fast immer die folgenden Benutzernamen:

- ✔ `root` ist der Benutzername des Systemadministrators. Meistens kann man sich über diesen Namen aber nur lokal anmelden, wodurch dieser dann effektiv geschützt wird, aber bei einem schlecht konfiguriertem System oder bei einem System, bei dem die Notwendigkeit dafür besteht, kann dieser Benutzername auch dazu verwendet werden, sich Remote einzuloggen.

Remote und *Lokal* sind Begriffe, die beschreiben, ob der Benutzer physischen Zugang zum Computer haben muss oder nicht. Spricht man vom Lokalen Zugriff, muss sich der Benutzer an dem Computer befinden. Beim Remote-Zugriff kann der Benutzer sich über Internet oder Netzwerk an dem Computer einloggen und so arbeiten, als würde er davor sitzen.

- ✔ `lp` ist der Benutzername für Lineprinter, also für einen Drucker.
- ✔ `wwwrun` ist der Benutzername des Apache Webservers.
- ✔ `firewall` ist der Benutzername für Schutzdienste und Anwendungen.

Bei Windows-Systemen hingegen gibt es oft die Benutzer *Administrator* und *Guest*. Diese beiden Benutzerkonten sind nach einer Installation aktiv.

Dies stellt nur eine kleine Auswahl dar, denn diese Liste unterscheidet sich auch ein bisschen von System zu System, aber wie Sie sehen, gibt es eine Vielzahl von Ansätzen.

Benutzernamen aus E-Mail-Adressen

Eine andere Quelle für Benutzernamen sind E-Mail-Adressen. Die meisten E-Mail-Server laufen auf dem Linux-Betriebssystem. Das heißt, dass man oftmals den Benutzer einer E-Mail-Adresse auch als Systembenutzer anlegen muss. Ein intelligenter Systemadministrator legt diesen an mit einem Minimum an Zugriffsrechten, aber leider passiert es allzu oft, dass der Benutzer mit vollen Rechten angelegt wird. In diesem Fall müssen Sie nur den Namen vor dem @-Zeichen nehmen, um eine gültige Benutzerkennung zu haben.

Bei der E-Mail-Adresse `celtic-hero@web.de` wäre der Benutzername also `celtic-hero`.

Sesam öffne dich - das Passwort

Haben Sie den Benutzernamen erst einmal herausgefunden, ist schon der erste Schritt getan. Es fehlt aber natürlich noch das schwierigere: das Passwort.

Das fröhliche Passwortraten

Ein Passwort ist nur gut, solange man es nicht erraten kann. Sie wären überrascht, wie viele Menschen die dümmsten Sachen als Passwort benutzen. »Geheimnis«, »Zutritt«, »Passwort« und gar kein Passwort sind ein Alptraum für Systemadministratoren, denn es sind Werte, die ein Hacker sofort probiert.

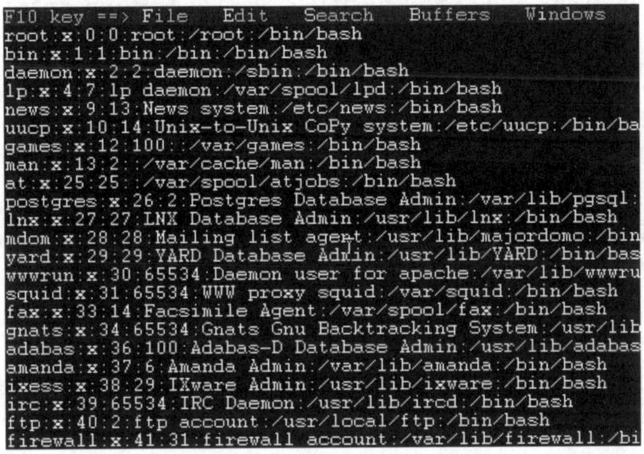

```
F10 key ==> File   Edit   Search   Buffers   Windows
root:x:0:0:root:/root:/bin/bash
bin:x:1:1:bin:/bin:/bin/bash
daemon:x:2:2:daemon:/sbin:/bin/bash
lp:x:4:7:lp daemon:/var/spool/lpd:/bin/bash
news:x:9:13:News system:/etc/news:/bin/bash
uucp:x:10:14:Unix-to-Unix CoPy system:/etc/uucp:/bin/ba
games:x:12:100::/var/games:/bin/bash
man:x:13:2::/var/cache/man:/bin/bash
at:x:25:25::/var/spool/atjobs:/bin/bash
postgres:x:26:2:Postgres Database Admin:/var/lib/pgsql:
lnx:x:27:27:LNX Database Admin:/usr/lib/lnx:/bin/bash
mdom:x:28:28:Mailing list agent:/usr/lib/majordomo:/bin
yard:x:29:29:YARD Database Admin:/usr/lib/YARD:/bin/bas
wwwrun:x:30:65534:Daemon user for apache:/var/lib/wwwru
squid:x:31:65534:WWW proxy squid:/var/squid:/bin/bash
fax:x:33:14:Facsimile Agent:/var/spool/fax:/bin/bash
gnats:x:34:65534:Gnats Gnu Backtracking System:/usr/lib
adabas:x:36:100:Adabas-D Database Admin:/usr/lib/adabas
amanda:x:37:6:Amanda Admin:/var/lib/amanda:/bin/bash
ixess:x:38:29:IXware Admin:/usr/lib/ixware:/bin/bash
irc:x:39:65534:IRC Daemon:/usr/lib/ircd:/bin/bash
ftp:x:40:2:ftp account:/usr/local/ftp:/bin/bash
firewall:x:41:31:firewall account:/var/lib/firewall:/bi
```

Abbildung 14.2: Hier sehen Sie eine Liste der Benutzer bei einer Standard-Linux-Installation.

Andere Sicherheitsschwächen sind auch die Benutzung von einfachen Wörtern, die sich der Benutzer leicht merken kann. Der Name der Frau oder des Familienhaustieres, das eigene Geburtsdatum oder ein Lieblingsfilm werden oft eingesetzt.

Telefonnummern, Lieblingssachen wie Bücher, Filme oder Lieder, Namen von Geliebten und Geburtsdaten. Wenn Sie sich jetzt daran erinnern, wie viel Sie anhand eines Namens oder einer E-Mail-Adresse über jemanden herausfinden können, müssen Sie nur eins und eins zusammenzählen und Sie können sich ausrechnen, wonach Sie als Hacker suchen müssen und was Sie als Passwort ausprobieren sollten. Wenn Sie als Hacker das Opfer kennen, wird es Ihnen sogar noch leichter gemacht.

Immer dasselbe Passwort: Der Mensch ist ein Gewohnheitstier

Mal ehrlich: Wie oft benutzen Sie dasselbe Passwort bei verschiedenen Diensten, damit Sie es nicht vergessen oder eine eigene Datenbank anlegen müssen, um all Ihre Passwörter überhaupt zu verwalten? Wenn ein Hacker also eines Ihrer Passwörter herausgefunden hat, kann es sein, dass er damit Zugriff auf mehrere Sachen bekommt. Ganz schön gefährlich, nicht? Ich muss allerdings sagen, dass auch ich oft mit all meinen Passwörtern durcheinander komme. Ich habe mich so oft aus eigenen Diensten ausgeschlossen, weil ich mich einfach nicht mehr daran erinnern konnte, wozu welches Passwort gehörte. Es gibt aber ein paar Regeln, durch deren Einhaltung Sie Ihre Konten vor ungewollten Zugriffen schützen können, ohne in einem Berg aus Zetteln unterzugehen.

- ✔ Suchen Sie Passwörter aus, die aus Zahlen und Buchstaben, am besten sogar mit Sonderzeichen, bestehen. So braucht jemand anderes eine Ewigkeit, um das Passwort zu erraten, wenn er es überhaupt schafft.
- ✔ Nehmen Sie am besten Wörter, die nicht im Duden stehen oder allgemein in Ihrer Sprache vorkommen. Wenn es das Wort nicht gibt, wird auch kaum einer es erraten können.
- ✔ Versuchen Sie, Ihre Passwörter so unpersönlich wie möglich zu halten. Wenn Sie öfters in Foren über Ihre Lieblingsgruppe verkehren und dann den Namen dieser Gruppe oder eines ihrer Lieder als Passwort benutzen, wird es einem Hacker nicht schwer fallen, das herauszufinden.
- ✔ Benutzen Sie eine Kombination aus drei oder mehr verschiedenen Buchstaben- und Zahlenreihen, z.B. abc, tfg, zhi und 134,567,891 und kombinieren Sie diese. So wissen Sie immer in etwa, wie Ihr Passwort aussieht, ohne dass Sie immer dasselbe Passwort bei jedem Konto verwenden.

Wenn Sie sich an diese Regeln halten, tragen Sie viel dazu bei, dass Ihre Konten oder Ihre Systeme sicher sind und vor Eindringlingen geschützt bleiben. Allerdings ist das keine 100%-Sicherheit, denn die gibt es nicht, solange ein Angreifer über genügend Zeit und Ressourcen verfügt.

Bruteforce, mit Gewalt ans Ziel

Wenn das Passwort mit herkömmlichen Mitteln nicht zu erraten ist, also durch Raten oder durch das Suchen nach persönlicher Information, gibt es immer noch einen etwas brutaleren Weg, wie ein Angreifer das Passwort herausfinden kann. Das Verfahren nennt sich *Bruteforce*, was übersetzt so viel wie *Primitive Gewalt* heißt. Der Name ist sehr treffend: Denn bei dieser Methode wird ein Programm benutzt, das systematisch unzählige Benutzernamen- und Passwort-Kombinationen ausprobiert.

Es gibt zwei verschiedene Methoden. Eine heißt *Dictionary Attack* (Übersetzung: Wörterbuch-Angriff) und verwendet eine Liste von vorgegebenen Wörtern und Begriffe. Die Listen können Sie selber erstellen oder auch von einer der vielen Hackerseiten im Internet runterladen.

Das Programm versucht dann, jeden dieser Begriffe zusammen mit einem Benutzernamen, den Sie angeben können oder der ebenfalls aus solch einer Liste entnommen wird, bis entweder eine passende Kombination gefunden wird oder alle Begriffe ausprobiert wurden.

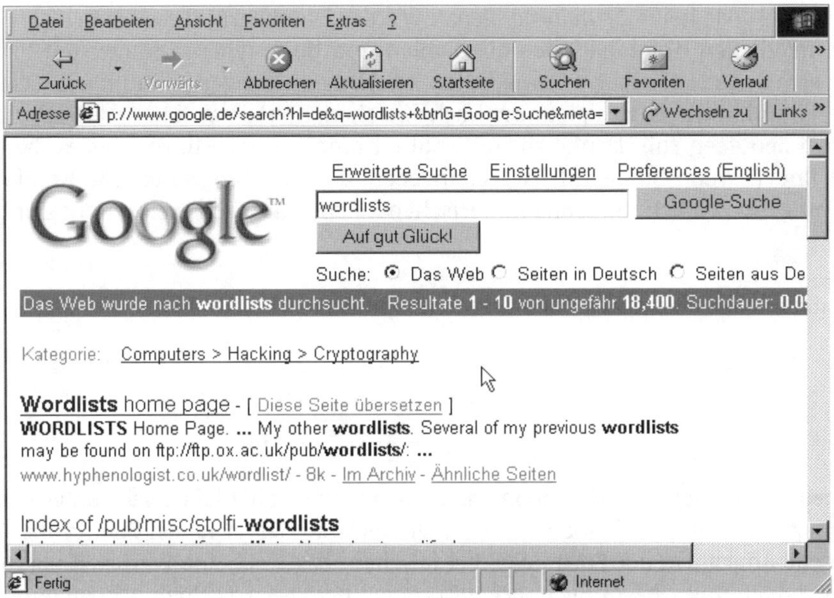

Abbildung 14.3: Eine Suche nach dem Begriff »Wordlists« mit einer Suchmaschine ergibt unzählige Hits.

Abbildung 14.4: Hier sehen Sie einen Teil einer Passwortliste.

Die andere Methode heißt *Bruteforce*, genau wie der Oberbegriff dieser Angriffsart und probiert alle möglichen Kombinationen aus Zahlen und Buchstaben. Die meisten Programme erlauben eine Angabe darüber, mit wie vielen Zeichen es anfangen soll und wie viele Zeichen es probieren soll, sowie ob es alphanumerische Zeichen, Sonderzeichen und Groß- und Kleinbuchstaben benutzen soll. Dann arbeitet es alle Kombinationen durch, bis es das passende Passwort findet. Wenn Sie beispielsweise angeben, dass das Programm alle Kombinationen von drei bis zehn Zeichen mit alphanumerischen Zeichen ausprobieren soll, beginnt es bei

```
aaa
```

und arbeitet alle Zeichen durch nach dem Prinzip

```
aaa aab aac aad
```

bis

```
zzzzzzzzzz.
```

In der Theorie hört sich das sehr schön an, ist in der Praxis aber leider sehr unwirksam. Diese Methode hat nämlich zwei große Nachteile: Die meisten Server haben Schutzvorrichtungen gegen solche Angriffe in der Form, dass bei falschem Passwort eine Wartezeit von mehreren Minuten erfolgen muss, bevor Sie es erneut probieren können. Oftmals schlägt ein Computer auch Alarm, wenn ein fehlerhafter Anmeldeversuch zu oft wiederholt wird, so dass der Systemadministrator schnell auf den Einbruchsversuch aufmerksam gemacht wird.

So ein Angriff kann ein Weilchen dauern.

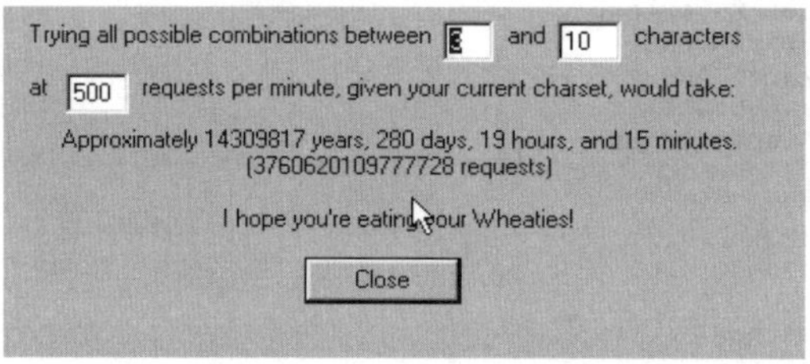

Abbildung 14.5: Wie Sie sehen, könnte es etwas länger dauern, bevor das Passwort erraten wird.

Bei einem Passwort mit zehn Zeichen Länge wird es aller Wahrscheinlichkeit nach mehrere tausend Jahre dauern, bevor das richtige per Zufall ermittelt wird. Das ist doch etwas länger als die meisten Menschen warten würden und das setzt voraus, dass Sie überhaupt wissen, wie lang das Passwort maximal sein kann und aus welchen Zeichen es besteht.

Dennoch wird diese Art von Angriffen häufig verwendet, weil eine gute Passwortliste eine geringe Erfolgschance garantiert, wenn ein Benutzer unsorgfältig in seiner Passwortwahl war.

In dem Verzeichnis WWWHACK befindet sich das gleichnamige Programm. Kopieren Sie sich dieses Programm auf Ihre Festplatte und starten Sie es.

wwwhack ist ein sehr gutes Beispiel für ein Bruteforce-Programm. Es kann eine Vielzahl von Diensten angreifen, FTP, E-Mail und Webseiten-Passwortschutz, um nur einige zu nennen.

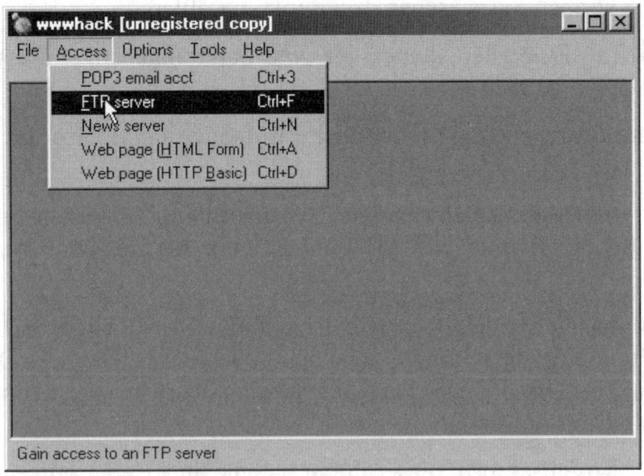

Abbildung 14.6: Wie Sie sehen, kann wwwhack viele gängige Systeme angreifen.

Um das Programm zu benutzen, brauchen Sie nicht viel darüber zu wissen. Ich zeige Ihnen anhand von FTP, wie einfach es ist:

1. **Gehen Sie auf den Menüpunkt ACCESS und dann FTP.**

   Es öffnet sich ein neues Fenster.

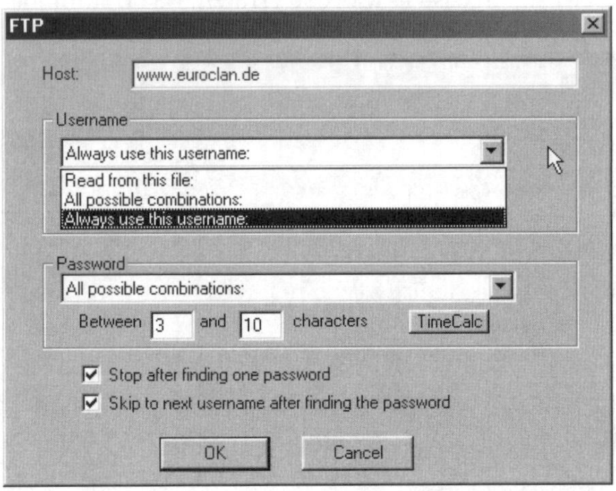

Abbildung 14.7: Das FTP-Auswahl-Fenster von wwwhack

2. **Bei dem Punkt HOST können Sie die Adresse des Ziels eingeben, die sowohl eine IP-Adresse wie auch ein Domainname sein kann.**

   Unter USERNAME können Sie zwischen drei Punkten wählen:

   1. READ FROM THIS FILE: Hier können Sie eine Datei angeben, von der die Auswahl an Benutzernamen gelesen wird.
   2. ALL POSSIBLE COMBINATIONS: Alle mögliche Kombinationen, also das erwähnte Bruteforce.
   3. ALWAYS USE THIS USERNAME: Hier können Sie einen Benutzernamen angeben, z.B. einen Standard-Benutzernamen wie `root` oder einen, den Sie schon herausgefunden haben.

- ✔ Unter PASSWORT haben Sie dieselben Möglichkeiten wie für Username. Es sind allerdings drei weitere Punkte dazugekommen: ASSUME IT'S THE SAME AS USERNAME: Das bedeutet, dass WWWHACK davon ausgeht, dass das Passwort dasselbe Wort wie der Benutzername ist, ein weiterer Fehler vieler Anwender.
- ✔ STOP AFTER FINDING ONE PASSWORD: Dieser Punkt hält die Suche an, wenn ein Passwort gefunden wurde.
- ✔ SKIP TO NEXT USERNAME AFTER FINDING PASSWORD: Dieser Punkt gibt WWWHACK die Anweisung, den nächsten Benutzernamen zu benutzen, wenn ein Passwort herausgefunden wurde.

Außerdem können Sie bei ALL POSSIBLE COMBINATIONS den Anfangs- und Endwert für die Zeichenzahl eingeben und so die Anzahl einschränken.

Wenn Sie den Knopf TIMECALC drücken, verrät Ihnen der Computer, wie viel Zeit er voraussichtlich brauchen wird, um das Passwort zu erraten. Na ja, zumindest so Pi mal Daumen.

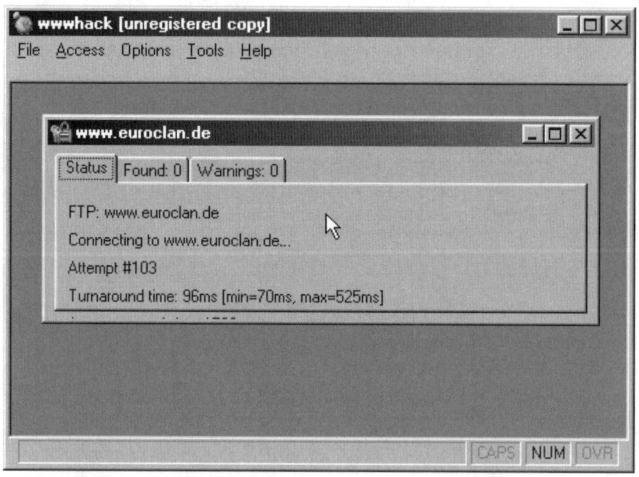

Abbildung 14.8: Ein Bruteforce-Angriff in vollem Gang.

Wenn Sie alle Eingaben gemacht haben und auf OK drücken, beginnt wwwhack den Angriff. Jetzt können Sie sich entspannt zurücklehnen und warten. Wenn der Versuch nicht schon sehr schnell scheitert, weil der Server gegen solche Angriffe geschützt ist, können Sie sich auf eine längere Wartezeit einrichten. Vielleicht nutzen Sie die Gelegenheit, endlich mal wieder mit dem Hund rauszugehen oder Ihren knurrenden Magen mit einer Pizza zu beruhigen?

Bruteforce-Angriffe sind illegal und werden strafrechtlich verfolgt. Wenn Sie also nur mal das Verfahren ausprobieren möchten, versuchen Sie nur einen Bruteforce-Angriff bei Ihrem eigenen Computer oder bei einem, wo Sie sich vorher die Erlaubnis des Benutzers eingeholt haben. Auch wenn Sie beispielsweise Ihre eigenen Konten prüfen möchten, die Sie bei einem Drittanbieter haben, müssen Sie ihn erst einmal um Erlaubnis bitten, denn das System gehört Ihnen nicht, Sie mieten ja auch nur die Benutzungsrechte!

Diese Angriffstypen sind nur wirksam bei schlecht konfigurierten Systemen oder unter der Voraussetzung, dass ein Benutzer bei seiner Passwort-Auswahl nicht aufgepasst hat. In der Praxis wird diese Art von Programmen nur von Anfängern und Idioten benutzt, oder von jemandem, der eine ungefähre Ahnung hat, wie das Passwort lauten könnte.

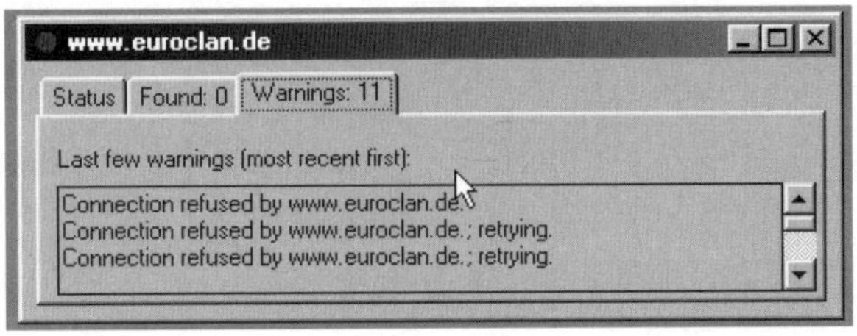

Abbildung 14.9: Hier sehen Sie, dass das Ziel nach kurzer Zeit den Zugriff verweigert.

Die Zeit, die der Angriff benötigt und die große Entdeckungsgefahr macht ihn sehr unbeliebt in der Hackerszene. Auch Sie sollten diesen Angriff daher lieber nicht benutzen. Sie können ihn aber gerne bei Ihren eigenen Systemen verwenden, um zu überprüfen, wie lange es so einem Angriff standhält.

Der heilige Gral root

15

In diesem Kapitel

- Was bedeutet *root* oder *Administrator*?
- Root-Rechte ausbauen
- Den Tatort aufräumen
- Root behalten

Der Ziel der meisten Hacker beim Einbruch in ein System ist es, der Super-User zu werden. Nur so kann er machen, was er will, und nur das ist sein absoluter Triumph.

Was ist root oder Administrator?

Jedes System hat einen Benutzer, der das absolute Sagen hat. Bei Linux/UNIX heißt dieser Benutzer *root*, bei Windows-Systemen *Administrator*. Eines haben beide gemeinsam: absolute Gewalt.

Dieser Benutzer wird auch *Super-User* genannt. Er entscheidet, wer was, wie, wann und ob überhaupt machen darf. Alle Zugriffsrechte werden von ihm verteilt, alle anderen Benutzer angelegt (oder auch gelöscht) und größtenteils entscheidet er auch, welche Programme auf dem System laufen dürfen.

Kurz gesagt: ALLES. Der Super-User ist Kaiser und König des Systems, der absolute Boss, der Obermotz, il capo di tutti capi ... ich glaube, Sie wissen schon in etwa, was ich Ihnen sagen will ...

Hacker wollen diese Rechte, es ist das, wonach sie streben und der Heilige Gral ihres persönlichen Kreuzzuges. Wenn Sie auf einem System root haben, sind Sie auf diesem System Gott.

Nicht nur will ein Hacker root sein, er will auch diesen Titel behalten, ohne dass es der eigentliche Super-User des Systems mitkriegt und etwas dagegen unternehmen kann. Insofern versuchen Hacker, ein geschicktes Versteckspiel mit dem eigentlichen Systemadministrator anzufangen. Wahrscheinlich genießen viele Hacker dieses Kräftemessen mit dem Systemadministrator mehr, als schließlich das eigentliche root-Recht zu erlangen.

Wozu das Ganze?

Was nützt es Ihnen, der Super-User zu sein, wenn Sie gar nicht möchten, dass es jemand erfährt?

- **Der Lerneffekt:** Sie möchten lernen, wie Systeme aufgebaut sind und wie die Computer-Sicherheit funktioniert. Es gibt keine bessere Methode, als sie zu bewältigen, so lernen Sie, wo die Schwächen liegen und wie Sie sie gegebenenfalls stärken können.
- **Ressourcen:** Sie wissen nie, wann Sie eventuell einmal Zugang zu einem bestimmten Dienst brauchen. Gute und erfahrene Hacker haben listenweise Systeme, in die sie jederzeit wieder eintreten können, falls sie das irgendwann einmal müssen oder etwas Bestimmtes brauchen
- **Das Spiel:** Es ist wie ein Spiel mit sehr hohem Risiko (mit ernsthaften Folgen, wenn Sie verlieren). Der Adrenalinrausch ist vergleichbar mit Extremsportarten.
- **Die Selbstbestätigung:** Genau das. Einfach um sich selber zu zeigen, dass Sie es können, zu wissen, dass Sie mit ein paar Tastenschlägen das ganze System lahm legen können. Der Super-User des Systems glaubt, er habe alles unter Kontrolle, aber Sie wissen, dass das nicht wahr ist. Der eigentliche Super-User sind *Sie*.
- **Aus professionellem Anlass:** Wenn Sie Profi-Hacker sind, dann ist es Ihrem Auftraggeber wahrscheinlich lieber, dass der Angriff unbemerkt bleibt.

Das sind nur einige Gründe, aber ich denke, es gibt so viele unterschiedliche Gründe, wie es Menschen gibt.

Von User zu root: die Machtposition ausbauen

Der Angriff auf ein System ohne ein gültiges Konto wird *Remote-Attack* genannt. Sobald Sie sich auf dem Zielrechner einloggen können (also im Prinzip auf dem System sind), wird der Angriff *Local-Attack* genannt.

In den meisten Fällen ist es wahrscheinlich, dass Sie Zugang zu einem System mit wenigen Rechten erlangen werden, mit einem Konto eines normalen Benutzers beispielsweise. Obwohl Sie dann einen Fuß in der Tür haben, müssen Sie sich dennoch zuerst weiter hocharbeiten.

Wieder einmal gilt es, dieselben Methoden anzuwenden, die dieses Buch beschreibt: Auswertung der laufenden Dienste und Bestimmung der Programm-Versionen.

Zuerst müssen Sie einmal testen, wie weit die Rechte des eroberten Benutzer-Kontos gehen, das heißt, welche Programme Sie ausführen dürfen und ob Sie Dateien öffnen, anlegen oder beschreiben dürfen.

Wenn Sie sich lediglich einloggen können und ein paar Dateien einsehen können, sind Sie nur in der Lage, noch mehr Informationen zu sammeln. Das ist zwar besser als gar nichts, hilft Ihnen aber nur bedingt weiter. Worauf Sie abzielen müssen, ist wenigstens ein Benutzerkonto, das in der Lage ist, Dateien hochzuladen und dann auch ausführen zu können. Haben Sie so eines erobert, dann ist der Rest mit etwas Glück nur noch ein Kinderspiel.

Ein kleines Beispiel

Wenn Sie Zugang zu einem Benutzer-Konto haben, gilt es erst einmal, so viel über das System herauszufinden, wie es nur geht. Ihnen stehen dazu, abhängig von dem Betriebssystem des Ziels (Näheres hierzu in Kapitel 11, »Server-Betriebssysteme«), verschiedene Befehle zur Auswahl.

Wichtig ist, dass Sie einen Dienst finden, der bekannte Sicherheitslücken hat oder für den es Exploits (Exploits werden in Kapitel 18 behandelt) gibt. Machen Sie sich auch ein Bild davon, wie die Verzeichnisstruktur des Ziels aussieht. Dies ist quasi Ihre Landkarte des Kriegsschauplatzes.

Ein Beispiel für solche Schwachpunkte wäre ein falsch konfigurierter Server. In diesem Fall könnten Sie nämlich ein wichtiges Problem umgehen: Viele Exploits müssen auf dem Zielsystem in ein Verzeichnis kopiert und dort ausgeführt werden.

Es gibt sehr viele Möglichkeiten, solch einen Angriff durchzuführen. Ich möchte nicht, dass dies wieder eines von diesen Büchern wird voll mit möglichen Methoden, die keiner versteht. Ich möchte, dass Sie durch dieses Buch die Vorgehensweise verstehen, damit Sie solche Anleitungen auch anwenden können.

Wenn Sie also Zugang zu dem FTP-Konto eines Benutzers ergattern, dort aber nur Dateien abspeichern, jedoch nicht ausführen können, wäre es mehr als günstig, wenn der Webserver so konfiguriert wäre, dass Sie ein hochgeladenes Programm über Ihren Webbrowser aufrufen können.

Dazu wäre es nötig, dass der Systemadministrator die Verzeichnisstruktur so aufgebaut hat, dass Sie das Verzeichnis auch mit dem Browser anvisieren können. Diese Sicherheitslücke erlaubt es Ihnen, ein Programm auf dem anderen System auszuführen. Und das geht so: Angenommen, Sie können per FTP Dateien in das Verzeichnis

```
C:\www\inetpub\pub
```

hochladen. Wenn das Wurzelverzeichnis des Webservers jetzt

```
C:\www\inetpub
```

ist, müssten Sie Folgendes in Ihren Webbrowser eingeben:

```
http::\\www.domain.de\pub\
```

Mit dieser Eingabe müssten Sie also in das Verzeichnis gelangen, in dem Sie auch abspeichern können. Der nächste Faktor, der gegeben sein müsste, ist, dass der Webserver auch Dateien in diesem Verzeichnis ausführen lässt. Glücklicherweise für Sie und andere angehende Hacker sind Systemadministratoren oft nicht genügend geschult, so dass sie diesen Fehler oftmals von sich aus machen. Sie sind oft zu faul, jedes einzelne Verzeichnis anders einzurichten und lassen deshalb überall ausführbare Rechte zu. Oder es ist zufälligerweise das Verzeichnis für ausführbare Dateien, wo zum Beispiel Skripts abgelegt werden.

Wie erwähnt, fehlt Ihnen wahrscheinlich die Berechtigung, Dateien auszuführen. Dem Webbrowser aber oftmals nicht! Er ist Ihre Speerspitze ins fremde Programm. Wenn Sie also in dieses Verzeichnis einen passenden Exploit oder so etwas wie einen Trojaner reinkopieren, ihn dann über Ihren Browser ansprechen, nach dem Schema

```
http:\\www.domain.de\pub\trojaner.exe
```

dann sollte diese Datei, wenn die Voraussetzungen gegeben sind, von dem Webbrowser ausgeführt werden. Direkt danach können Sie sich dann seelenruhig mit dem Client des Trojaners einloggen und voilà, im Gegensatz zu Boris Becker wissen Sie, dass Sie drin sind.

Immer dasselbe Prinzip

Wie Sie sehen, unterscheidet sich ein Local-Attack nicht wesentlich von einem Remote-Attack. Wieder einmal werden Informationen gesammelt, es wird recherchiert und getestet, bis eine schwache Stelle entdeckt wird. Dann wird diese ausgenutzt.

Es gibt kein Buch, dass Ihnen diese Strategie beibringen könnte. Erklären: ja. Aber die Umsetzung und die Technik müssen Sie in der freien Wildbahn lernen. Nur im Dschungel der Netzwerke werden Sie die Fähigkeiten erwerben, die Sie zu einem guten Hacker werden lassen.

Dieses Phänomen, dass das Prinzip meist dasselbe ist, liegt auch zum Teil daran, wie die Hacker-Szene aufgebaut ist. Die meisten Hacker lernen die Vorgehensweise aus Anleitungen, die von anderen Hackern geschrieben wurden, dadurch sind die besten Methoden auch sehr weit verbreitet.

Den Tatort aufräumen

Nach einem erfolgreichen Hack dürfen Sie eines nie vergessen: den Tatort aufzuräumen. Hier ein warnendes Wort zur Psyche des Systemadministrators: Systemadministratoren gehören zu einem komischen Menschenschlag. Sie sind meistens sehr selbstbewusst und umfassend über die Organisation und Konfiguration ihres Systems informiert. Daraus resultiert, dass sie immer hundertprozentig sicher sind, dass es nie jemand schaffen würde, dort einzubrechen. Wenn es aber einer schafft, wird der Systemadministrator zum archetypischen Rache-Engel. Er will Blut sehen und zwar Ihres. Gleich einem Cherubim mit flammendem Schwert wird er entweder versuchen, Sie zurück zu hacken oder Sie der weltlichen Gerichtsbarkeit auszuliefern.

Was müssen Sie also alles bedenken? Zum einen sollten Sie Ihre Spuren aus sämtlichen Logs löschen. Bevor Sie ein System also angreifen, sollten Sie sich vorher schlau machen, wo sich die Logs dieses Systems befinden (also müssen Sie sich über das Betriebssystem informieren). Logs haben die Angewohnheit, wenigstens festzuhalten, dass sie manipuliert wurden (Sie müssten sich erneut einloggen, um diesen Eintrag zu löschen, und beim Ausloggen würde diese Aktion dann wieder mitprotokolliert werden, also ein ziemlich sinnloses Unterfangen), aber alle Hinweise in Bezug auf Ihre IP-Adresse und Ihre genauen Taten können Sie dadurch verschwinden lassen.

Wenn Sie nichts kaputt machen oder sonst wie auffallen, wird sowieso keiner diesen einen kleinen Eintrag bemerken, was über Unmengen an Systemeingaben, die bei einem Angriff erfolgen, nicht gesagt werden kann.

Sie sollten auch darauf achten, selbst erstellte Verzeichnisse so tief und verschachtelt in andere Verzeichnisse zu verstecken wie nur möglich, denn so wird die Gefahr geringer, dass sie jemand findet. Auch bei der Auswahl der Namen von selbst erstellten Verzeichnissen und Dateien sollten Sie vorsichtig sein. Namen wie *hackkit*, *trojaner* und dergleichen sind nicht zu empfehlen. So etwas wie *system.000* oder *temp.001* ist da schon empfehlenswerter und fällt nicht so sehr auf.

Hintertüren für spätere Verwendung

Wenn Sie nun also das System geknackt haben, sollten Sie auch irgendwie sicherstellen, dass Sie auch später, falls es nötig sein sollte, wieder reinkommen.

Auch hierfür gibt es viele Möglichkeiten. Ich werde Ihnen einmal einige aufzählen:

✔ **Trojaner oder Hintertür-Programm**

Bei dieser Methode installieren Sie ein Programm, das Ihnen zukünftig Zugang zu dem System gewährt. Der Nachteil an dieser Methode ist, dass ein Systemadministrator das Programm eventuell entdecken könnte, wenn er sich die laufenden Prozesse anschaut.

Abhilfe bieten würde, dem Programm einen nichts sagenden Namen zu geben, zum Beispiel irgendetwas Kryptisches wie *MrgT.exe* oder in einen Dienst umbenennen, der zwar auf der Maschine nicht läuft, aber durchaus üblich ist, zum Beispiel *autobackup* oder Ähnliches.

✔ **Benutzer anlegen**

Sie könnten einen Benutzer anlegen, dem Sie auch Administrator-Rechte bei der Erstellung erteilen. Diese Variante ist mitunter am sichersten bei Systemen mit vielen Benutzern, da einer mehr oder weniger nicht unbedingt auffällt. Dennoch kann es sein, dass die Zuweisung von Administrator-Rechten zu diesem Benutzer die Aufmerksamkeit des Super-Users erweckt.

✔ **Sicherheitslücke einbauen**

Sie können auch mit Absicht einen Dienst durch einen anderen mit einer bekannten Sicherheitslücke ersetzen. Diese Variante hat jedoch zwei sehr große Nachteile.

1. Auch andere Hacker können diese ausnutzen
2. Wenn der Systemadministrator öfter Updates macht, ist dieser Weg versperrt

Ich würde von dieser Methode wegen der oben genannten Punkte abraten.

- **Das nächste Mal dieselbe Sicherheitslücke ausnutzen**

  Auch dieser Punkt ist davon abhängig, dass die Lücke das nächste Mal noch da ist. Wenn das System öfters gewartet wird (und das werden Systeme von jedem verantwortungsbewussten Administrator, den es allerdings eher selten gibt), wird auch dieser Weg Ihnen vielleicht das nächste Mal versperrt sein.

Wie Sie sehen, gibt es eine Menge Dinge, auf die Sie achten müssen. Machen Sie nicht den Fehler, diesen Bereich zu vernachlässigen. Ihnen nützt es nichts, in jedes System der Welt mit Leichtigkeit reinzukommen: Aus dem Gefängnis, in das man Sie stecken wird, kommen Sie nur schwer wieder raus.

Honeypot: lockt die Bienen an

Sie müssen auch vorsichtig sein, denn viele Unternehmen stellen, um Hacker anzulocken, so genannte Honeypots auf. Sie bauen ein bis zwei Sicherheitslücken in ein System ein und lassen den Hacker glauben, es sei ein normaler Server, um die Vorgehensweise eines Hackers zu studieren. Dies kann auch gemacht werden, wenn das Unternehmen merkt, dass eines seiner Systeme erobert wurde. Dann lassen sie den Hacker glauben, es wurde nicht bemerkt, um in aller Ruhe Beweise sammeln zu können.

Denial of Service, Verweigerung der Dienste

16

In diesem Kapitel

- Was ist ein *Denial of Service*-Angriff?
- Methoden und Verfahren von Denial of Service
- Distributed Denial of Service (DDoS)

Es gibt viele Verfahren und Methoden in der Computersicherheit, bei denen Geschick und Taktik eine herausragende Rolle spielen. Einige andere hingegen sind eher wie virtuelle Schlaghämmer. *Denial of Service*-Angriffe zählen zu dieser Gattung, da sie nur eine Aufgabe haben, das Ziel lahm zu legen.

Was ist Denial of Service?

Übersetzt heißt *Denial of Service* Verweigerung der Dienste. Diese Übersetzung beschreibt diesen Angriff auch am besten, denn Sinn des Ganzen ist es, das Ziel dazu zu bringen, keine Anfragen mehr zu bearbeiten. Das Ziel soll schlicht und ergreifend nicht mehr da sein (zumindest, was das Internet angeht), ähnlich wie bei einer Hochzeit, die dadurch verhindert werden soll, dass die Braut nicht erscheint.

Vielleicht denken Sie bei Dienstverweigerung an die berühmten pazifistischen Wehrdienstverweigerer, die jede Gewalt und deshalb natürlich auch den Dienst an der Waffe ablehnen. Denial-of-Service- (kurz DoS-) Angriffe dagegen sind immer böswillig, außer ein Netzwerkadministrator probiert ihn an seinem eigenen System aus, um zu testen, wie es dabei reagiert. Viele Hackversuche können Sie unter dem Vorwand verteidigen, es ginge darum, Informationen zu finden oder sie fänden aus reiner Neugierde statt. Nicht so bei DoS.

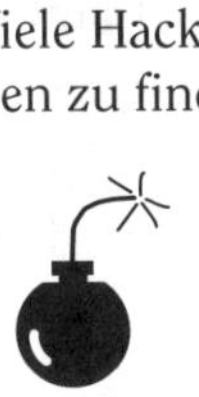

Sie müssen bedenken, dass, wenn so ein Vorgang gezielt vonstatten geht, ein kritisches System wie ein Bank- oder Börsen-Computer für längere Zeit unerreichbar sein kann. Die Folgen können oft Schäden in Millionenhöhe sein.

Wir wollen hier ja keine Horrorszenarien ausmalen, aber stellen sich doch einmal Folgendes vor und Sie werden sehen, dass die Folgen noch viel gravierender sein können: Angenommen solche Attacken würden auf Infrastruktur-Systeme wie Flughäfen- oder Verkehrscomputer gerichtet werden. Das Ausmaß des Chaos wäre unermesslich. Experten sind sich auch einig, dass im Fall eines großen Krieges solche Angriffe auf die Infrastruktur eines Landes mit zur ersten Angriffswelle gehören würden, um Chaos und Demoralisierung zu stiften. Immerhin würden zivile Behörden wie Feuerwehr, Polizei und Ähnliche genug mit der zivilen Bevölkerung und der allgemeinen Situation zu tun haben (stellen Sie sich vor, Strom, Ampeln und das Polizeinotrufsystem würden betroffen sein!). Hätten Sie bei taktischer Kriegsführung auch an Hacken gedacht? Ein erschreckender Gedanke und einer, dem das Militär allzu sehr Aufmerksamkeit schenkt.

Methoden und Verfahren

Nun fragen Sie sich natürlich: Wie funktioniert's? Es gibt eine Vielzahl von Wegen, wie ein solcher Angriff durchgeführt werden kann. Eines haben die meisten allerdings gemeinsam, sie greifen mitten in der TCP/IP-Umsetzung an, also auf sehr niedriger Systemebene. Da TCP/IP auf nahezu allen Systemen beinahe gleich umgesetzt wird, ist daher eine solche Attacke auf mehreren Systemen wirksam, auch wenn das mit ein wenig Tüfteln verbunden ist. Sie können sich das so wie einheitliche Sitzbezüge in Ihrem Auto vorstellen, Sie müssen vielleicht hier und da ein bisschen ziehen, aber im Großen und Ganzen passt es.

Sobald eine neue DoS-Attacke in der Hacker-Szene bekannt wird, die auf einem System entwickelt wurde (beispielsweise Linux), um ein anderes System lahmzulegen (Windows 95 zum Beispiel), dauert es nur wenige Tage, bevor jemand anders es so umgeschrieben hat, dass es auch auf anderen Systemen funktioniert. Dabei spricht man von einer so genannten *Mutation.*

Die schlimmste Gefahr geht jedoch davon aus, dass bekannte Angriffsprogramme sehr schnell so umgeschrieben werden, dass jeder, auch Hacker ohne Programmierkenntnisse, sie verwenden kann. Dadurch wird eine ziemlich machtvolle Waffe in die Hände von Leuten gelegt, die nicht einmal verstehen, was da überhaupt genau vor sich geht. Solche Nuker sind im Internet weit verbreitet und auf nahezu jeder Möchtegern-Hacker-Seite zu haben.

Der Begriff *Mutation* wird in der Computer-Sicherheit dafür verwendet, abgeänderte Angriffs-Verfahren zu beschreiben. Oftmals wird das Original-Programm nur leicht abgeändert. Der Begriff wird auch bei Viren benutzt, wo es einen abgeänderten Virus beschreibt, bei dem nur kleinere Änderungen vorgenommen wurden, um einen anderen Effekt zu erzielen oder um von Antiviren-Programme unaufspürbar zu bleiben.

Sie werden jetzt anhand einer älteren, aber sehr bekannten DoS-Attacke lernen, wie ein DoS-Angriff aufgebaut ist und funktioniert. Unser Beispiel ist bekannt unter dem dramatischen Namen *Ping of Death*, was Ping des Todes heißt.

Der Todes-Ping (oder: zu große Pakete)

Bei einem Standard-Ping werden gewöhnlich 64 Byte geschickt. Das Versenden eines Ping oder ein anderes Paketes über 65.536 Byte schien Probleme für eine Vielzahl von Betriebssystemen und anderen Geräten wie Routern und Ähnliches zu bereiten. TCP/IP unterstützt nämlich nur eine Paketgröße bis 65.007 Bytes. Das ist wie im richtigen Leben: Sie haben im vorweihnachtlichen Stress ein Riesenpaket zur Post geschleppt, nur um zu erfahren, dass es zu groß und zu schwer ist. Was nun tun? Ganz einfach: Sie werden im Postamt oder auch in TCP/IP einfach zwei Pakete daraus machen müssen. Jedes dieser Pakete enthält einen Wert, der dem Zielsystem sagt, in welcher Reihenfolge die Pakete zusammengesetzt werden und welche Transport-Pakete zusammengehören. Genauso (aber ich will unser Weihnachtsbeispiel natürlich nicht überstrapazieren) als wenn Sie Tante Ingeborg sagen, dass sie, um die Weihnachtsüberraschung perfekt zumachen, erst Paket A und dann erst Paket B öffnen soll. Wenn ein System in der Lage ist, übergroße Pakete zu senden, wird die maximale Größe mit dem letzten Paket überschritten und die Zielsysteme sind nicht in der Lage, das Paket sinnvoll zu bearbeiten und stürzen ab.

Die meisten Systeme können solche Paketgrößen nicht einmal schicken, aber es gibt Ausnahmen. Windows 95 und NT zum Beispiel. Bei diesen Systemen wurde das Ping-Programm offensichtlich falsch implementiert, wodurch solche Systeme in der Lage waren, solche eigentlich illegalen Paketgrößen zu senden.

Wenn Sie es sich bildlich vorstellen möchten, denken Sie an einen Kellner. Angenommen, er ist in der Lage, sechs Teller zu tragen, aber ihm werden sieben hingestellt. Keiner hat ihm jemals gesagt, was er in dieser Situation tun sollte, da solch eine Situation nie vorgesehen war. Verwirrt probiert er, alle Teller aufzunehmen, bekommt sie aber nicht alle gleichzeitig mit. Also setzt er sich hin und weiß nicht, was er tun soll.

Der Befehl ist denkbar einfach:

```
C:\ping -l 65510 Zieladresse
```

Das `-l` hinter dem Ping-Befehl wird *Switch* genannt und erweitert den Befehl oder lässt Sie die Standardwerte des Befehls verändern. In diesem Beispiel steht das `-l` für Länge (eigentlich Pufferlänge, also die Bytezahl, aber wir wollen ja nicht kleinlich sein) und setzt den Standardwert von 64 Bytes auf 65.510 Bytes.

Wie gesagt, funktionierte der Befehl nur bei einigen Systemen, vorzugsweise Windows 95 oder NT, konnte aber eine Vielzahl von Systemen lahm legen, auch viele Linux-Systeme. Nach kurzer Zeit kamen auch eine Vielzahl von fertigen Programmen heraus, bei denen angehende Hacker nur noch die Zieladresse eingeben mussten. Die Lösung bestand darin, das System zu patchen. Die Linux-Gemeinde brauchte lediglich vier Stunden, um einen Patch herauszubringen.

Ein *Patch* ist eine Programmkorrektur oder eine Verbesserung eines Programms. Meist enthalten diese nur kleinere Verbesserungen, für die es sich nicht lohnt, extra eine neue Version herauszubringen. Oftmals beseitigen sie Fehler, die vorher unbekannt waren und erst durch die längere oder intensive Anwendung des Programms bekannt wurden. Das Einspielen eines Patches nennt man *patchen*.

Heutzutage sind die meisten Systeme weder in der Lage, solche Pakete zu senden, noch sind sie anfällig für den Angriff, aber es ist ein gutes Beispiel, wie so ein DoS-Angriff funktioniert.

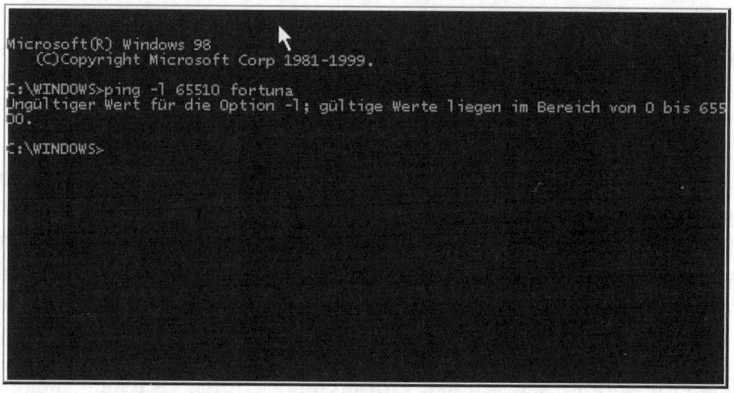

Abbildung 16.1: Wie Sie sehen, funktioniert dieser Befehl heute kaum noch, zum Beispiel bei diesem Windows-98-System. Dort steht: maximale Länge 65.500.

Winnuke

Ich werde Ihnen jetzt noch ein Beispiel erläutern. Es heißt *Winnuke* und war früher sehr verbreitet, da es Windows 95 und NT als Ziel anvisiert und Windows 95 und NT früher die dominantesten Betriebssysteme für Anwender waren.

Im TCP/IP-Protokoll gibt es einen Datentyp der OoB heißt. Das steht für *Out of Band*. Was genau dieser Datentyp bewirkt, ist erst mal nicht so wichtig, Genaueres darüber können Sie in *TCP/IP für Dummies* finden.

Windows 95 und NT kennen diesen Datentyp nicht und können ihn auch nicht verarbeiten. Da für die Datei- und Druckerfreigabe bei Windows-Systemen der Port 139 benutzt wird (siehe Kapitel 4, »Windows, das offene Fenster zur virtuellen Welt«) ist dieser Port auch häufig bei Windows-Systemen offen.

Eine Winnuke-Attacke schickt also eine OoB-Anfrage an den Port 139 eines Windows-System. Da das System mit der Anfrage nicht anzufangen weiß, bekommt der Benutzer einen blauen Bildschirm (wenn Sie Windows-Anwender sind, kennen Sie diesen sicherlich schon) und das System stürzt ab.

Es gab viele kleine Programme, die diese Aufgabe für den Hacker übernahmen. Er musste lediglich nur die Adresse des Ziels eingeben.

Nuke'em ist ein sehr bekanntes Winnuke-Programm. Wie Sie sehen, mussten Sie lediglich nur die Adresse des Zieles eingeben.

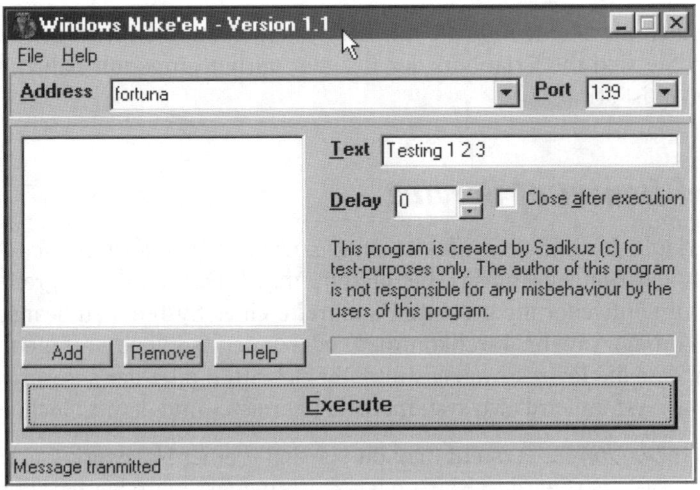

Abbildung 16.2: Nuke'em, ein bekanntes Winnuke-Programm

Das Programm versuchte auch, eine Textnachricht an das Opfer zu schicken was aber nur bei einigen Systemen gelang. Das Programm ist recht einfach zu bedienen:

1. **Bei dem Feld ADRESS müssen Sie die Zieladresse eintragen.**
2. **Bei dem Feld PORT geben Sie den Ziel-Port an.**

   Standardmäßig wird Port 139 angegeben, der auch das wahrscheinlichste Ziel ist.
3. **Unter TEXT können Sie einen Text angeben, der dem Opfer geschickt wird.**

   Diese Funktion halte ich für überflüssig, vor allem weil ich noch nie erlebt habe, dass sie auch funktionierte.
4. **Unter DELAY geben Sie eine Verzögerung des Angriffes in Sekunden ein.**
5. **Links unten sehen Sie einige Knöpfe:**
   - ADD fügt eine Adresse einer Liste anzugreifender Ziele hinzu
   - REMOVE entfernt eine Adresse
6. **Wenn Sie alles ausgefüllt haben, brauchen Sie nur noch auf den EXECUTE-Knopf zu klicken.**

   Der Angriff wird gestartet.

Wenn Sie noch ein altes Windows-95- oder NT-System haben, können Sie es gerne einmal ausprobieren. Bei neueren Systemen ist der Angriff absolut wirkungslos. Microsoft stellte auch kurz nach dem Bekanntwerden dieses Angriffes einen Patch bereit, der das Problem löste.

Wenden Sie solche Angriffe nur bei Systemen an, die Ihnen gehören oder bei denen Sie sich die Erlaubnis der Besitzer vorher eingeholt haben, denn solch ein Angriff ist strafbar.

Distributed Denial of Service

Eine andere Variante des DoS-Angriffes ist der *Distributed-Denial-of-Service*-Angriff (Verteilte-Verweigerung-der-Dienste-Angriff). Bei diesem Angriff benutzt der Angreifer eine Vielzahl von Systemen, um entweder die gesamte Bandbreite eines Systems zu beanspruchen, damit keine gültigen Anfragen mehr durchkommen, oder indem so viele Anfragen an das Ziel geschickt werden, dass die Prozessorauslastung überschritten oder der gesamte Speicher beansprucht wird. Das System wird also systematisch überlastet und damit blockiert.

Unter *Bandbreite* versteht man die Kapazität einer Netzwerk- oder Internetanbindung. Der Wert wird in Kbit/s oder Mbit/s gemessen und entspricht die Anzahl der Daten, die in einer Sekunde durch die Leitung fließen können. Bei 128 Kbit/s können also gleichzeitig 128 Kbit pro Sekunde durch die Leitung transportiert werden.

Dazu wird meist eine Vielzahl von kleinen Systemen übernommen (also gehackt). Auf diesen werden Programme eingerichtet, ohne dass der Besitzer etwas davon merkt, dass er missbraucht wird. Der Hacker bringt sie dazu, dass sie alle gleichzeitig auf ein ausgewähltes Ziel Anfragen senden.

Entweder die gesamte Bandbreite der Internet-Anbindung des Ziels wird beansprucht, wodurch wirkliche Anfragen gar nicht erst zu ihm durchdringen, oder das System wird überlastet, weil es die Anzahl der Anfragen einfach nicht bearbeiten kann, weil ihm die Leistung fehlt. Stellen Sie sich wieder unseren Kellner vor. So viele Gäste schreien nach ihrem Essen und Getränken, dass er gar nicht dazu kommt, alle zu bedienen, und nach kurzer Zeit ist er zu müde, um noch irgendetwas zu tun.

DoS-Angriffe können sehr destruktiv sein. Sogar die Systeme großer Unternehmen wie Microsoft oder die Suchmaschine Yahoo wurden schon durch solche Angriffe außer Gefecht gesetzt.

Wie kann ein Systemadministrator solche Angriffe verhindern?

Es gibt kaum etwas, was ein Systemadministrator tun kann. Das Beste ist, dass er frühzeitig seine System-Software auf den neusten Stand hält. Eine relativ wirksame Methode besteht darin, sobald eine Attacke aufgespürt wird, die Firewall so einzustellen, dass sie Anfragen von der Adresse abweist. Das Problem ist dann, dass die Angreifer schnell die Adresse ändern, oder dass die Regeln der Firewall so restriktiv werden, dass selbst gültige Benutzer ausgeschlossen werden.

Eine ähnliche Überflutungsmethode, und zwar das Verschicken von E-Mail-Bomben, wird im nächsten Kapitel vorgestellt.

Fakemails und Mailbomber

17

In diesem Kapitel

- SMTP und POP
- Fakemails versenden
- Mailbomber
- Den Schaden beheben

Eine der ersten praktischen Anwendungen des Internets war das Versenden von elektronischen Nachrichten, so genannte E-Mails. Auch heute ist es wahrscheinlich immer noch der meistgenutzte Dienst im Internet. Deswegen ist dieses Kommunikationsmittel sehr wichtig für den Hacker. In diesem Kapitel werden Sie sehen, wie Sie E-Mails etwas anders gestalten und benutzen können, als sie es sonst gewohnt sind. Sie werden aber auch erfahren, welchen Schaden Fakemails und Mailbomber bei Ihnen und Ihrem Computer anrichten können.

SMTP

E-Mail funktioniert sehr einfach: Genau wie bei der richtigen Post wird die Nachricht in einen Briefkasten eingeworfen. Dies ist im Falle des Internets der Postkasten (Mailbox) des E-Mail-Servers, der für Ihre Adresse zuständig ist. Von da aus wird die Mail abgeholt und weiterverarbeitet. Das virtuelle Postamt überprüft, an wen die E-Mail adressiert ist und leitet sie an das nächste, für den Empfänger zuständige Postamt weiter (also an den E-Mail-Server, der für die Domäne des Empfängers zuständig ist). Dieses virtuelle Postamt überprüft die Adresse dann genauer, an welches Haus die Nachricht gesendet werden muss (also an welchen Computer) und schickt es an den richtigen Adressaten.

Der am weitesten verbreitete SMTP-Server-Daemon, den es gibt, ist wohl *Sendmail*, das auf Linux und Unix läuft.

Ein *SMTP-Server-Daemon* wird auch MTA genannt, was für *Mail Transport Agent* (*Post-Transport-Agent*) steht.

Damit das alles gut funktioniert, gibt es *Protokolle*. Die legen fest, wie E-Mails zu bearbeiten sind und wie sie versendet werden müssen. Das Protokoll, das hierfür angewandt wird, heißt SMTP (Small Mail Transport Protocol) und war eines der ersten TCP/IP-Protokolle.

Im Prinzip agiert SMTP also als Versender und Empfänger von E-Mails, vorausgesetzt, ein Benutzer bestimmt, für wen die Nachricht ist und wohin sie gehen soll. Dieses Protokoll tut nicht mehr und auch nicht weniger als genau das. Ein Benutzer muss jedoch die Syntax des Protokolls verstehen, um es benutzen zu können. Zumindest sollte er ein Programm benutzen, das die Syntax kennt. Meistens werden Sie einfach Ihren E-Mail-Client (zum Beispiel Outlook Express oder Netscape Messenger) dazu verwenden.

Schwächen des Protokolls

Die Schwächen des Protokolls bestehen darin, dass es nicht sonderlich wählerisch ist in Bezug auf den Absender der E-Mails. Es überprüft nicht einmal, ob der Absender auch tatsächlich derjenige ist, für den er sich ausgibt. Das ist natürlich ein absoluter Vorteil für Hacker, die oftmals gar nicht möchten, dass andere Benutzer hinter ihre wahre Identität kommen. Wie wird das gemacht? Das werden Sie jetzt sehen. Es ist einfacher, als Sie denken.

Heutzutage sind sehr viele E-Mail-Server gegen anonyme Verwendung geschützt, aber weil Sendmail so kompliziert einzurichten ist, gibt es genügend fehlerhaft konfigurierte Server, die Sie noch benutzen können. Probieren geht über studieren.

Fakemails versenden

Wie oben erwähnt, braucht ein Benutzer irgendein Programm, um dem SMTP-Daemon die SMTP-Befehle zu erteilen. Die meisten Menschen benutzen einen E-Mail-Client, Hacker benutzen oft Telnet. Der SMTP-Daemon liegt standardmäßig auf Port 25 des Systems, also reicht es, wenn Sie sich per Telnet auf Port 25 verbinden (wenn Sie nicht wissen, wie das geht, können Sie das in Kapitel 12 erfahren).

```
220 mail.euroclan.de ESMTP Sendmail 8.10.2/8.10.2/SuSE Linux 8.10.0-0.3;
Thu, 22 Nov 2001 11:38:44 +0100
```

Wie Sie sehen, meldet sich Sendmail gleich zu Wort. Als Erstes der Hostname `mail.euroclan.de`. Dahinter steht der Begriff `ESMTP`. Er beschreibt das Protokoll. ESMTP steht für Extended Small Mail Protocol, ist also erweitert. Danach eröffnet das Protokoll Ihnen noch freundlicherweise, welcher SMTP-Daemon benutzt wird. Sogar die Versionsnummer, nämlich `Sendmail 8.10.2/8.20.2/`, und sogar das Betriebssystem, `SuSE Linux 8.10.0-0.3`, werden Ihnen übermittelt. Zu guter Letzt gibt es auch noch das Datum und die Uhrzeit auf dem Server aus.

Schon nach diesem Verbindungsaufbau wissen Sie den Namen und die Version des SMTP-Daemon. Mit diesen Informationen können Sie auch nach einem Exploit für den SMTP-Daemon suchen. Näheres dazu finden Sie in Kapitel 18.

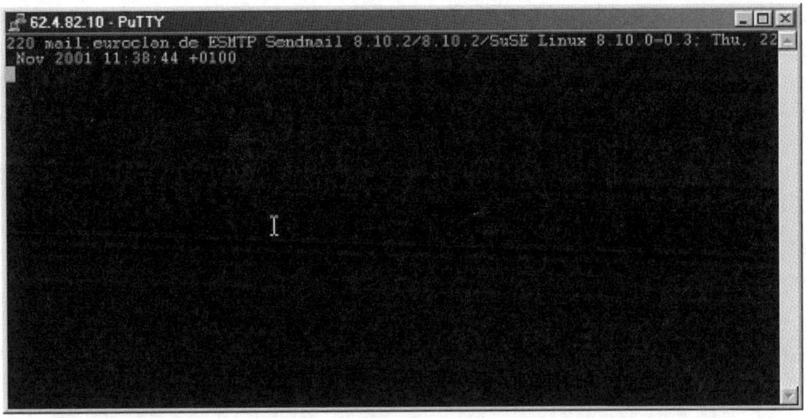

Abbildung 17.1: Eine Telnet-Verbindung am SMTP-Port 25

Wenn Sie Ihre eigenen Angaben nicht sehen können, stellen Sie das Lokale Echo wie in Kapitel 12 an Ihrem Telnet-Client an.

Auf jeden Fall haben Sie jetzt eine Verbindung und können anfangen, Befehle einzugeben. Sie werden jetzt sehen, dass der Befehlsablauf bei SMTP sehr simpel ist.

Nachdem Sendmail Sie so freundlich und offenherzig begrüßt hat, geben Sie folgenden Befehl ein:

```
HELO wunschname.wunschdomain.de
```

(`Helo` ist kein Tippfehler, die Syntax des Programms verlangt es so!)

Daraufhin wird Sendmail mit

```
250 mail.euroclan.de Hello wunschname.wunschdomain.de pleased to meet you
```

antworten. Hiermit sagen Sie Sendmail »Hallo, ich möchte mit dir kommunizieren«. Wunschname und Wunschdomain können Sie sich aussuchen, da Sendmail dies nicht überprüft. Im schlimmsten Fall wird Ihre IP-Adresse angezeigt, was Sie aber auch nicht weiter stören soll. Nun steht Ihnen die Welt der Mail-Server offen und Sie können sich zu den höchsten Höhen aufschwingen! Werden Sie Teil des Establishments und geben Sie deswegen als Nächstes dann Folgendes ein:

```
MAIL From:bgates@microsoft.com
```

Die Antwort wird Sie etwas erstaunen.

Endlich, endlich erkennt jemand Ihre wahre Natur! Hier sagen Sie Sendmail, wer als Absender in der E-Mail stehen soll. Wie Sie sehen, sagt Sendmail, dass der Absender in Ordnung ist (was keine Bewertung von Microsoft-Produkten sein soll!). Wie gesagt, SMTP überprüft so etwas nicht, es transportiert die E-Mail nur zu dem Empfänger, den Sie bestimmen. Womit wir beim nächsten Punkt angekommen sind. Wer ist wohl einer E-Mail von `bgates` würdig? Geben Sie jetzt Folgendes ein:

```
RCPT To:gbush@whitehouse.gov
```

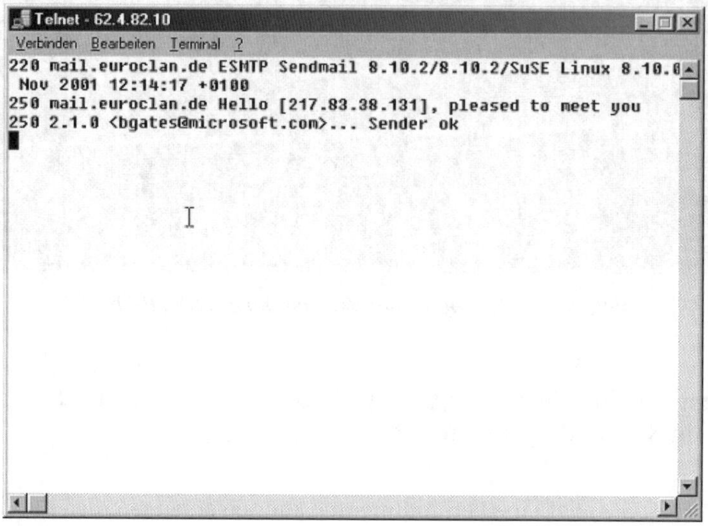

Abbildung 17.2: Sendmail nimmt die Absender-Adresse an.

Hier wird der Empfänger der Nachricht angegeben (*RCPT* steht für Recipient, englisch für Empfänger). Die Meldung, die Sendmail dann herausgibt, ist:

```
250 <gbush@whitehouse.gov>... Recipient ok
```

Also ist der Empfänger auch in Ordnung. God bless America!

Die nächste Eingabe, die Sie machen müssen, ist:

```
DATA
```

Woraufhin Sendmail Ihnen wie folgt antworten müsste:

```
354 Enter mail, end with „." on a line by itself
```

Das bedeutet, dass Sie Ihre Nachricht eingeben können. Schreiben Sie einfach drauf los. Was immer auch `bgates` schon immer mal `gbush` sagen wollte ... Um Sendmail zu zeigen, dass Sie fertig sind, starten Sie eine neue Zeile und geben dort nur einen Punkt (.) ein. Dann drücken Sie [↵]. Daraufhin sollte Sendmail wie folgt antworten:

```
250 Mail accepted
```

Damit sagt Sendmail Ihnen, dass Ihre Nachricht angenommen wurde. Dann geben Sie

```
Send
```

ein, weil Sie Ihre Nachricht beendet haben und sie nun absenden möchten. Die Antwort, die jetzt erfolgen sollte, ist:

```
221 domain.de delivering mail
```

Herzlichen Glückwunsch! Ihre erste gefälschte E-Mail ist fertig und versandt. Ist diese E-Mail aber wirklich 100 % anonym? Nein, das ist sie nicht, denn letztendlich wird dennoch Ihre IP-Adresse mit gesendet. Aber im ersten Moment werden die wenigsten Empfänger darauf achten, wenn die Nachricht oder der Absender nicht zu unglaublich erscheinen. Abgesehen davon: Wenn Sie Kapitel 8, »Anonymität bewahren«, sorgfältig gelesen haben, dürfte Ihre IP-Adresse sowieso nicht Ihre eigene sein.

Wie Sie allerdings gesehen haben, ist das Prinzip sehr einfach. Genau das, was Sie soeben manuell gemacht haben, erledigt sonst Ihr E-Mail-Client. Gar nicht so kompliziert, wie sich das einige Menschen vorstellen, oder?

Es gibt auch weitere SMTP-Befehle, die Sie anwenden können. Sie brauchen sich nur einmal ein Buch über SMTP zu kaufen oder einfach einmal mit `www.google.de` im Internet suchen.

Genau wie Trojaner und Nuker werden solche Tools in der Hacker-Szene nicht gerne gesehen. Wieder einmal werden sie nur von Skriptkiddies benutzt und haben eigentlich nur einen destruktiven Wert. Cracker mögen solche Vorgehensweisen bevorzugen, Hacker jedoch nicht. Sie dienen eigentlich nicht einmal einem Lernzweck.

Relaying denied

An diesem Punkt merken Sie, ob sich Ihr ausgewählter Server eignet oder nicht, denn wenn er so eingerichtet ist, dass nicht jeder ihn benutzen kann, kommt hier die Meldung:

```
550 5.7.1  gbush@whitehouse.gov... Relaying denied. IP name lookup
failed [Ihre IP-Adresse]
```

Die häufigste Absicherung gegen Missbrauch ist die Kontrolle über die IP-Adresse oder der zugehörigen Domain des Benutzers. Dann bleibt Ihnen nichts anderes übrig, als erneut zu suchen. Ein kleiner Tipp am Rande, große E-Mail-Anbieter, Universitäten und andere Institutionen mit vielen Benutzern eignen sich am besten, da diese ihre Regeln relativ locker gestalten müssen, damit ihre eigenen Benutzer nicht ausgesperrt werden.

Mailbomber: Den Briefkasten überfluten

Was ist ein Mailbomber? Es hört sich sehr bedrohlich an, nicht? Das kann es auch in der Tat sein, denn Mailbomber werden dazu verwendet, die gesamten Mailboxen eines bestimmten Ziels mit unnützen, unzähligen E-Mails zu überfluten.

Die Motive von Mailbombern sind äußerst zweifelhaft. Warum würde jemand so etwas tun? Aus Rache vielleicht oder um jemanden zu ärgern. Vielleicht auch ganz einfach, um das Opfer daran zu hindern, vernünftig zu arbeiten oder E-Mails zu empfangen. Meistens spielen solche privaten Motive eher eine Rolle als etwa kommerzielle.

Diese Mailbomber-Programme sind dabei äußerst ärgerlich und können ernsthaft Schaden anrichten, denn das Opfer hat nicht allzu viele Möglichkeiten, seine Daten zu retten. Wer davon schon einmal betroffen war, wird mir zustimmen. Ich werde Ihnen deswegen nicht erklären, wie so ein Programm zu bedienen ist, sondern Ihnen lieber erzählen, warum diese Programme so gefährlich sind.

Die Anwendung kann auch in eine Art von DoS-Angriff ausarten (Kapitel 16), denn viele E-Mail-Anbieter stellen dem Benutzer nur einen gewissen Speicherplatz zur Verfügung. Wenn dieser voll ist, werden andere E-Mails, die an den Adressaten gerichtet sind, nicht angenommen. Dadurch können wichtige E-Mails nicht ankommen.

Früher einmal war auch der Kostenfaktor ein wichtiger Aspekt. Um an seine E-Mails heranzukommen, musste das Opfer alle E-Mails herunterladen, auch die unzähligen, die von dem Mailbomber geschickt worden waren. Wenn die Datenmenge sich auf mehrere Megabyte belief und das Opfer nur ein langsames Modem hatte (was früher häufiger war), konnte dieser Vorgang sich beträchtlich in die Länge ziehen. Höhere Online-Kosten waren die Folge. Heutzutage, im Zeitalter von DSL, ISDN und Flatrates ist dieser Aspekt nicht mehr ganz so ärgerlich.

Ein anderer, sehr dunkler Anwendungsbereich ist die persönliche Belästigung via Mailbombing. Genau wie obszöne, anonyme Anrufe kann solch ein Tool dazu benutzt werden, jemandem das Leben zur Hölle zu machen. Ständig obszöne E-Mails zu erhalten, kann so manchem Menschen sehr zusetzen. Gott sei Dank sind solche psychopathologischen Fälle eher selten.

SMS-Bomber

Da Handys und besonders SMS sehr beliebt sind, gibt es eine neue Entwicklung im Mailbomber-Bereich: SMS-Bomber. Ähnlich wie Mailbomber verschicken diese Programme unzählige SMS-Nachrichten an das Opfer. Auch diese Programme sind sehr destruktiv, da die meisten Mobiltelefone nur wenig Speicher für das Speichern solcher Nachrichten haben. Durch das ständige Empfangen von Mitteilungen wird das Gerät nahezu unbrauchbar.

Den Schaden beheben

Was können Sie tun, wenn Sie Opfer einer Mailbomber-Attacke wurden?

Zuerst einmal müssen Sie die E-Mails loswerden, damit Ihre E-Mail-Adresse wieder normal einsetzbar ist. Entweder Sie laden alle Nachrichten herunter (was unter Umständen länger dauern kann, aber die Lösung ist, wenn Sie auch wichtige E-Mails in Ihrer Mailbox vermuten) oder Sie löschen alle Mails in Ihrer Mailbox.

»Das geht?«, fragen Sie sich jetzt vielleicht. Klar geht das! Wir benutzen dafür Harry Potters Zauberfinger! Ja, wieder einmal kommt unser Lieblingsprogramm Telnet zum Einsatz.

Wieder einmal gibt es noch mehr Befehle, die Sie dort ausführen können. Suchen Sie mit `www.google.de` einfach nach den Stichwörtern »POP« und »Befehle».

1. Loggen Sie sich per Telnet an den Port 110 bei Ihrem E-Mail-Server einloggen.
2. Bei der Verbindung geben Sie dann

   ```
   User Ihrbenutzername
   ```

   ein, danach wird Ihnen gesagt, dass Sie ein Passwort für diesen Benutzernamen brauchen.
3. Geben Sie

   ```
   Pass ihrpasswort
   ```

   ein. Nun wird Ihnen gezeigt, wie viele Nachrichten in Ihrer Mailbox sind.
4. Um sie zu löschen, geben Sie

   ```
   Dele 1
   Dele 2
   Dele 3
   ```

   und so weiter ein, bis alle gelöscht sind.

Sie werden sehen, wie schnell Sie dadurch Muskeln am Unterarm entwickeln! Zum Schluss sehen Sie dann aus wie Popeye, der Seemann. Diese Prozedur dauert zwar, aber so können Sie wenigstens Ihr Postfach wieder benutzen. Wenn Sie öfter von solchen Angriffen geplagt werden, sollten Sie Ihren Provider ansprechen, damit er die zuständige IP-Adresse sperrt. Wenn nichts anderes geht, ändern Sie Ihre E-Mail-Adresse.

Aus Versehen gesperrt

Es gibt so genannte *Blacklists*, auf denen IP-Adressen von Firmen eingetragen werden, die wegen Spam-Mail unangenehm aufgefallen sind. Viele Firmen merken erst, dass sie auf einer dieser Listen stehen, wenn E-Mails zurückkommen, weil ihre IP-Adresse gesperrt wurde. Oft wissen die Zuständigen nicht einmal, dass ihr E-Mail-Server so missbraucht wird, weil sie ihn nicht richtig konfiguriert haben oder ihn nicht anständig verwalten können. Ein Nachteil dieser Blacklists ist, dass dort IP-Adressen von Servern gefunden werden können, die es ermöglichen, Spam und gefälschte Mails zu verschicken.

Spam-Mail ist ungewollte Mail, meistens Werbe-E-Mails.

Teil V

Fortgeschrittenes Hacken

In diesem Teil ...

In diesem Teil werden Sie einige fortgeschrittene Methoden kennen lernen. Damit Sie gleich gewarnt sind, diese Verfahren haben es in sich, sowohl von der Wirkung wie auch von der Komplexität, aber das macht Ihnen sicherlich nichts aus, Sie sind ja hart im Nehmen und haben es bis hierhin geschafft.

Lassen Sie sich ruhig Zeit in diesem Teil und lesen Sie in Ruhe. Wenn Ihnen der Kopf qualmt, legen Sie eine kleine Pause ein und entspannen Sie sich, wir möchten Sie ja nicht unter Druck setzen.

…em

18

…it für Fehler. Gerade in der Program-
…underttausende Zeilen Code gehen,
k… …usnutzen kann.

…

…thode, einen Fehler oder eine Fehl-

Ange… …niert, zum Beispiel so, dass das Pro-
gram… …rüft, ob der Benutzer auch wirklich ein Passwort eingibt, sondern alles durchgehen lässt. Führen wir zusammen das Szenario einfach weiter. Nicht nur, dass das Programm nicht überprüft, es führt auch alles aus, was man eingibt. Wenn Sie beispielsweise ein Passwort eingeben sollen, schreiben aber

```
notepad.exe
```

dann führt das Programm diesen Befehl aus. Das wäre sicherheitstechnisch natürlich ziemlich übel, denn Sie könnten dann auch noch beispielsweise Dateien mit Notepad auf dem Zielsystem öffnen, Passwortdateien, Schriftstücke usw. Nicht nur das, Sie könnten auch ganz andere Programme ausführen, zum Beispiel sich eine Kommandozeile aufrufen und dem Computer Befehle geben.

Dieses Beispiel würde natürlich gar nicht funktionieren, denn wenn Sie bei einem Windows-System ein Programm über das Netzwerk starten, wird es in Ihrem Speicher ausgeführt. Anders aber bei Mehrbenutzersystemen, zum Beispiel Linux. Es war ja nur ein Beispiel.

Natürlich programmiert kein wirklicher Mensch so schlecht (na ja, zumindest nicht viele), aber es können sich andere Fehler ähnlicher Natur in Programme einschleichen, die allerdings dann meist etwas schwieriger zu finden und häufig auch nicht ganz so folgenschwer sind.

Ein Exploit kann vieles sein

Erinnern Sie sich noch an das Beispiel mit dem ConCon-Bug aus Kapitel 4, »Windows, Fenster ohne Riegel«? Der ConCon-Bug ist sowohl ein Windows-Exploit als auch ein Denial-of-Service-Angriff. Exploit bezieht sich auf die Tatsache, dass es sich um eine Schwäche in der Programmierung oder des Systems handelt, Denial of Service beschreibt die Auswirkung.

Sie müssen bedenken, dass einige Programme mehrere Megabyte groß sind. Nehmen Sie einmal an, dass ein Programm 2 Megabyte groß ist. Lassen Sie uns das einmal durchrechnen:

1 Megabyte sind 1.024 Kilobyte, also

2 mal 1.024 ist gleich 2.048 Kilobyte.

1 Kilobyte sind 1.024 Byte, also

2.048 mal 1.024 ist gleich 2.097.152 Byte.

Ein Byte stellt ein geschriebenes Zeichen dar. Wenn Sie einen Text mit 2.097.152 Buchstaben schrieben, wie viele Fehler würden Sie machen? Wahrscheinlich einige und wenn nur aus Flüchtigkeit. Wenn Sie sich jetzt vorstellen, dass einige Programme mehrere hundert Megabyte umfassen, können Sie sich ausmalen, wie viele kleine Fehler sich einschleichen können.

Einige Fehler wirken sich dann so aus, dass einige Befehle ausgeführt werden können, die normalerweise nicht beabsichtigt waren, oder dass durch einen Fehler in einer bestimmten Situation auf einmal eine leere Eingabe als Passwort-Abfrage reicht.

Kein Passwort ist manchmal auch ein Passwort

Einer der berühmtesten Exploits war ein Fehler in dem VAX/VMS-System. Die KGB-Hacker (siehe Kapitel 2, Geschichte und Werdegang des Hackens) nutzten diesen Fehler aus, um in viele Systeme einzubrechen. Der Fehler bestand darin, dass, wenn der Hacker einen falschen Benutzernamen und ein falsches Passwort eingab, ihm das gesagt wurde: »Ihr Benutzername und Ihr Passwort sind nicht korrekt«. Wenn der Hacker dann einfach die Meldung bestätigte, kam er trotzdem in das System hinein. Offensichtlich merkte das System, dass die Passwörter falsch waren, tat jedoch nichts dagegen.

Wenn Sie ein Netzwerk oder ein Computersystem administrieren, sollten Sie versuchen, immer auf dem neuesten Stand zu bleiben. Das heißt, Sie müssen die einschlägigen Webseiten und Zeitschriften lesen und beobachten, um sicherzugehen, dass Ihr System nicht gerade anfällig für ein Exploit geworden ist. Ansonsten wird Ihr System nicht lange im Netz verweilen.

Sobald ein Exploit für ein bestimmtes Betriebssystem oder ein Programm bekannt wird, dauert es nicht lange, bevor es seine Kreise in der Hacker-Szene und der Sicherheits-Gemeinde macht. Ab dem Zeitpunkt besteht ein Wettrennen zwischen Crackern und Systemadministratoren. Die Cracker versuchen schnellstmöglich, Systeme zu finden, die noch nicht gegen den Fehler gesichert wurden, und die Systemadministratoren versuchen immer auf dem neuesten Stand zu sein mit dem Ausbügeln von Fehlern.

Ironischerweise kommen die meisten Exploits von Systemadministratoren und Sicherheits-Experten selber. Viele Exploit-Programme sind so aufgebaut und erklärt, dass selbst jemand mit nur wenig Programmierkenntnissen sie entsprechend umschreiben oder einsetzen kann.

Streit in der Sicherheitsgemeinde

Diese Vorgehensweise, neue bekannte Exploits zu veröffentlichen, wird *Open Disclosure* genannt. Gegner davon (Microsoft ist ein sehr starker Gegner dieser Vorgehensweise) behaupten, so werden den Crackern Waffen geliefert, so dass sich das Sichern von Systemen noch schwieriger gestaltet. Befürworter dagegen sind der Meinung, dass es besser ist, der Welt zu sagen, dass es diesen Fehler gibt, damit sie rechtzeitig beseitigt werden können, als dass ein Cracker den Fehler findet und ihn lange Zeit erfolgreich einsetzt, weil keiner versteht, wie es gemacht wurde.

Wie werden Exploits herausgefunden?

Das Finden von Exploits ist heutzutage beinahe zu einer Kunst geworden. Der Hauptumschlagplatz ist die Mailingliste BugTraq. Sie können sich als Empfänger und Teilnehmer auf der Webseite `www.securityfocus.com` eintragen lassen. Es gibt mehrere Listen zur Auswahl, spezifisch nach Betriebssystemen geordnet oder auch nach Teilbereichen. Die Liste Incidents (Ereignisse oder Vorkommnisse) beispielsweise befasst sich mit aktuellen Angriffen.

Wenn Sie die BugTraq-Mailingliste empfangen, rechnen Sie mit einer Menge E-Mails. Seien Sie auch gewarnt, die Sprache der Wahl ist Englisch und die Themen sind teils sehr technisch.

Viele Leute sind stolz darauf, einen Exploit bei BugTraq veröffentlichen zu dürfen, da es einiges an Ansehen mit sich bringt. Die Exploits werden dort dann auch von vielen Mitgliedern besprochen und oftmals auch Lösungen zu den Problemen eingeschickt.

Die Suche nach Exploits kann sehr unterschiedliche Verfahren beinhalten. Oft werden sie durch Zufall gefunden, dadurch, dass ein Benutzer sich vertippt hat oder etwas versuchte, was eigentlich gar nicht vorgesehen war. Auf einmal schmeißt das System dann eine unerwartete Meldung zurück oder reagiert ganz anders als vorgesehen. Beispielsweise kam es schon vor, dass jemand sich per Telnet mit einem FTP-Server verbunden hat und Systembefehle eingab und das System führte diese dann auch aus.

Eine andere Methode besteht darin, den Quelltext systematisch nach Fehlern zu durchsuchen. Diese Methode ist oftmals nur sehr talentierten Programmierern vorbehalten, da sehr viele Programme sehr kompliziert sind und der Suchende sich sehr gut mit der Programmiersprache auskennen muss, um überhaupt erst Fehler ausfindig zu machen. Selbst wenn er dann einen Fehler gefunden hat, muss er auswerten können, ob ein Angreifer damit Schaden oder Rechte an sich reißen kann, und als wenn das alles nicht genug wäre, muss er sich überlegen, wie ein Programm auszusehen hat, dass diesen Fehler ausnutzt.

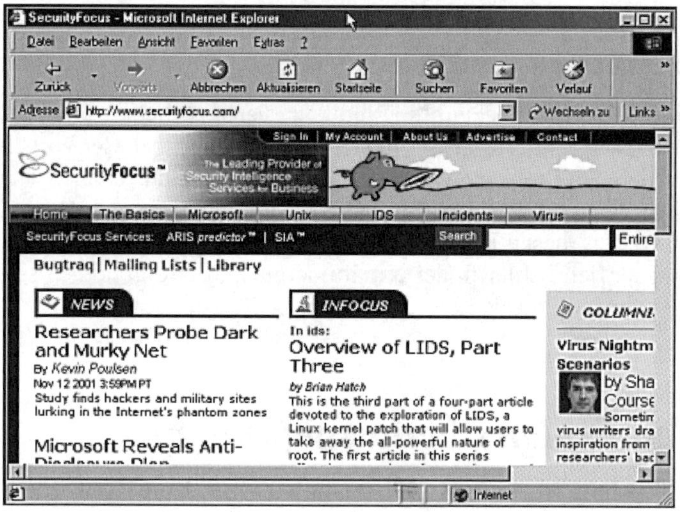

Abbildung 18.1: `Securityfocus.com`, die erfolgreichste Sicherheitsseite im WWW und Heim der BugTraq-Mailingliste

Die Methode, den Quelltext eines Programms nach möglichen Exploits zu durchsuchen, geht leider auch nur, wenn Sie den Quellcode in die Hände kriegen. Bei Windows-Produkten oftmals unmöglich, bei Linux aber sehr wahrscheinlich. Das ist aber weiterhin auch nicht schlimm, denn die meisten Internet-Server laufen auf Linux-Basis, wodurch sich die Suche oft lohnt.

Wenn Sie einen Exploit als Quelltext haben, müssen Sie auf eine ganze Reihe wichtiger Punkte achten. Teile davon müssen Sie selber abändern, oftmals kann das die IP-Adresse und der anzugreifende Port des Ziels sein. Müssen Sie das Programm kompilieren und wenn ja, auf welchem Betriebssystem?

Viele Exploits, die Sie finden werden, sind nicht einmal als Programm erhältlich, sondern selber als Quelltext. Oftmals müssen sie entsprechend abgeändert werden, um auf einem bestimmten System angewandt zu werden und dann auch noch kompiliert werden, damit Sie das Programm auch ausführen können.

Kompilieren heißt, das Sie das Programm erst einmal ausführbar machen müssen. Quelltext wird in einer Programmiersprache geschrieben. Ein Computer versteht die meist nicht und so muss der Quelltext mit einem Compiler in Maschinensprache übersetzt werden, damit der Computer auch versteht, was er tun soll.

Ein weiterer Punkt ist, dass Exploits oftmals sehr programmspezifisch sind. Sie müssen also nicht nur wissen, welchen Dienst oder welches Programm Sie angreifen möchten, sondern meistens auch die Versionsnummer des Programms. Manchmal funktionieren sie auch nur bei einer Kombination von Programmen, beispielsweise einem bestimmten FTP-Server wie ProFTP Version 1.2.2c mit LDAP Unterstützung.

Es ist wichtig, auf welchem Betriebssystem und für welchen Compiler ein Exploit geschrieben wurde. Wenn ein Exploit beispielsweise auf einem Linux-System geschrieben wurde und zwar für die Verwendung mit dem gcc-Compiler, können Sie ihn wahrscheinlich nicht auf einem Windows-Computer benutzen. Manchmal erscheinen auch Versionen, die auf anderen Systemen laufen, das passiert aber eher weniger.

Wie Sie sehen, sind Exploits eine Wissenschaft für sich und nicht gerade etwas für den Einsteiger, aber wenn Sie sich länger mit dem Thema befassen, gewöhnen Sie sich schnell daran. Kopf hoch, aller Anfang ist schwer.

Der Aufbau eines Exploits

Nun wollen wir doch mal konkret zur Tat schreiten und einen Bericht über einen Exploit analysieren, so dass Sie dann den Exploit verstehen können. Unser Beispiel ist typisch für eine BugTraq-Sicherheitsmeldung.

Showcode.asp-Exploit bei Microsoft IIS

Der folgende Exploit wurde von der L0pht-Sicherheitsgruppe bekannt gegeben, eine Hackergruppe, die sich auf Windows-Sicherheitslücken spezialisiert hat.

Beschreibung

Die L0pht-Gruppe ist eine sehr bekannte und erfolgreiche Sicherheitsgruppe mit Spezialisierung auf Microsoft-Systeme. Ihre Anleitungen, um MS-Server zu hacken, sind mitunter die besten, die auf dem Markt erhältlich sind. Sie finden die Webseite dieser Gruppe unter `www.l0pht.com`.

Der Microsoft Internet Informations Server (IIS) 4.0 wird mit einigen Skripts ausgeliefert, die es Programm-Entwicklern ermöglichen soll, einiges über ASP-Programmierung zu lernen. Eins dieser Skripts, `showcode.asp`, wurde entwickelt, um ASP-Quellcode mit einem Browser anzuzeigen. Durch mangelnde Sicherheitsüberprüfung ermöglicht dieses Skript einem Angreifer, jede beliebige Textdatei auf dem Zielsystem mit einem Webbrowser auszulesen, auch Dateien, die außerhalb des Wurzelverzeichnisses des Webservers liegen.

Viele E-Commerce-Server speichern sensible Daten wie Kundenadressen und Kreditkarten-Details in Textdateien auf dem Server, ein wahrscheinlicher Anwendungsgrund für diesen Exploit.

IIS, ASP & Co.

So, diese Überschrift hört sich schon verwirrend an, oder? Keine Sorge, ein paar Hintergrundinformationen für Sie:

IIS ist der Standard-Internet Server, der mit Windows 2000 und NT ausgeliefert wird. Er beinhaltet solche Dienste wie einen Webserver, FTP-Server und E-Mail-Server. Der Fehler, den ich hier beschreibe, bezieht sich auf Version 4.0.

ASP ist eine Skriptsprache, die von Microsoft entwickelt wurde, damit IIS-Benutzer aktive Webseiten anbieten können, wie zum Beispiel Diskussionsforen und Gästebücher.

Das gängige Gegenstück zu ASP ist PHP oder Perl. Diese beiden Sprachen haben sich über Jahre hinweg im Webmarkt sehr gut etablieren und durchsetzen können. Warum Microsoft wieder einmal etwas herausbringen musste, das nicht einmal besser ist als der De-facto-Standard, ist ein weiteres Rätsel für die Hacker- und Linux-Gemeinde, aber solange diese Skriptsprache so fehlerbehaftet ist, beschwert sich keiner.

Das Skript `showcode.asp` wurde etwas schlampig programmiert, so dass es nicht richtig überprüft, was der Benutzer eingibt. Dadurch kann sich ein Angreifer, wenn er weiß wie, sämtliche Textdateien auf dem Ziel-System anzeigen lassen. Für gewöhnlich kann ein Skript oder ein Programm, das auf einem Webserver läuft, nicht außerhalb seines Wurzelverzeichnisses zugreifen, durch diesen Fehler aber schon.

Ein Wurzelverzeichnis ist ein Verzeichnis, das einem bestimmten Programm zugewiesen wird. Das Programm bezieht all seine Daten aus diesem Verzeichnis und müsste eigentlich gar nicht wahrnehmen können, dass noch andere Verzeichnisse auf dem System existieren.

Dadurch kann ein Angreifer sich also alle möglichen Textdateien anschauen, wenn er den Pfad zu ihnen erraten kann. Gerade bei Systemen, die sensible Daten enthalten, kann das sehr gefährlich sein.

So, das hört sich schon etwas besser an, oder meinen Sie nicht? Also, weiter geht's.

Details

Das Skript SHOWCODE.ASP ist standardmäßig in dem Pfad `http://www.zieldomäne.de/msadc/Samples/SELECTOR/showcode.asp` installiert. Hinter dieser Adresse kann ein Benutzer, mit einem Fragezeichen, dem Wort Source und einem Gleichheitszeichen getrennt, den Pfad der Datei angeben, die er betrachten möchte. Also

```
http://www.zieldomäne.de/msadc/Samples/SELECTOR/showcode.asp?
source=/msadc/Samples/SELECTOR/showcode.asp
```

Die Leute, die Exploits veröffentlichen, gehen davon aus, dass die Leser Ahnung von der Materie haben. Wenn Sie einen Exploit nicht verstehen, müssen Sie sich mit dem Betriebssystem oder dem Programm befassen, um das es sich handelt. Das ist eine Tatsache, die man leider nicht ändern kann.

Die einzige Sicherheitsüberprüfung, die der Programmierer eingebaut hat, ist, dass nur Dateien innerhalb des `/msadc`-Verzeichnisses angezeigt werden können. Allerdings überprüft das Skript nicht, ob `/../` eingegeben wird, wodurch ein Angreifer sich durch die Verzeichnisse zurückarbeiten kann. Um die boot.ini anzuzeigen, die sich in dem Wurzel-Verzeichnis des Windows-Servers befindet, gibt man beispielsweise ein:

```
http://www.zieldomäne.de/msadc/Samples/SELECTOR/showcode.asp?
source=/msadc/Samples/../../../../../boot.ini
```

Schon wieder verwirrt? Auch diesmal kein Problem.

Das fehlerhafte Skript befindet sich in dem Pfad

```
http://www.zieldomäne.de/msadc/Samples/SELECTOR/showcode.asp
```

also müssen Sie bei dem Zielsystem diesen Pfad aufrufen, um das Skript benutzen zu können.

Um sich auf einem Server die Verzeichnisse zurückzuarbeiten, wird die Syntax ../ benutzt. Angenommen, der Pfad, in dem Sie sich befinden, ist

```
http://www.zieldomäne.de/test/ihrtest
```

Dann würden Sie `../` eingeben und dann wären Sie in dem Pfad `http://www.zieldomäne.de/test/`.

Probieren Sie etwas herum, wenn Sie solche Angaben machen, oftmals passiert es, dass man sich verrechnet, was die Verzeichnisse zurück angeht, und manchmal ist das Wurzelverzeichnis an einem anderen Ort als `c:\inetpub\www`.

Um das Skript sinnvoll nutzen zu können, müssen Sie nun noch den Pfad der Datei angeben, die Sie anschauen möchten. Das müssen Sie natürlich so schreiben, dass das Skript Sie auch versteht und weiß, was Sie sehen möchten. Dazu müssen Sie den Pfad der Adresse angeben, also

```
http://www.zieldomäne.de/msadc/Samples/SELECTOR/showcode.asp
```

und zusätzlich `?=pfadzurdatei`. In dem obigen Beispiel also

```
http://www.zieldomäne.de/msadc/Samples/SELECTOR/showcode.asp?
source=/msadc/Samples/../../../../../boot.ini
```

Übersetzt heißt das, dass Sie in

```
http://www.zieldomäne.de/msadc/Samples/SELECTOR/
```

anfangen. Durch das erste `../` landen Sie in

```
http://www.zieldomäne.de/msadc/Samples/
```

Durch das zweite `../` in

```
http://www.zieldomäne.de/msdac/
```

Durch das dritte `../` sind Sie bei

```
http://www.zieldomäne.de/
```

angekommen.

Jetzt müssen Sie wissen, in welchem Verzeichnis sich standardmäßig das Wurzelverzeichnis bei IIS befindet. Wenn Sie einmal einen Windows-2000-Server zu sehen bekommen und sich das Ganze mal genauer anschauen, werden Sie sehen, dass es sich in

```
C:\inetpub\www
```

befindet. Wenn Sie dann also die verbleibenden `../../` rechnen, kommen Sie bei

```
C:\
```

heraus, also auf der Festplatte des Servers. Dann noch einmal den Dateinamen boot.ini und Sie rufen genau diese Datei auf, denn diese befindet sich an der Stelle

```
C:\boot.ini
```

Sehen Sie, wieder einmal hört es sich sehr kompliziert an, ist es aber nicht.

Nun zum nächsten Punkt.

Die Lösung

Löschen Sie das Verzeichnis `\msadc` bei dem Produktions-Server. Wenn Sie dieses Skript unbedingt benötigen, dann ändern Sie es so ab, dass es die Anweisung `../` abblockt.

Dieser Teil ist schon etwas einfacher zu verstehen, nicht wahr? Wenn Sie einfach den Ordner löschen, dann kann auch kein Angreifer darauf zugreifen.

Wie Sie sehen, können Sie mit diesem Exploit auf einen Windows-2000- oder -NT-Server mit IIS 4.0 ein wenig herumforschen, um zu untersuchen, ob sich nichts Interessantes finden lässt. Besser ist es, wenn Sie wissen, wo sich die Datei befindet, die Sie sehen möchten.

Viele Exploits werden nach dem folgenden Aufbau beschrieben:

- ✔ Problem
- ✔ Details oder Umsetzung
- ✔ Problembehebung

Eigentlich einleuchtend, oder? Nach einer kurzen Eingewöhnungszeit werden Sie lernen, Exploit-Meldungen richtig zu lesen und zu interpretieren. Übung macht den Meister und dass Sie die Geduld dazu haben, beweisen Sie ja schon dadurch, dass Sie dieses Buch lesen.

Es ergibt wenig Sinn, hier eine endlos lange Liste von Exploits niederzuschreiben. Die Chancen, dass einer dabei ist, der nützlich für Sie ist, ist sehr gering und das würde Ihnen auch nicht besser helfen, Exploits zu verstehen. Andere Bücher machen das, wir möchten lieber, dass Sie verstehen, wie ein Exploit aufgebaut ist, als eine nutzlose Liste vor sich liegen zu haben.

Wichtig ist, dass Sie sich ausreichend über das Zielsystem informieren. Das Internet bietet Ihnen diesbezüglich mehr Lesestoff, als Sie jemals werden lesen können. Benutzen Sie einfach eine Suchmaschine wie `www.google.de` oder besuchen Sie eine Hackerseite wie `www.nethacker.de` oder `www.buschhacker.de` und fragen Sie in einem Diskussionsforum.

Wo kann ich nach bekannten Exploits suchen?

Wenn Sie nicht in der Lage sind, eigene Exploits auszuarbeiten, oder nach Beispielen oder schon gefundenen Exploits suchen möchten, gibt es einige Adressen im Internet, die Datenbanken mit Exploits verwalten.

```
www.securityfocus.com
www.cert.org
www.packetstorm.com
```

Ansonsten fördert eine Suche mit `www.altavista.de` oder `www.google.de` wahre Berge an Informationen über Exploits hervor. Es gibt auch einige Bücher, in denen Exploits sehr ausführlich behandelt werden, zum Beispiel das Anti-Hacker-Buch vom mitp-Verlag.

Müssen Sie dafür programmieren können?

Die Antwort, ob es Ihnen passt oder nicht, ist ja, eigentlich schon.

Wenn Sie keine Programmiersprache beherrschen, werden Sie nie über einen bestimmten Punkt hinauskommen. Sie werden immer darauf angewiesen sein, dass jemand anders alles für Sie erledigt, was Exploits angeht, und das wird auf Dauer etwas umständlich, meinen Sie nicht auch?

Programmieren gehört zu den Grundkenntnissen eines Hackers. Die meisten beherrschen wenigstens eine Programmiersprache, viele sogar mehrere. Ein Hacker, der nur fertige Exploits und Programme verwendet, wird als Skriptkiddy beschimpft und wird wahrscheinlich nie wirklich viel Respekt erlangen.

Sie sollten wenigstens so weit Programmcode verstehen können, dass Sie wissen, was der Exploit tut, ansonsten werden Sie ihn nicht anpassen oder abändern können. Wenn Sie nicht vorhaben, ein wirklich guter Hacker zu werden, ist das vollkommen in Ordnung. Es kann ja sein, dass Sie sich nur aus Interesse mit dem Thema beschäftigen, und dann reicht es völlig aus, wenn Sie wissen, was ein Exploit ist.

Aber welche Programmiersprache soll ich bloß lernen

Wenn Sie mit Programmieren anfangen möchten, empfehle ich Ihnen C, C++ oder etwas wie Perl zu lernen. Es sind die gängigsten Sprachen und sie haben wahrscheinlich auch bei weitem den größten Nutzen.

C ist beispielsweise die natürliche Sprache von Linux und Unix und die meisten Exploits für diese Systeme sind auch in C geschrieben.

Sie müssen ja nicht gleich Programmier-Gott werden, aber es ist nützlich, programmieren zu können.

Vielleicht legen Sie sich einfach *C++ für Dummies* zu oder auch *C für Dummies*, um mal einen Anfang zu machen?

Systeme gegen Exploits sichern

Die beste Möglichkeit, sich gegen Exploits zu sichern, ist, immer auf dem neuesten Stand zu sein. Stellen Sie sicher, dass Ihre Programme immer die aktuellste Version sind, und verfolgen Sie die Sicherheitsnachrichten, ob nicht gerade ein neuer Exploit entdeckt wurde, von dem Sie betroffen sind.

Sicherheits-Updates von Bill Gates

Natürlich können Sie nicht jedes Mal, wenn Microsoft ein neues Update Ihres Betriebssystems herausbringt, loslaufen und es sich sofort kaufen (das wäre ja sehr teuer, gerade bei Microsoft). Aber Microsoft bringt auch Sicherheits-Updates für die eigenen Programme und Betriebssysteme heraus, die Sie von `www.microsoft.com` herunterladen können, um Ihr System so sicher wie möglich zu machen.

Spoofing, getarnt hinter feindlichen Linien

19

In diesem Kapitel

- Was Spoofing ist
- Wie wird Spoofing benutzt?
- Schutz gegen Spoofing

Wie in Kapitel 14 beschrieben, gibt ist eine Form der Sicherheitsüberprüfung, das *Trusted-Host-V*erfahren genannt wird, bei dem ein Computer weiß, dass er einem ihm bekannten anderen Computer vertrauen kann. Das Naheliegendste ist es dann, sich die Identität dieses vertrauten Computers anzueignen.

Was ist Spoofing?

Spoofing ist kurz gesagt das Vortäuschen einer Absenderadresse durch technische Mittel mit der Absicht, seine wahre Identität zu verschleiern oder durch die gefälschte Adresse authentifiziert zu werden.

Trusted Host ist ein Computer, dem ein anderer Computer vertraut und so Zugang zu seinen Diensten und Ressourcen gewährt. Im Prinzip funktioniert es so, als würde jemand an Ihre Tür klopfen. Wenn es ein Freund oder Bekannter von Ihnen ist, bitten Sie ihn freundlich herein, ist es jemand, den Sie nicht kennen, möchten Sie zuerst wissen, wer es ist und was er will. Das ist ja nur natürlich und in einer Internet- oder Netzwerkumgebung auch nicht viel anders.

Nun können Sie diese Vertrauensseligkeit als Hacker natürlich schamlos ausnutzen:

- ✔ Sie verschaffen sich Zugang zu einem Computer, dem vertraut wird (dies ist die einfache Alternative, wie Sie gleich verstehen werden).

  Der Ablauf dieser Methode wird ja im Verlauf des ganzen Buches beschrieben. Sie verschaffen sich Zugang zu einem System mit einer der besprochenen Methoden (durch das Knacken der Passwörter oder durch einen Exploit, siehe Kapitel 14 und 18) und verbinden sich dann von diesem Computer zu dem Ziel-System. Da Sie sich von dem gehackten Rechner aus verbinden, wird eine IP-Adresse dieses Rechners von dem Ziel wahrgenommen und das Ziel vertraut Ihnen.

- ✔ Sie täuschen vor, der vertraute Computer zu sein.

  Diese Methode ist technisch sehr anspruchsvoll und setzt sehr viel Wissen und Verständnis über TCP/IP voraus. Wie's geht, erfahren Sie im nächsten Absatz.

Je mehr Vertrauen, desto offener ist jemand

Für gewöhnlich stehen Vertrauen und Authentifizierung im umgekehrten Verhältnis zueinander. Je mehr Ihnen vertraut wird, desto weniger Passwortabfragen und andere Schutzmechanismen werden Sie beantworten müssen. Das ist nur so gut, wie zuverlässig die Richtigkeit Ihrer Adresse gewährleistet werden kann.

IP-Spoofing, mit einem gefälschten Ausweis über die Grenze

Ich möchte Sie schon einmal vorwarnen, dass dieses Verfahren nur in der Theorie in diesem Kapitel erläutert wird. Sie fragen sich jetzt sicherlich, wieso? Das Verfahren ist so fortgeschritten, dass nur wenige es überhaupt praktizieren, dennoch möchte ich Ihnen die theoretischen Grundlagen nicht verwehren, denn diese werden auch oft für andere Angriffe benötigt und Sie möchten sich ja eventuell irgendwann einmal in die Thematik reinfuchsen. Sie sollten auch wissen, worum es geht, wenn Sie vorhaben, sich mehr mit dem Thema Hacken auseinander zu setzen.

Die meisten Internet-Benutzer wissen gar nicht, wie oft sie authentifiziert werden. Internet-Zugang, FTP, E-Mail und vieles mehr verlangen Benutzernamen und Passwörter (Sie lesen dieses Buch, also haben Sie eine ungefähre Ahnung). Das Internet vertraut Ihnen offenbar nicht. Ein anderes Verfahren zur Authentifizierung ist die Adresse des Computers. Je nach Vertrauen können Ihnen einige Dienstleistungen nur anhand Ihrer IP-Adresse zugänglich gemacht werden, vorausgesetzt, der Administrator des Servers möchte das.

Können Sie als Angreifer also dem Ziel vorgaukeln, Sie seien ein vertrauter Computer, haben Sie die Sicherheitsmechanismen des Zieles überwunden, da dieses nur Computern Zugriff gestattet, die ihm bekannt sind. Durch das Fälschen Ihrer Adresse glaubt dieser, Sie erfüllen alle Sicherheitskriterien. Wenn Sie sich jetzt an Kapitel 3 über TCP/IP erinnern, wissen Sie, dass die IP-Adresse des Absenders in dem Kopf der gesendeten TCP-Pakete stehen. Also müssten Sie ein TCP-Paket mit der gewünschten IP-Adresse erstellen und absenden (ansonsten würde Ihre richtige IP-Adresse auftauchen). Wenn Sie glauben, dass sich das kompliziert anhört, dann horchen Sie weiter, denn es wird noch wesentlich schlimmer.

Da das Ziel denkt, dass es mit dem Computer kommuniziert, den Sie fälschen, schickt er seine Antwort auch zu diesem hin. Sie können lediglich so tun, als wären Sie dieser Computer, erhalten aber nicht wirklich dessen Adresse, also kommen die Daten dummerweise bei Ihnen nie an. Nun müssen Sie aber den Inhalt der Pakete wissen, denn auf eine Anfrage sendet das Ziel eine Sequenznummer, die für die Rückantwort benötigt wird. Doch wie erhalten Sie diese?

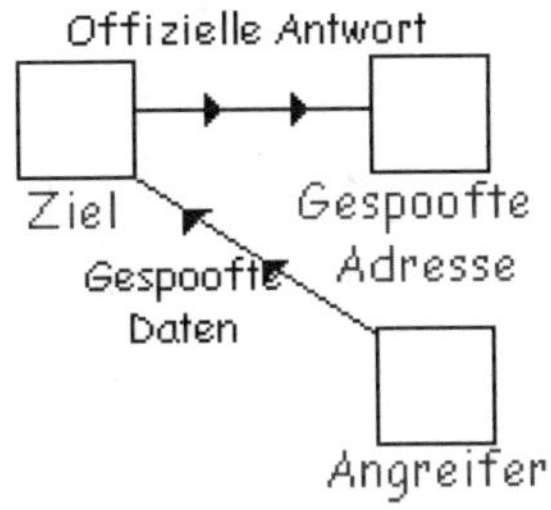

Abbildung 19.1: Der Angreifer sendet ein gefälschtes Paket an das Ziel. Dieses schickt die Daten an die gefälschte Adresse.

Eine *Sequenznummer* ist eine Zahl, die bei einem Verbindungsaufbau gesendet wird. Sie wird anhand eines speziellen mathematischen Algorithmus ermittelt. Eine Antwort basiert dann auf der empfangenen Zahl plus einem zusätzlichen Wert abhängig von dem Dienst und dem System.

Die Antwort ist so einfach wie unbefriedigend: Sie müssen raten. Dazu bauen Sie mehrere Verbindungen hintereinander mit dem Ziel auf und brechen sie ab, sobald Sie jeweils eine Anfrage empfangen haben. So erhalten Sie gleich mehrere Sequenznummern (natürlich immer eine andere, die mit Hilfe eines Algorithmus ermittelt wurde). Doch welche ist die richtige? Versuchen Sie, diese Nummern miteinander zu vergleichen. Warum vergleichen, fragen Sie sich vielleicht? Wie so oft bietet die hohe Mathematik die Lösung: Da die Sequenznummer, obwohl sie jedes Mal anders ist, immer aufgrund der gleichen mathematischen Formel erstellt wird, können Sie versuchen, durch Vergleichen diese mathematische Formel herauszufinden. Wenn Sie beispielsweise einmal 64, dann 128 und dann 256 empfangen, wissen Sie, dass sich die Sequenznummer jedes Mal verdoppelt und bei 64 anfängt. So können Sie berechnen, welche Antwort das Ziel erwartet. Ein Beispiel ist die Sequenznummer des Ziels plus eins, also würden Sie eine Verbindung aufbauen und die Sequenznummer 256 + 1, also 257, zurücksenden. Um den genauen Wert zu ermitteln, müssen Sie sich mit dem Zielsystem auskennen. Das Einfachste ist es, wenn Sie selber so ein System aufbauen und herumprobieren. Ist Ihr Ziel beispielsweise ein Linux-System, dann bauen Sie sich zu Hause ein Linux-System auf und probieren, es so zu infiltrieren. Ganz schön clever, gell?

Soweit verstanden? Wenn Ihnen jetzt der Schädel brummt, können Sie sich ja eine kurze Auszeit gönnen und erst einmal einen Kaffee oder Tee trinken. Gut, aber ein Problem gilt es noch zu überwinden. Da das Ziel die Antwort an den Computer sendet, der wirklich die gefälschte Adresse besitzt, wird dieser auch antworten (nach dem Motto »Ich habe keine Ahnung, was du von mir möchtest«). Das müssen Sie natürlich verhindern. Sie müssen diesen Computer ausschalten. Aber wie? Am besten eignet sich hierfür eine DOS-Attacke (Denial of Service).

DoS (nicht zu verwechseln mit dem guten alten MS-DOS), oder Denial of Service heißt so viel wie Verweigerung der Dienste. Es überlastet das Ziel so weit, dass es keine Anfragen mehr bearbeiten kann. Näheres dazu finden Sie in Kapitel 17, Denial of Service.

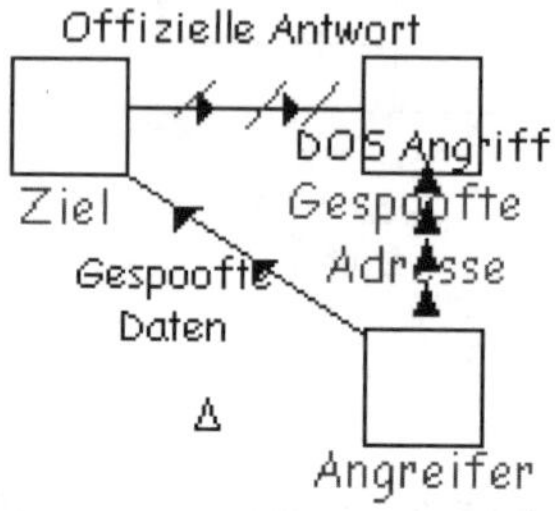

Abbildung 19.2: Durch einen DoS-Angriff wurde der Computer mit der gefälschten Adresse ausgeschaltet.

Fassen wir die wesentlichen Schritte jetzt einmal zusammen:

1. Sie müssen den Computer mit der zu fälschenden Adresse lahm legen
2. Sie müssen die Adresse des lahm gelegten Computers vortäuschen.
3. Sie müssen eine Verbindung mit dem Zielrechner aufbauen.
4. Anhand der Antworten des Zieles müssen Sie die Sequenznummer berechnen oder erraten.

Obwohl Experten schon seit 1986 wussten, dass dieser Angriff in der Theorie möglich war, hielten sie die praktische Anwendung für so unmöglich, dass nichts getan wurde, um solch einem Angriff vorzubeugen. Das dürfte Ihnen vor Augen führen, wie schwierig so ein Angriff ist.

Wie Sie sehen, ist die Vorgehensweise sehr kompliziert. Vor 1995 wussten zwar einige Sicherheits- und TCP/IP-Experten, dass dieser Angriff möglich war, jedoch nur in der Theorie. 1995 wurde jedoch durch wirkliche Angriffe bewiesen, dass dieses Verfahren möglich war und auch funktionierte.

Dabei täuschten Angreifer die Adresse eines Trusted Hosts vor, um eine Verbindung aufzubauen. Sobald sie drin waren, änderten sie einige Dateien so um, dass sie eine normale Verbindung aufbauen konnten, ohne den Spoofing-Angriff bei jeder Aktion durchführen zu müssen, meistens, indem sie ein Benutzerkonto anlegten oder seine Adresse als Trusted Host eintrugen.

Schutz vor IP-Spoofing

Es gibt nur wenige Möglichkeiten, sich gegen Spoofing-Angriffe zu schützen. Die beste ist, gar keine vertrauten Beziehungen zuzulassen. So müssen Sie sich niemals vor so einem Angriff fürchten, denn diese Vorraussetzung muss gegeben sein.

Eine Firewall beispielsweise schützt überhaupt nicht, denn sie muss ja von Anfang an so eingerichtet sein, dass sie die Adresse der vertrauten Computer durchlässt.

DNS-Spoofing, illegale Umleitung auf der Datenautobahn

DNS (Domain Name System) ist das System, das Domain-Namen in IP-Adressen umwandelt und umgekehrt. Auch diese Technik kann man sich als Hacker zunutze machen und so gibt es eine Art von Spoofing-Angriff, der *DNS-Spoofing* heißt. Bei diesem Verfahren werden die DNS-Einträge geändert, damit sie Anfragen zu bestimmten Computern umleiten können oder indem Sie Ihre IP-Adresse einem Domain-Namen zuweisen, um eine vertraute Verbindung, die auf Domain-Namen basiert, aufzubauen.

Da nahezu der Großteil aller Computer auf einen DNS-Server zurückgreifen, um sich sagen zu lassen, wie sie auf einen bestimmten Computer kommen, können Sie sich einen DNS-Server wie eine Straßenkarte vorstellen. Wenn jemand diese Karte umändert, werden die Leute falsch fahren. Eine falsche Umleitung sozusagen.

Es gibt verschiedene Wege, wie Sie hier vorgehen können:

1. Sie greifen den zuständigen DNS-Server für die Domain an, die Sie umleiten möchten.
2. Sie bauen selber einen DNS-Server auf und ändern die Einträge auf dem Ziel-Computer, damit er ihn auch benutzt.

Beide Verfahren setzten sehr viel Wissen über das DNS-System voraus und sind auf keinen Fall für Anfänger geeignet.

Die möglichen Nutzen für diese Angriffe liegen auf der Hand. Zum einen können Sie die Zielgruppe auf eine Seite mit Inhalt Ihrer Wahl umleiten oder auch auf eine Kopie einer echten Seite. Wenn die Opfer dort dann ihre Benutzerdaten eingeben, können Sie diese speichern und später verwenden.

Der große Vorteil ist, dass einige Dienste die DNS-Einträge zur Authentifizierung verwenden. Wenn Sie also eine vertraute Domäne auf Ihre IP-Adresse umlenken, glaubt der Zielcomputer, Sie seien der vertraute Computer.

Das Gefährliche an DNS-Spoofing-Angriffen ist, dass das Opfer praktisch nicht merken kann, dass es passiert. Da die ganze Abwicklung der DNS-Anfragen unsichtbar für den Benutzer abläuft, wird er kaum eine Chance haben zu sehen, dass die Anfrage an den falschen DNS-Server geleitet wird.

Dementsprechend können auch nur Administratoren von DNS-Servern wirklich etwas dagegen tun, indem sie aufpassen, dass ihre Server sicher sind und öfter überprüfen, dass alle Angaben korrekt sind. Es sollten häufig Backups gefahren werden und die Einträge auch miteinander verglichen werden. Änderungen jeglicher Art sollten schriftlich festgehalten werden, um zu überprüfen, dass auch alle Einträge auf die richtigen Adressen zeigen.

Gerade DNS-Server und andere kritischen Netzwerkkomponenten sollten ausgiebig durch Firewalls und andere Schutzprogramme und Mechanismen geschützt sein. Die Zahl der Benutzer, die Zugriff auf das System haben, sollte auf ein Minimum reduziert werden.

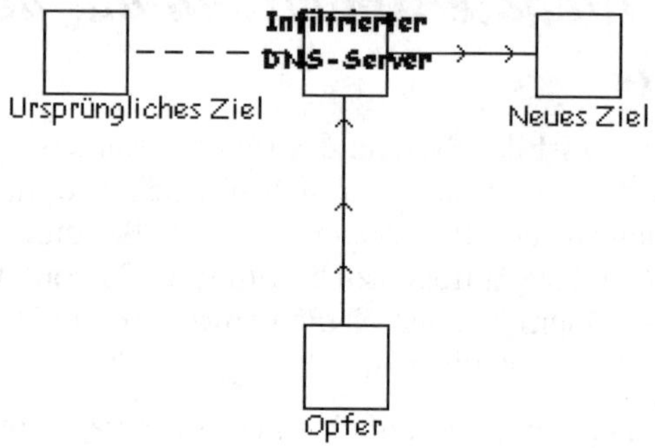

Abbildung 19.3: Hier sehen Sie, wie die Anfrage des Opfers auf ein Ziel, das der Angreifer ausgewählt hat, umgeleitet wird.

Der große Lauschangriff: Sniffing

20

In diesem Kapitel

- Den Schnüfflern auf der Spur: Sniffing erklärt
- Der Analyzer als Beispiel für einen Sniffer
- Auf die Tasten geschaut: Keylogger

Spionage ist eine der ältesten Tätigkeiten der Menschheit (einige Spione meinen sogar die älteste). Es gibt Kulturen, die unzählige Begriffe für das Spionieren hatten, als wir uns noch gegenseitig mit Steinen die Köpfe eingeschlagen haben. Der älteste Aspekt der Spionage ist sicherlich das heimliche Beobachten und Abhören von anderen. Auch im Internet gibt es Werkzeuge, die diese Aufgaben übernehmen. Wozu sich die Mühe machen, die Passwörter zu erraten, wenn Sie sie einfach sehen können?

Schnuppern Sie doch mal! Sniffing erklärt

Sniffing kommt aus dem Englischen und heißt schnuppern, schnüffeln. Ein *Sniffer* ist ein Programm oder ein Gerät, das den Datenverkehr mitliest und protokolliert. Oft werden sie von Systemadministratoren benutzt, um Probleme im Datenverkehr und Sicherheitsrisiken in ihrem Netzwerk ausfindig zu machen. Angenommen, ein Teil des Netzwerks funktioniert nicht richtig, z.B. die Datenübertragung ist langsam. Dann könnte ein Systemadministrator einen Sniffer einsetzen, um die mögliche Ursache zu finden, indem er die Pakete abfängt und auswertet.

Allerdings werden Sniffer auch von Hackern verwendet. Überlegen Sie einmal, Sie wären in der Lage, jedes Datenpaket abzufangen, mit allem, was da drin steht: Zugangscodes, Passwörter und allen anderen Inhalten. Ich denke, Sie verstehen schon, worauf ich hinaus will, oder?

Wie funktioniert also ein Sniffer? Ein Sniffer liest die Pakete mit, die über das Netzwerk gesendet werden, indem es das angeschlossene Netzwerkgerät (meistens eine Netzwerkkarte) in einen Zustand versetzt, der *Promiscuous Mode* heißt.

Promiscuous Mode ist ein Zustand eines Netzwerkgerätes, in dem es den gesamten Netzwerkverkehr mitliest, der im Netzwerk stattfindet. Für gewöhnlich liest es nur Daten, die auch an das Gerät gerichtet ist. Diese Umschaltung muss bewusst vorgenommen werden, da der Zustand aus Sicherheits- und Leistungsgründen standardmäßig nicht aktiviert ist.

Gewöhnlich liest ein Netzwerkgerät nur die Daten, die an das Gerät gerichtet sind und das, obwohl es eigentlich alle Daten mitlesen kann, die versendet werden. Ein Netzwerk ist so aufgebaut, dass jedes Datenpaket an alle im Netzwerk geschickt wird und erst von den vorhandenen Geräten selber aussortiert wird. Um das Gerät dazu zu bringen, alles mitzulesen, muss es in einen anderen Modus geschaltet werden, den *Promiscuous Mode*.

Nun müssen Sie allerdings erst einmal Zugang zu einem System haben, um überhaupt einen Sniffer anbringen zu können. Sie dachten sich sicherlich schon, dass es einen Haken geben müsste, nicht? Das ist aber gar nicht so schwierig, wie es sich anhört. Aus dem, was Sie bisher in diesem Buch gelesen haben, wissen Sie ja, dass ein Netzwerk nur so sicher ist wie sein schwächstes Glied. Es reicht meistens, irgendein Gerät unter Ihrer Kontrolle zu haben, und wenn es nur eine unwichtige Workstation ist. Es muss nur an demselben Netzwerk angeschlossen sein wie die anderen Computer auch, denn jedes Gerät empfängt den gesamten Datenverkehr. Sie müssen dem Sniffer lediglich sagen, dass er alles mithören soll. Aber genug jetzt von diesen theoretischen Ausschweifungen, Sie möchten sicherlich einen Sniffer im Einsatz sehen.

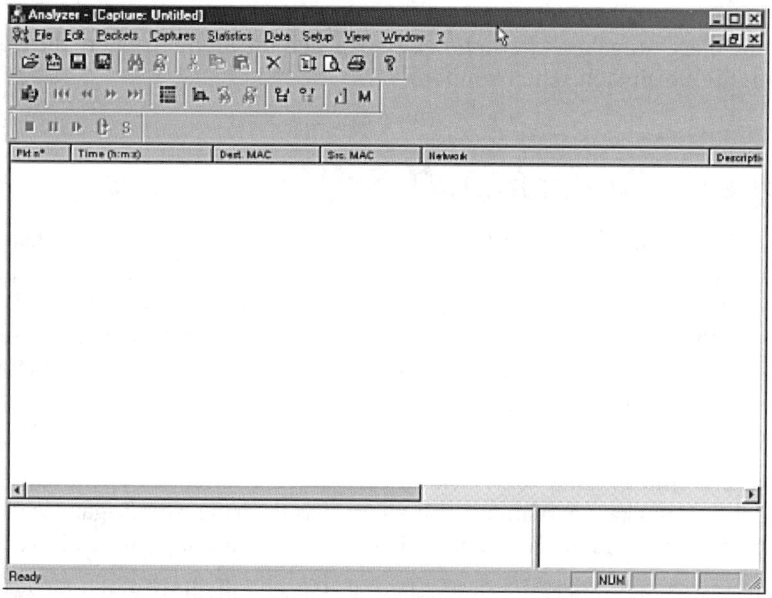

Abbildung 20.1: Analyzer ist ein packetSniffer für Windows

Sniffing mit dem Analyzer

Im Internet sollten Sie unter `www.google.com` nach zwei Dateien, `WinPcap.exe` und `analyzer.exe` suchen. Führen Sie zuerst die `WINPCAP.EXE` aus und installieren Sie das Programm. Es sind Treiber, um Ihre Netzwerkkarte in den Promiscuous Mode zu versetzen. Danach führen Sie die analyzer.exe aus, indem Sie danach in das Verzeichnis `c:\program files\analyzer` wechseln, dort führen Sie das Programm `analyzer.exe` aus.

Analyzer ist ein Sniffer für Windows. Es fängt die Daten in Ihrem Netzwerk ab und zeigt Ihnen deren Inhalt. Wenn Sie das Programm starten (jetzt wäre der richtige Moment), sehen Sie die Oberfläche, die in der Zeichnung abgebildet ist.

1. **Gehen Sie auf den Punkt CAPTURES und BEGIN.**

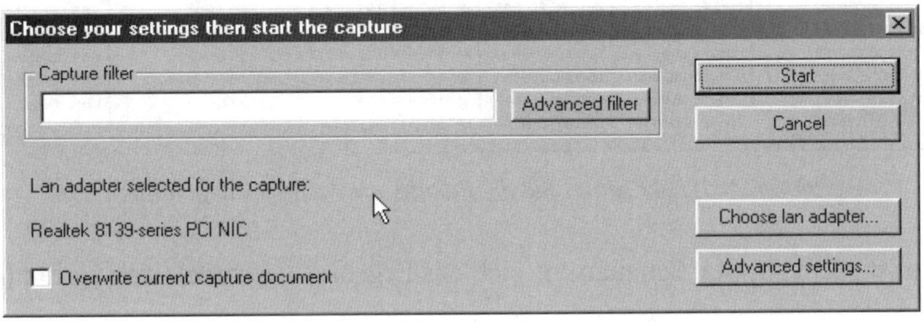

Abbildung 20.2: Analyzer fordert Sie auf, einen Filter anzugeben.

2. **Drücken Sie auf den START-Knopf.**

   Analyzer fordert Sie auf, einen Filter anzugeben. Ihnen reicht erst einmal ein Durchlauf ohne Filter, also können Sie beruhigt auf den START-Knopf drücken, immerhin sollten Sie erst einmal gehen können, bevor Sie laufen.

3. **Wenn unten Ihre Netzwerkkarte nicht richtig angegeben wird, gehen Sie auf den Menüpunkt SETUP und dann SETUP DEFAULT ADAPTER. Dort müssen Sie Ihre Netzwerkkarte anwählen und auf SELECT drücken.**

4. **Klicken Sie auf BEGIN.**

   Wenn Analyzer Ihre Netzwerkkarte erkennt, können Sie loslegen. Also klicken Sie auf BEGIN. Sie sehen jetzt ein Fenster, in dem Sie sehen können, wie viele Pakete abgefangen wurden.

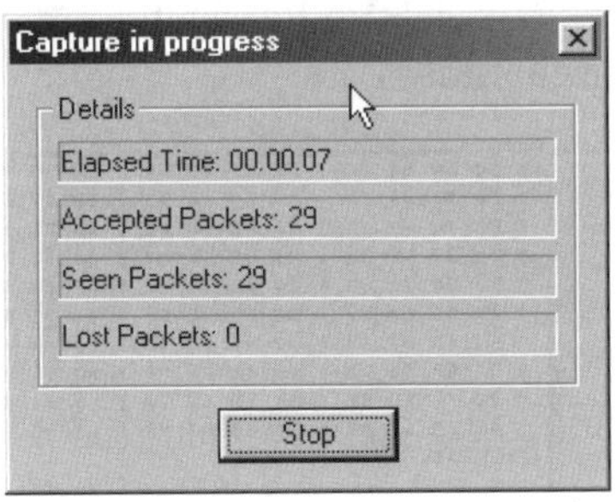

Abbildung 20.3: Analyzer beginnt, Pakete abzufangen.

5. **Wenn Sie einige Pakete abgefangen haben, drücken Sie den STOP-Knopf.**

   Analyzer zeigt jetzt die abgefangenen Pakete an.

Pkt n°	Time (h:m:s)	Dest. MAC	Src. MAC	Network	Description
1	11:13:19.261495	0050BF-2D7B4B	0050FC-25BCD3	IP: 217.110.240.244 => 192.168.0.22 (34)	UDP: Length= 14, Port (2
2	11:13:19.859276	0050FC-25BCD3	0050BF-2D7B4B	IP: 192.168.0.22 => 217.110.240.244 (40)	UDP: Length= 20, Port (7
3	11:13:19.929682	0050BF-2D7B4B	0050FC-25BCD3	IP: 217.110.240.244 => 192.168.0.22 (147)	UDP: Length= 127, Port (
4	11:13:20.079119	0050FC-25BCD3	0050BF-2D7B4B	IP: 192.168.0.22 => 217.110.240.244 (40)	UDP: Length= 20, Port (7
5	11:13:20.135494	0050BF-2D7B4B	0050FC-25BCD3	IP: 217.110.240.244 => 192.168.0.22 (34)	UDP: Length= 14, Port (2
6	11:13:20.356713	0050FC-2C7843	0050FC-25BCD3	IP: 193.213.112.50 => 192.168.0.31 (160)	TCP: Port (6667 => 3370)
7	11:13:20.464952	0050BF-2D7B4B	0050FC-25BCD3	IP: 62.79.27.107 => 192.168.0.22 (160)	TCP: Port (6668 => 1080)
8	11:13:20.549181	0050FC-25BCD3	0050FC-2C7843	IP: 192.168.0.31 => 193.213.112.50 (40)	TCP: Port (3370 => 6667)
9	11:13:20.593565	0050FC-25BCD3	0050BF-2D7B4B	IP: 192.168.0.22 => 62.79.27.107 (40)	TCP: Port (1080 => 6668)
10	11:13:20.959108	0050FC-25BCD3	0050BF-2D7B4B	IP: 192.168.0.22 => 217.110.240.244 (40)	UDP: Length= 20, Port (7
11	11:13:21.029915	0050BF-2D7B4B	0050FC-25BCD3	IP: 217.110.240.244 => 192.168.0.22 (147)	UDP: Length= 127, Port (
12	11:13:21.179081	0050FC-25BCD3	0050BF-2D7B4B	IP: 192.168.0.22 => 217.110.240.244 (40)	UDP: Length= 20, Port (7
13	11:13:21.235132	0050BF-2D7B4B	0050FC-25BCD3	IP: 217.110.240.244 => 192.168.0.22 (34)	UDP: Length= 14, Port (2

Abbildung 20.4: Hier sehen Sie die Pakete, die Analyzer abgefangen hat.

Der Aufbau ist recht simpel. Schauen Sie sich das Ergebnis von links nach rechts (Abbildung 20.4) an.

1. **Pkt N:** Das ist die Nummer des abgefangenen Paketes
2. **Time (h:m:s):** Das ist die Uhrzeit des Abfangens in dem Format Stunde: Minute: Sekunde
3. **Dest. MAC:** die Ziel-MAC-Adresse
4. **Src. MAC:** die Quell-MAC-Adresse
5. **Network:** Hier steht, welche IP-Adresse an welche IP-Adresse gesendet hat
6. **Description:** Hier steht, welches Protokoll benutzt wurde, der Quell- und Zielport und wie groß das Datenpaket in Bytes war

Eine *MAC-Adresse* ist die Hardware-Adresse der Netzwerkkarte. Jede MAC-Adresse ist weltweit nur einmal vorhanden und wird von dem Hersteller fest in dem Netzwerkgerät verankert. Es dient der Identifikation und wird auch als Ansprechadresse von einigen Programmen im Netzwerk benutzt.

Das sagt Ihnen vielleicht noch nicht viel, und deshalb werden Sie sich so ein Paket einmal genauer anschauen. Wählen Sie eins aus.

```
----- Packet Details -----
  ----- General Information -----
    Item number 2, position in dumpfile 0%
    Item type: Partial frame, 162 bytes available
    Frame size is 162 (A2x) bytes
    Timestamp: 11h:24m:48s:849574us
  ----- Ethernet v.2.0 MAC Header -----
  ----- IPv4 Header -----
  ----- UDP Header -----

* 00 50 BF 2D | 7B 4B 00 50 | FC 25 BC D3 | 08 00 45 00 [.P.-{K.P.%....E.]
* 00 94 00 00 | 40 00 34 11 | BB 37 D9 6E | F0 F4 C0 A8 [....@.4..7.n....]
* 00 16 69 87 | 1B DA 00 80 | 9A D6 FF FF | FF FF 6D 32 [..i...........m2]
* 31 37 2E 31 | 31 30 2E 32 | 34 30 2E 32 | 34 34 3A 32 [17.110.240.244:2]
* 37 30 31 35 | 00 45 75 72 | 6F 63 6C 61 | 6E 2E 64 65 [7015.Euroclan.de]
* 20 53 65 72 | 76 65 72 00 | 61 73 5F 6F | 69 6C 72 69 [ Server.as_oilri]
* 67 00 63 73 | 74 72 69 6B | 65 00 43 6F | 75 6E 74 65 [g.cstrike.Counte]
* 72 53 74 72 | 69 6B 65 00 | 00 0C 2D 64 | 6C 00 01 77 [rStrike...-dl..w]
* 77 77 2E 63 | 6F 75 6E 74 | 65 72 2D 73 | 74 72 69 6B [ww.counter-strik]
* 65 2E 6E 65 | 74 00 00 00 | 01 00 00 00 | 00 9E F7 0A [e.net...........]
* 00 01       |             |             |             [..]
```

Abbildung 20.5: Ein Paket, im Detail betrachtet

Die Daten selber können Sie kaum verstehen. Sie werden in »Hexadezimal« verschickt, eines der Zahlensysteme, die Computer verstehen. Allerdings finden Sie unten im linken Fenster die Möglichkeit, den Teil des Hexadezimalkodes anzeigen zu lassen, der für einen bestimmten Wert steht. Einige Daten werden aber auch lesbar dargestellt, wie Sie rechts sehen. In dem obigen Beispiel erkennen Sie zum Beispiel, dass der Quell-Server die IP-Adresse 217.110.240.244 besitzt, vom Port 27015 sendet und unter der Domäne `euroclan.de` läuft. Dazu läuft auf ihm anscheinend ein Dienst namens Counterstrike (das ist ein Spiel). Wenn Passwörter nicht verschlüsselt werden, stehen auch diese für gewöhnlich hier drin. Jede Bedeutung der Inhalte eines Pakets zu erklären, würde den Rahmen dieses Buches sprengen, also müssen Sie sich selber ein wenig schlau machen, wenn es Sie näher interessiert. Ein guter Anfang wäre *TCP/IP für Dummies* oder *Das Anti Hacker Buch*, ebenfalls vom mitp-Verlag.

Hexadezimal ist ein für den Computer verständliches Zahlensystem. Es ist nach dem Schema aufgebaut, dass die Zahlen 0 bis 9 existieren und dann die Zahlen von 10 bis 15 als Buchstaben definiert werden, also a = 10, b = 11 usw. Ein anderes System, mit dem Computer lieber arbeiten, ist das duale System. Dort gibt es nur 0 und 1. Sie können in nahezu jedem Buch über Computer darüber mehr erfahren.

Gegenmaßnahmen gegen Sniffen

Es gibt einige Gegenmaßnahmen, um das Sniffen zu verhindern oder einzuschränken. Zum einen kann ein Systemadministrator das Netzwerk in mehreren Teilnetze aufteilen. Dann kann ein Computer nur die Daten von den Geräten in seinem Teilbereich mitlesen.

Eine andere Methode ist der Einsatz von Switches anstatt von Hubs. Dadurch wird auch nur der Verkehr an einen Computer weitergeleitet, der auch an ihn gerichtet ist. Diese Möglichkeiten dämmen die Nutzung von Sniffer stark ein.

Ein *Hub* ist ein Netzwerkverteiler. Mehrere Geräte werden an ihn angeschlossen, um ein Netzwerk zu bilden, und das Gerät verbindet alle Geräte und sendet die Daten an alle weiter. Ein Switch übernimmt dieselbe Aufgabe, erledigt sie aber effektiver, denn er leitet die Daten nur an die Geräte weiter, die auch als Ziel gedacht sind im Gegensatz zu einem Hub, der die Daten an alle weitergibt.

Wenn Sie ein System administrieren und einen Sniffer entdecken sollten, der nicht von Ihnen kommt, ist das ein sehr gutes Anzeichen dafür, dass Ihr System schon infiltriert wurde. Sie wissen dann auch nicht, wie viele Passwörter der Hacker schon ergattert hat. Die beste Möglichkeit ist es dann, alle Passwörter zu ändern.

Der Blick auf die Tasten: Keylogger

Ein Keylogger protokolliert alle Tastatureingaben, die an einem System gemacht werden. Es läuft als Programm im Hintergrund, ohne dass das Opfer es merkt (hoffen Sie zumindest). Auch das setzt voraus, dass Sie schon Zugang zu dem System haben und wird benutzt, um noch mehr Passwörter zu ergattern. Oftmals wird es auch zur Überwachung von Leuten benutzt, zum Beispiel in der Industrie-Spionage. In der heutigen Zeit gibt es auch Fälle, wo Arbeitgeber mit solchen Mitteln versucht haben, ihre Mitarbeiter zu überwachen, z.B. um zu gewährleisten, dass diese während der Arbeitszeit arbeiten und nicht im Internet herumsurfen.

Die leichteste Methode, um an Passwörter zu gelangen

Aus Sicht des Hackers geht es allerdings darum, Passwörter abzufangen. Stellen Sie sich vor, Sie haben Zugang zu einem System, möchten aber ganz gerne an die E-Mail-Konten des Opfers rankommen. Wenn Sie einen Keylogger installieren, müssen Sie nur abwarten, bis er sich seine E-Mails abholt und die Passwörter eingibt. Einfacher können Sie es wohl kaum haben.

Der Stealth Keyboard Interceptor

Auf der CD zu diesem Buch finden Sie das Programm STEALTH KEYBOARD INTERCEPTOR in dem Verzeichnis STEALTH KEYLOGGER. Installieren Sie das Programm.

Ich zeige Ihnen anhand des Programms STEALTH KEYBOARD INTERCEPTOR, wie ein Keylogger funktioniert.

1. **Starten Sie das Konfigurationsprogramm.**

   Wenn Sie das Programm installiert haben, finden Sie es unter START|PROGRAMME und dann SKIN98 AS unter dem PUNKT SKIN98 AS CONFIGURATION UTILITY.

   Es öffnet sich folgendes Fenster :

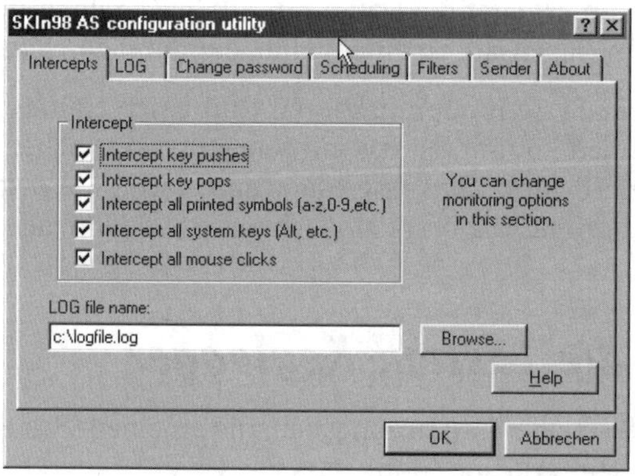

Abbildung 20.6: Das Konfigurationswerkzeug des Keyloggers

Unter dem Punkt INTERCEPTS sehen Sie dort eine Auswahl an Aktivitäten die das Programm protokollieren kann. Die Auswahlpunkte, die für Sie erst einmal wichtig sind, sind:

- **Intercept Keypushes:** Protokolliert Tastatureingaben
- **Intercept all printed Symbols (a - z, 0 - 9, etc.):** Protokolliert alle gedruckten Symbole
- **Intercept all mouse clicks:** Alle Mausklicks mitprotokollieren

2. **Geben Sie unten das Verzeichnis und den Dateinamen der Protokolldatei an.**

   Diese sollte etwas versteckt sein, damit der Benutzer sie nicht per Zufall findet.

3. **Die Einstellungen unter dem Punkt LOG lassen Sie erst einmal unverändert.**

   Es sind Angaben über die Formatierung und Ausgabe der Protokolle.

4. **Unter dem Punkt CHANGE PASSWORD schützen Sie das Keylogger-Programm mit einem Passwort.**

   So können nur Sie darauf zugreifen. Immerhin wäre es ganz schön peinlich, wenn das Programm entdeckt werden würde und das Opfer stattdessen Ihnen auf die Finger schauen würde, nicht wahr?

5. **Im nächsten Punkt, SCHEDULING, legen Sie fest, an welchen Tagen und zu welchen Uhrzeiten das Programm protokollieren soll.**

   Dieser Punkt ist wichtig, wenn Sie beispielsweise einen Computer in einem Büro überwachen. Es ergibt wenig Sinn, es dort nachts laufen zu lassen, da ist ja eh keiner da.

6. **Den Punkt FILTER lassen Sie erst einmal außer Betracht.**

   Dieser Punkt ist etwas fortgeschrittener und Sie können sich immer noch daran wagen, wenn Sie Erfahrung mit dem Programm gemacht haben.

7. **Unter SENDER geben Sie einen Mailserver und eine E-Mail-Adresse an.**

   Diese soll der Keylogger benutzen, um Ihnen die Protokolle per E-Mail zuzuschicken. Wichtig ist hierbei, dass der Mailserver auch gültig ist und Sie dort eine gültige E-Mail-Adresse haben.

8. **Klicken Sie auf den OK-Knopf, wenn Sie sich alles gut angeguckt haben und all diese Einstellungen vorgenommen haben..**

   Es erscheint eine Meldung `You are working under a monitoring Programm`.

9. **Klicken Sie auf OK.**

10. **Machen Sie jetzt einfach ein paar Eingaben, arbeiten Sie so wie normal für ein paar Minuten, vielleicht ein bisschen surfen, Ihre E-Mails abrufen usw.**

Wenn Sie eine E-Mail-Adresse zum Verschicken der Logs angeben, die auf Ihrem Namen läuft, können Sie anhand dieser Adresse erwischt werden. Ich würde Ihnen raten, diese Funktion nicht zu benutzen.

Wenn Sie jetzt die Log-Datei öffnen (Sie haben ja vorhin den Pfad und den Namen angegeben), sehen Sie den Inhalt wie in der Abbildung 20.7.

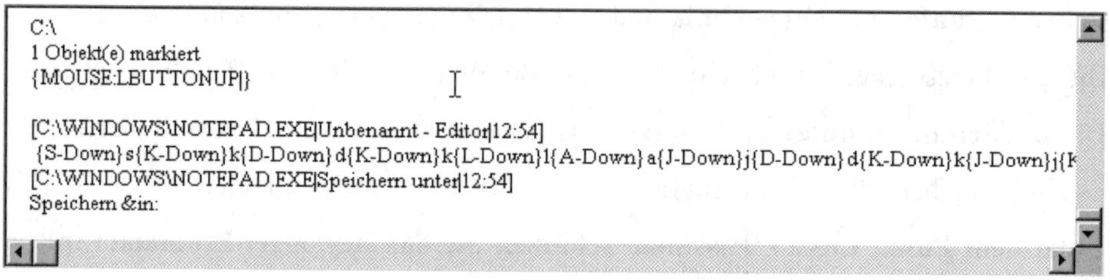

Abbildung 20.7: Der Log des Keylogger

In unserem Beispiel sehen Sie, dass das Opfer das Programm Editor aufgerufen hat.

```
[C:\WINDOWS\NOTEPAD.EXE|Unbenannt - Editor|12:54]
```

Dann hat es einige Buchstaben eingegeben.

```
{S-Down}s{K-Down}k{D-Down}d{K-Down}k{L-Down}l{A-Down}a{J-Down}j{D-Down
```

Erst ein S (S-Down heißt: die S-Taste runtergedrückt), dann ein K, dann ein D und so weiter.

Zuallerletzt hat das Opfer die Datei gespeichert.

```
[C:\WINDOWS\NOTEPAD.EXE|Speichern unter|12:54]
```

Wie Sie sehen, ist es kinderleicht, einen Keylogger zu installieren, wenn Sie Zugang zu dem Computer des Opfers haben. So können Sie regelmäßig das Protokoll abrufen, um nach neuen Passwörtern oder wichtigen Informationen zu gucken.

Ähnliche Verfahren

Natürlich sind solche Programme ein Eingriff in die Privatsphäre der Opfer und gelten in einigen Fällen sogar als Industrie-Spionage. Die Gesetzgebung reagiert hart auf solche Tätigkeiten und dementsprechend sollten Sie auch damit umgehen. Diese Mittel sind von erfahrenen Systemadministratoren einfach aufzuspüren und auch die wissen, dass sie irgendwie an die protokollierten Daten herankommen müssen, also Vorsicht.

In der Geschichte des Internets gab es viele Fälle, bei denen ähnliche Methoden angewandt wurden. Eine, die sehr verbreitet ist, ist das Nachahmen von bekannten Seiten. Nehmen Sie als Beispiel einen E-Mail-Anbieter. Wenn Sie die Seite nachbauen können (ein paar HTML-Kenntnisse und Sie können es) oder die Seite kopieren und auf einen anderen Server setzen können, müssen Sie es nur so programmieren, dass die Passwort-Eingaben der Opfer abgespeichert werden. Nachdem die Opfer das Passwort eingegeben haben, leiten Sie diese auf die richtige Seite um. Das Problem besteht darin, die Opfer dazu zu bewegen, auf Ihre anstatt die richtige Seite zu gehen. Mit einem falsch gesetzten Link dürfte so etwas aber auch zu bewerkstelligen sein.

Social Engineering, Hacken ohne Computer

21

In diesem Kapitel

- Was ist Social Engineering?
- Social Engineering im Einsatz
- Informationen aus dem Müll

Social Engineering ist ein Teilbereich des Hackens, der wenig Beachtung findet oder kaum als solcher wahrgenommen wird. Nicht alle Hacker benutzen ausschließlich Computer oder technische Mittel, um an ihr Ziel zu kommen. Außerhalb des Internets gibt es genügend Quellen, durch die man an gültige Passwörter und andere Informationen gelangt. In diesem Kapitel werden Sie einige dieser Mittel kennen lernen.

Social Engineering: Was ist das?

Social Engineering heißt so viel wie *Soziale Manipulation*. Es ist eine Methode, um Menschen Informationen zu entlocken, die sie normalerweise gar nicht rausgeben würden, wenn sie wüssten, wem sie diese Informationen mitteilen oder wofür diese Informationen benutzt werden.

In den meisten Fällen gibt sich der Hacker als jemand aus, dem das Opfer diese Informationen bereitwillig mitteilen würde. Also lügt der Hacker. Ein typisches Gespräch sieht wie folgt aus:

Übers Telefon an Daten gelangen

Hacker: Schönen guten Tag, Herr Meier, mein Name ist Thomas Schmidt von der XYZ Internet AG, wir haben ein kleines Problem mit Ihrem Internetzugang.

Herr Meier: Wirklich, worum geht es denn?

Hacker: Wie es scheint, hatten wir eine kleine Sicherheitslücke und einige Zugangsdaten sind entwendet worden. Wir haben zwar das Loch frühzeitig entdecken können, aber der Hacker hat dennoch einige Zugänge ergattern können. Ich möchte überprüfen, ob Ihr Konto nicht in Gefahr ist. Dafür bräuchte ich einmal Ihre Zugangsdaten.

Herr Meier: Haben Sie die denn nicht? Sie haben mir die ja immerhin gegeben?

Hacker: Das Problem besteht darin, dass die Zugangsdaten computergeneriert sind. Wir erhalten gewöhnlich keine Kopie, um auch Missbrauch von unseren eigenen Mitarbeitern vorzubeugen. Wir wissen, welche Daten der Hacker sich angeeignet hat, aber nicht genau, wem diese gehören.

Herr Meier: Ach so, hmmm, ein Moment, ich werde eben einmal nachschauen.

Einen kurzen Augenblick später:

Herr Meier: Okay, ich habe sie gefunden. Mein Benutzername ist mustermann und mein Passwort ist schuster.

Hacker: Vielen Dank, Herr Meier, ich werde das eben überprüfen und dann rufe ich Sie zurück.

Der Hacker überprüft jetzt, ob die Zugangsdaten funktionieren, und ruft das Opfer dann wieder an.

Hacker: Herr Meier, ich bin es wieder, Thomas Schmidt. Ich habe gute Neuigkeiten, Ihr Konto wurde nicht kompromittiert.

Herr Meier: Oh gut, dann bin ich ja beruhigt. Ich muss sagen, ich bin sehr beeindruckt, dass Sie sich so schnell um so etwas kümmern.

Hacker: Kundenservice ist heute doch alles, Herr Meier. Entschuldigen Sie bitte nochmals die Störung. Ich wünsche Ihnen einen schönen Tag.

Herr Meier: Ja danke, gleichfalls. Auf Wiederhören.

So hat der Hacker in kurzer Zeit die Zugangsdaten zu einem gültigen Konto, ohne den geringsten Verdacht erweckt zu haben und ohne auch nur die geringste Ahnung von Technik zu haben.

Und das funktioniert?

Ob Sie es glauben oder nicht, in vielen Fällen ja. Wenn alles andere sicher ist, können Sie sich meist auf einen Wetware- (den Menschen-) Fehler verlassen.

Den Begriff *Wetware* kennen Sie sicherlich nicht. Hardware sind bekanntlich der Computer und seine Zusatzkomponenten selber, Software sind die Programme, die auf der Hardware laufen. Wetware ist ein abwertender Begriff für Menschen (wet wie in dem Englischen: nass). Der Begriff kommt aus einem untergeordneten Genre von Science Fiction, dem Cyberpunk, der bei einigen Hackern sehr beliebt ist und der sich mit Computer, Technik und der Verschmelzung aus Mensch und Maschine auseinander setzt.

Menschen sind leichtgläubig, insbesondere, wenn jemand mit Fachbegriffen um sich wirft und es dem Opfer vorkommt, als wisse sein Gegenüber mehr als er. Das ist auch die Voraussetzung für diese kleinen Betrügereien. Wenn Sie jemals so einen Anruf tätigen sollten und Sie treffen auf jemanden, der weiß, wovon er redet, wird es sicherlich nicht leicht, diesen Menschen zu überzeugen. Deswegen ist es auch wichtig, so authentisch wie nur möglich zu erscheinen.

Privatdetekteien benutzen diese Verfahren regelmäßig (dreimal dürfen Sie raten, wo ich all dies gelernt habe).

Das richtige Werkzeug ist alles

Viele Hilfsmittel werden dafür eingesetzt, zum Beispiel Bürogeräusche, die im Hintergrund von einem Bandgerät abgespielt werden. Wichtig ist dabei, dass der Hacker ernst und seriös bleibt und nicht nervös oder künstlich wirkt. Er muss bereit sein, auf jede Frage blitzschnell zu antworten, ohne zu zögern, so wie es ein richtiger Angestellter auch tun würde.

Die richtige Vorbereitung

Es gibt viele Vorgehensweisen für Social Engineering, abhängig von der Situation und dem Opfer. Wenn Sie so etwas betreiben würden, müssten Sie einige Sachen beachten:

Benutzen Sie solche Verfahren niemals! Oftmals grenzt es an Betrug und Sie können wirklich großen rechtlichen Ärger bekommen. Ich beschreibe die Vorgehensweise nur, damit Sie selber auf solche Angriffe gefasst sind!

- ✔ Vorbereitung: Erfahren Sie so viel über das Opfer wie möglich. Je mehr Information Sie haben, desto glaubhafter wirkt der Versuch. Es nützt wenig, jemanden glauben zu lassen, Sie wären Angestellter bei der Firma, wo dieser seine Webseite hosten lässt, wenn Sie weder wissen, wie die Seite oder der Kunde heißt.
- ✔ Dasselbe gilt für die Organisation, für die Sie sich ausgeben. Als Angestellter wissen Sie, wie die Zugangsdaten aufgebaut oder wo sich der Sitz der Organisation befindet. Je mehr Informationen Sie gesammelt haben, desto vorbereiteter sind Sie, unvorhergesehene Fragen zu beantworten.
- ✔ Seien Sie vorsichtig, für wen Sie sich ausgeben. Sich als die Polizei oder die Steuerbehörde auszugeben, kann wirklich ernsthaft Ärger heraufbeschwören, denn diese sind staatliche Organe und die Strafen dafür sind sehr hoch. Private Organisationen hingegen habe weniger Kontrollmöglichkeiten und wenn das Ganze richtig durchgeführt wird, werden die es nie mitbekommen.
- ✔ Planung ist sehr wichtig. Schreiben Sie alle wichtigen Daten auf, damit diese griffbereit liegen. Üben Sie das Gespräch vorher und versuchen Sie, sich auf eine große Auswahl an Reaktionen und Fragen gefasst zu machen.
- ✔ Sicherheit ist ein wichtiger Punkt. Schalten Sie die Rufnummerübertragung an Ihrem Telefon aus und benutzen Sie Proxies, wenn Sie E-Mail-Konten dafür verwenden. Stellen Sie sicher, dass es keine Spuren gibt, die zu Ihnen zurückführen.
- ✔ Seien Sie fantasievoll. Es gibt unzählige Möglichkeiten, diese Methoden anzuwenden und die meisten sind erheblich wirksamer, als auf das Computersystem loszugehen.

Über E-Mail an Daten gelangen

Ein typisches Beispiel für Social Engineering ist der E-Mail-Dienst-Betrug. Der Hacker legt ein E-Mail-Konto bei demselben Anbieter wie das Opfer an. Eine Adresse wie `p.w.dienst@e-mailanbieter.de` eignet sich am besten. Daraufhin schickt er eine E-Mail an das Opfer mit einem ähnlichen Aufbau wie folgt:

Sehr geehrter Kunde,

wir werden bald unser technisches System auf den neuesten Stand bringen. Dazu müssen wir leider alle Konten neu anlegen und dabei Ihr Passwort ändern. Ihr neues Passwort wurde computergeneriert und lautet wie folgt:

hjkouz788df

Wenn Sie mit diesem Passwort nicht einverstanden sind, schicken Sie bitte eine E-Mail an p.w.dienst@e-mailanbieter.de mit dem Betreff Neues Passwort und folgendem Inhalt

Altes Passwort: Ihr altes Passwort

Neues Passwort: Ihr neues Wunschpasswort

Mit freundlichen Grüßen

Ihr E-Mailanbieter-Team

Dieses Verfahren wurde oftmals in der Praxis mit einer sehr hohen Erfolgsquote von Hackern benutzt. Der Erfolg hängt davon ab, wie authentisch die E-Mail erscheint und wie viel Ahnung das Opfer hat. Meist wird das Konto, das für die Tat benutzt wird, danach gelöscht.

Lügen und Selbstvertrauen

Die wichtigsten Eigenschaften, die man für Social Engineering benötigt, sind das Talent zu lügen und Selbstvertrauen. Wenn Ihr Auftreten einhundertprozentig selbstbewusst ist, wird kaum jemand an Ihrer Authentizität zweifeln. Werfen Sie ein paar Fachbegriffe mit rein, ein bis zwei Witze und nahezu jeder normale Mensch wird Ihnen abnehmen, dass Sie wirklich derjenige sind, für den Sie sich ausgeben.

Einer der häufigsten Fragen des Opfers ist, ob er Sie zurückrufen kann. Aus logischen Gründen möchten Sie natürlich nicht Ihre eigene Rufnummer nennen. Es gibt allerdings Testnummern der Telekom, die grundsätzlich ein Besetztzeichen herausgeben. Diese Nummern erfahren Sie auf Webseiten zu solchen Themen. Dabei sollte Sie darauf achten, dass die Vorwahl entweder etwas wie 0180 oder eine andere ortsunabhängige Vorwahl enthält oder die Ortsvorwahl mit der der Firma übereinstimmt, für die Sie sich ausgeben. Nach einer Weile können Sie das Opfer dann wieder anrufen.

Wenn jemand Zweifel hat, ersticken Sie diese im Keim.

Auch der umgekehrte Weg hat schon oft funktioniert. Geben Sie sich als unzufriedener Kunde aus. Namen lassen sich leicht besorgen und egal was der Callcenter-Angestellte für ein Geburtsdatum auf seinem Bildschirm sieht: Sie sind der Kunde und werden verdammt noch einmal wissen, wann Sie geboren wurden. Verhalten Sie sich genau so, wie es ein unzufriedener Kunde tun würde. Lassen Sie sich auf keinen Streit oder eine Diskussion ein, ein richtiger Kunde würde das auch nie tun.

Gewöhnen Sie sich auch an, alles Mögliche an Informations-Material zu sammeln. Wenn Sie öfter vortäuschen, von einer bestimmten Firma zu sein, dann lassen Sie sich kostenloses Infomaterial zusenden. Viele Unternehmen machen das und jedes bisschen Information hilft Ihnen.

Ein anderer wichtiger Punkt ist, dass Sie die Sache konsequent durchziehen. Egal was passiert, legen Sie nicht einfach auf, denn das erweckt Misstrauen. Wenn jemand nach allem immer noch anzweifelt, dass Sie tatsächlich derjenige sind, für den Sie sich ausgeben, entschuldigen Sie sich und erzählen dem Opfer, dass Ihr Vorgesetzter sich bei ihm melden wird und lassen Sie dann einen Freund anrufen. Wenn Sie sagen, dass Sie etwas überprüfen müssen, dann rufen Sie auch zurück. Das ist der normale Verlauf der Dinge und jede Abweichung vom normalen Verlauf lässt das Opfer Verdacht schöpfen. Das ist das Letzte, was Sie wollen. Das Opfer soll alles als so normal wahrnehmen wie nur möglich, dann vergisst er es beinahe und kann sich kaum an Details erinnern.

Spielen Sie auch mit den natürlichen Emotionen der Menschen wie Angst und Neid. Bemerkungen wie

- ✔ Das könnte Ihre Privatsphäre gefährden
- ✔ Ihr Nachbar hat auch eins bestellt
- ✔ Sie möchten ja nicht, dass Ihre Telefonrechnung unendlich hoch wird

sind immer Argumente, die Menschen beeinflussen können. Wie Sie sehen, hilft ein wenig Psychologie oft weiter.

Dumpster Diving: Des einen Müll ist des anderen Schatz

Als *Dumpster Diving* bezeichnet man den Vorgang, in Mülltonnen nach Dokumenten und Informationen zu suchen. Dumpster ist der amerikanische Begriff für Mülltonne und Diving heißt so viel wie tauchen. Wie oft schmeißen Sie Zettel weg, auf denen Zugangskennungen und Ähnliches stehen? Dann überlegen Sie, wie viele Zugangsdaten in der Papierabfalltonne einer durchschnittlichen Firma liegen. Passwörter, Benutzernamen, Erklärungen zum firmeninternen Computersystem und viel mehr werden oft ohne Bedenken weggeworfen.

Da liegt es doch nahe, in dieser Papiertonne einmal rumzustöbern, oder nicht? Obwohl grundsätzlich empfohlen wird, solche sensiblen Daten gewissenhaft vor dem Entsorgen unkenntlich zu machen, hält sich kaum jemand daran. Das Ergebnis ist eine unendliche Quelle von Informationen für diejenigen, die sich nicht scheuen, mal ein bisschen dreckig zu werden.

Es ist eine verbreitete Methode in Hackerkreisen (und anderen ebenfalls, sogar die Polizei und Detektive schauen sich manchmal im Müll um), bei großen Firmen und Organisationen im Müll herumzuschauen. Was einige schon zutage befördert haben, reicht von Disketten mit Zugangsdaten bis hin zu dem gesamten Sicherheitskonzept großer namhafter Konzerne.

Seien Sie vorsichtig, wenn Sie so etwas tun sollten (ich würde Ihnen raten, es nicht zu tun, es kann unter Umständen illegal sein). Wenn sich die Mülltonnen auf Firmengelände befinden, kann dies als Hausfriedensbruch bestraft werden und die Besitzer werden sicherlich misstrauisch werden, wenn jemand bei ihnen im Müll herumwühlt.

Wie Sie sehen, sind einige Hacker sehr fantasievoll in ihrer Vorgehensweise.

Teil VI

Schutzmechanismen

The 5th Wave   By Rich Tennant

Ach ja, und versuchen Sie bloß nicht, ein falsches Passwort einzugeben.

In diesem Teil ...

In diesem Teil werden Sie die wichtigen allgemeinen Schutzmechanismen kennen lernen: Sicherheitskonzepte und Verschlüsselungen. Wieso muss ein Hacker so etwas wissen, fragen Sie sich? Die Antwort ist eigentlich einfach: Zum einen ist Verschlüsselung ein wichtiger Grundstein zum Verständnis von Computer-Sicherheit. Es taucht überall auf und Sie wären gut beraten, alle eigenen Nachrichten oder eigene Notizen bezüglich des Hackens zu verschlüsseln. Zum anderen ist es wichtig, dass Sie verstehen, wie Unternehmen und Behörden Sicherheitsrichtlinien aufbauen.

Kryptographie und Verschlüsselung

22

In diesem Kapitel

- ✔ Was ist Kryptographie?
- ✔ Wozu etwas verschlüsseln?
- ✔ Einige bekannte Verfahren
- ✔ Verschlüsselung in der Praxis
- ✔ Passwort-Knacker

In diesem Kapitel werden Sie lernen, was Verschlüsselung ist und wie Sie Ihre eigenen E-Mails verschlüsseln können. Sie werden auch die Theorie lernen, die dahinter steckt, und so in der Lage sein, zu verstehen, wie so etwas aufgebaut ist.

Was ist Kryptographie?

Das Wort *Kryptographie* kommt aus dem Griechischen. *Kryptos* heißt so viel wie »geheim« oder versteckt und *Graphia* bedeutet »Schrift«. Also bedeutet das Wort im Prinzip »Geheime Schrift«.

Diese Bedeutung trifft den sprichwörtlichen Nagel auf den Kopf, denn Kryptographie ist die Kunst, Schriften oder Botschaften durch Codes oder Chiffren so zu gestalten, dass sie nur von bestimmten (von dem Verschlüssler gewollten) Leuten entziffert werden können.

Das setzt allerdings voraus, dass der Verschlüssler ein System hat, nach dem er die Nachricht verschlüsselt, und dass der Empfänger der Botschaft dieses System auch kennt (ansonsten wäre das Ganze ja so witzlos wie der Versuch, eine Raufasertapete zu lesen).

Entschlüsselung und Verschlüsselung sind also beide Bestandteile der Kryptographie.

Verschlüsselung ist der Vorgang, eine Nachricht in einen Code umzuwandeln, Entschlüsselung das Verfahren, um ihn wieder normal lesbar zu machen.

Wozu etwas verschlüsseln?

Der Grund, etwas zu verschlüsseln, ist sehr einfach. Damit es keiner oder nur die von Ihnen gewollte Person lesen kann. Manchmal möchten Sie auch nur, dass nur Sie selbst in der Lage sind, es zu lesen. Beispielsweise, wenn Sie für sich wichtige Daten abspeichern möchten wie etwa ergatterte Passwörter.

Unternehmen verschlüsseln gerne Firmengeheimnisse, so dass, selbst wenn die Konkurrenz sie zu sehen bekommen würde, sie die Nachrichten nicht verstehen könnte. Wenn es sich um Geheimformeln oder noch nicht angemeldete Patente handelt, ist dieses Verfahren sehr üblich (James Bond lässt grüßen). Dies gilt gerade heutzutage, wo Industriespionage floriert und beinahe ein eigener kleiner Wirtschaftszweig daraus geworden ist. Auch die Aufenthaltsorte von wichtigen und berühmten Persönlichkeiten werden unter Umständen verschlüsselt, um Attentaten und Entführungen vorzubeugen.

Regierungen, aber natürlich besonders deren Geheimdienste und Armeen sind ein weiterer großer Abnehmer für kryptographische Produkte und Verfahren. Ganz besonders in Kriegszeiten erweisen sich unknackbare Codes als äußerst wichtig, damit der Feind die eigenen Nachrichten und Befehle nicht versteht.

Die Enigma-Maschine

Ein echtes geschichtliches Beispiel für angewandte Kryptographie ist die deutsche Enigma-Maschine. Es war ein Gerät, das sowohl die Leitzentrale der deutschen U-Boote als auch die deutschen U-Boote selbst während des zweiten Weltkriegs benutzten, um ihre Funksprüche vor den Alliierten geheim zu halten. Die ersten Jahre des Krieges klappte dies auch sehr gut, aber im späteren Verlauf des Krieges hatten die Alliierten den Code geknackt. Obwohl das einige deutsche Befehlshaber vermuteten, wollte die deutsche Führung nicht so recht daran glauben und schickte so wahrscheinlich etliche U-Boote und ihre Besatzungen in den Tod. Übrigens: Enigma ist Griechisch und heißt »Rätsel«. (Wussten Sie, dass der geniale englische Mathematiker Alan Turing, der maßgeblich am Knacken des Codes beteiligt war, wegen seiner Homosexualität Selbstmord begangen hat? Das war damals nämlich strafbar und er hatte die Wahl zwischen Gefängnis und einer Hormontheraphie. Schlimme Zeiten: Das ist der Dank des Vaterlandes für seine Helden!)

Die Computer-Sicherheit ist für beide Seiten in Netzwerken interessant: Für Netzwerkadministratoren und für Hacker. Zum einen möchten die Sicherheits-Experten ihre Passwort-Dateien und Zugänge vor Missbrauch schützen. Die Hacker hingegen möchten gerne, dass ihre eigenen Daten geschützt sind, falls die Gesetzgebung ihnen auf die Schliche kommen sollte (keine Beweise, kein Fall) und zum anderen müssen Hacker das Grundwissen besitzen, um die Schutzsysteme umgehen zu können.

Einige bekannte Verschlüsselungsverfahren

Die einfachste Form der Verschlüsselung besteht darin, den bekannten Buchstaben unseres Alphabets einen numerischen Wert zu geben.

1	2	3	4	5	6	7	8	9	10
a	b	c	d	e	f	g	h	i	j

In etwa in der Form. Wenn Sie dann eine Nachricht erhalten in der Form von

8 1 12 12 15

wissen Sie, dass es »Hallo« heißen soll. Solche Verschlüsselungssysteme finden Sie in jedem Kreuzworträtsel. Wenn Sie dieses Verfahren noch etwas schwieriger gestalten möchten (also schwieriger zu knacken), verteilen Sie wahllos Zahlenwerte, zum Beispiel:

8	7	3	0	5	2	6	9
a	b	c	d	e	f	g	h

In diesem Fall muss derjenige, der die Nachricht lesen soll, allerdings auch wissen, welche Zahl welchen Buchstaben ersetzt.

Diese Auflösungsliste eines Codes wird *Schlüssel* genannt, weil es genau wie ein Schlüssel für eine Truhe oder eine Tür den Inhalt offenbart und genau wie bei einer Truhe nur der richtige Schlüssel den Deckel öffnet.

ROT-13

Eine weitere Methode, die allerdings etwas komplizierter ist, heißt *ROT-13*. Bei ROT-13 ersetzt ein Buchstabe den eigentlichen Buchstaben, der sich aber 13 Stellen höher (weiter hinten) im Alphabet befindet.

a b c d e f g h i j k l m n o p q r s t u v w x y z

1 13

In dem obigen Beispiel ist der Buchstabe m in der Nachricht, er steht aber für das z (Ssie müssen 13 Stellen weiter zählen). Dieses oder ein ähnliches Verfahren wurde beispielsweise schon von den Römern verwendet. Heutzutage ist es aber absolut unzureichend, da ein Computer es innerhalb von Minuten knacken würde.

DES

DES wurde von IBM eigentlich mit der Absicht entwickelt, von den amerikanischen Bundesbehörden verwendet zu werden. Es ist heutzutage aber das Standardverschlüsselungsverfahren auf UNIX-Plattformen.

Im Prinzip wird das Passwort mit einem mathematischen Algorithmus verschlüsselt und auch verschlüsselt abgespeichert. Jedes Mal, wenn ein Benutzer sein Passwort eingibt, wird dieses nach demselben Algorithmus verschlüsselt und mit dem schon abgespeicherten verschlüsselten Passwort verglichen.

Ein mathematischer Algorithmus ist wie eine Art mathematischer Formel. Es besagt einfach, wie etwas berechnet werden soll.

Die Idee dahinter ist, dass so kein Passwort lesbar abgespeichert wird, so dass ein möglicher Dieb nur eine verschlüsselte, für ihn unlesbare Datei erhält. Bei der Verschlüsselung wird eine 56-Bit- (also 56 Zeichen lange) Variable verwendet. Die einzige Möglichkeit, den verschlüsselten Code zu entschlüsseln, besteht darin, alle möglichen Kombinationen auszuprobieren. Bei einer 56-Bit-Variablen sind das ca. 70.000.000.000.000.000 (siebzig Quadrillionen, viel, nicht?) mögliche. Die Maschine, die die Verschlüsselung ursprünglich vorgenommen hat, weiß allerdings Gott sei Dank genau, welche Variable genau sie dazu verwendet hat.

Schlüssel als Militärgerät

Für die Regierung der USA gelten alle Verschlüsselungsverfahren über 40 Bit als militärische Waffe. Das ist wahrscheinlich ein Überbleibsel aus der Ära des Kalten Krieges. Bis zum Januar 2000 durfte kein kryptographisches Verfahren, dessen Leistung darüber hinausging, exportiert werden. Zurzeit liegt die maximale Grenze des Erlaubten bei 128 Bit.

Verschlüsselung in der Praxis

Sie werden jetzt lernen, wie Sie Ihre eigenen E-Mail-Nachrichten anhand eines sehr nützlichen Programms verschlüsseln können: PGP.

PGP steht für *Pretty Good Privacy* und ist ein Verschlüsselungstool, das frei erhältlich ist. Es basiert auf einem System, das Public-Key-Verschlüsselung genannt wird. Das heißt, dass es mit zwei Schlüsseln arbeitet, einem öffentlichen und einem privaten.

Der öffentliche kann frei verteilt werden, da er nur dazu dient, die Nachricht zu verschlüsseln. Wenn Ihnen jemand also eine Nachricht schicken möchte und er möchte sicherstellen, dass nur Sie diese lesen können, verschlüsselt er diese mit Ihrem öffentlichen Schlüssel. Diese Nachricht kann dann nur mit Ihrem privaten Schlüssel entschlüsselt werden.

Obwohl PGP so ziemlich eines der Standard-Werkzeuge der Hacker-Gemeinde ist, gibt es auch einige böse Gerüchte darüber. Eines ist, dass die NSA (National Security Agency) der USA eine Hintertür eingebaut hat, womit sie jede mit PGP verschlüsselte Nachricht entziffern kann. Ob Sie das glauben, überlasse ich Ihnen.

Sie finden *PGP* auf der CD zu diesem Buch in dem Ordner SUPERSCAN.

Wenn Sie beispielsweise mit einem anderen Hacker geheim Nachrichten austauschen möchten, würden sie beide ihre öffentlichen Schlüssel austauschen. Wenn Sie ihm eine Nachricht senden, nehmen Sie seinen öffentlichen Schlüssel und verschlüsseln es. Wenn er Ihre Botschaft erhält, benutzt er seinen privaten Schlüssel, um die Nachricht zu entziffern. Dann nimmt er Ihren öffentlichen Schlüssel, um die Antwort an Sie zu verschlüsseln, welche Sie dann wieder mit Ihrem privaten Schlüssel entschlüsseln. Und so weiter, und so weiter ...

Die Nutzung des Programms erweist sich als äußerst einfach. Wenn Sie das Programm installiert und Ihren Rechner neugestartet haben, finden Sie unten rechts in Ihrer Taskleiste ein Symbol, das wie ein Schloss aussieht.

Abbildung 22.1: Hier das Icon von PGP in Ihrer Taskleiste

1. **Machen Sie auf dieses Icon jetzt einen Rechtsklick mit Ihrer Maus.**

   Es erscheint ein Auswahl-Menü.

2. **Gehen Sie auf den Auswahlpunkt PGPKEYS.**

   Jetzt erscheint ein Wizard, der mit Ihnen Ihre Schlüssel generieren wird.

3. **Klicken Sie auf WEITER.**

4. **Im nächsten Fenster geben Sie Ihren Namen und Ihre E-Mail-Adresse ein.**

   Damit wird Ihr Schlüsselpaar gekennzeichnet, damit Leute auch wissen, wem die Schlüssel gehören.

   Als Nächstes fragt Sie das Programm, welche Art von Schlüssel Sie generieren möchten.

5. **Nehmen Sie dort die STANDARD-Einstellung, denn es ist die gängigste.**

   Sie können auch den HILFE-Knopf drücken, um zu erfahren, wo die Unterschiede liegen.

6. **Klicken Sie dann auf WEITER.**
7. **Im nächsten Fenster können Sie die Länge Ihres Schlüssels festlegen.**

   Die Faustregel lautet:

   Je länger Ihr Schlüssel, desto sicherer, aber auch langsamer.

   2.048 Bits sind vollkommen ausreichend. Es bietet guten Schutz und ist noch schnell genug, um bequem damit arbeiten zu können (es nützt Ihnen wenig, wenn Sie 100 Jahre brauchen, Ihre eigenen Nachrichten zu entschlüsseln).

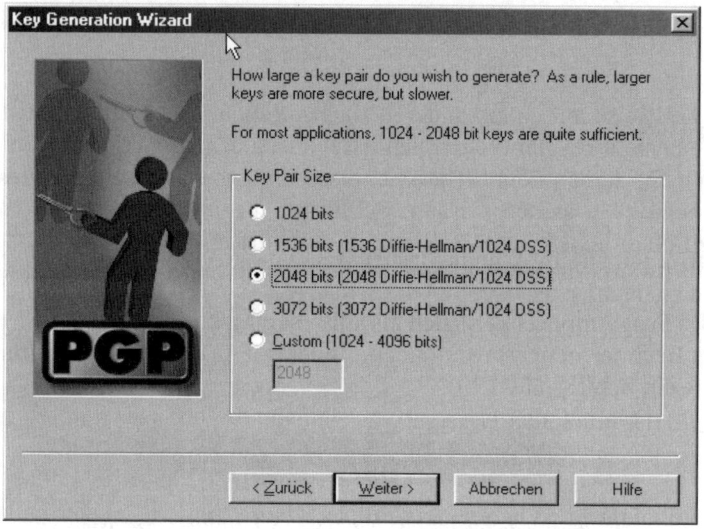

Abbildung 22.2: Hier können Sie die Länge Ihres Schlüssels festlegen.

8. **Also WEITER zum nächsten Fenster.**

   Im nächsten Fenster können Sie ein Datum festlegen, ab dem Ihr Schlüssel nicht mehr gültig ist. Diese Option eignet sich sehr gut für Kommunikation mit jemandem, mit dem Sie nicht allzu lange zu tun haben werden (oder wollen). Allerdings kann diese Option auch ärgerlich werden, da Sie jedes Mal nach dem Datumsverfall Ihren Schlüssel neu an die Leute bringen müssen.

9. **Lassen Sie hier also ein Datum lieber weg, drücken Sie stattdessen KEY NEVER EXPIRES und weiter geht's.**
10. **Im nächsten Fenster müssen Sie ein Passwort als zusätzlichen Schutz eingeben.**

    Seien Sie nicht beunruhigt, wenn Sie nicht sehen, was Sie tippen, das ist mit Absicht so eingerichtet. Sie müssen das Passwort zweimal eingeben, einmal oben und dasselbe wieder unten.

Das Passwort muss mehr als acht Zeichen haben. Merken Sie sich dieses Passwort gut, ansonsten sperren Sie sich selber aus Ihrem eigenen Schlüssel aus. Unter PASSWORD QUALITY wird Ihnen anhand eines Staubalkens die Qualität Ihres Passwortes angezeigt. Je voller der Balken ist, desto besser Ihr Passwort.

11. Klicken Sie nun auf WEITER.

PGP generiert Ihr Schlüsselpaar.

12. Wenn Sie dann wieder WEITER drücken, fragt PGP, ob Sie Ihren öffentlichen Schlüssel an den PGP-Root-Server schicken möchten.

Das heißt, dass Ihr Schlüssel zentral in einer Datenbank abgespeichert wird, wo andere nach Ihnen und Ihren Schlüssel suchen können.

Diese Auswahl überlasse ich Ihnen selber, wenn Sie dies nicht möchten, lassen Sie das Kästchen fei, ansonsten machen Sie einen Haken rein.

13. Jetzt können Sie auf BEENDEN klicken.

Sie sehen ein Fenster mit vielen Namen und Schlüsseln drin, inklusive Ihres eigenen. Die anderen gehören den PGP-Entwicklern.

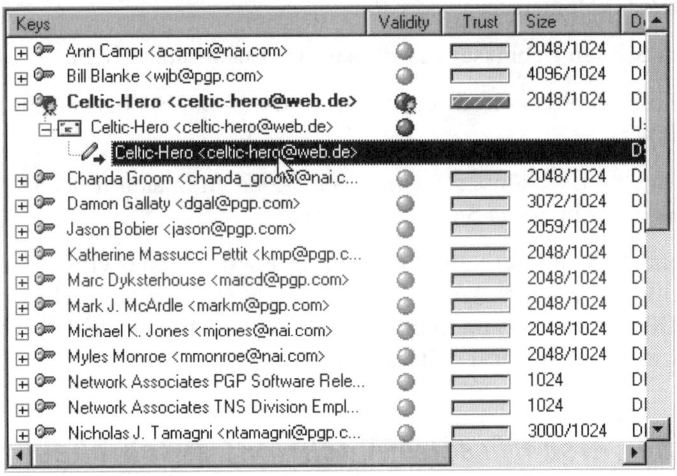

Abbildung 22.3: Hier ein Fenster mit vielen Schlüsseln. Ihrer ist der in fetter Schrift.

14. Um Ihren Schlüssel so zu bekommen, dass Sie ihn an andere weiterschicken können, müssen Sie auf Ihren Namen gehen, einmal rechtsklicken und in dem geöffneten Menü EXPORT auswählen.

Sie haben dort die Möglichkeit, Ihren privaten Schlüssel auch abzuspeichern. Davon würde ich Ihnen abraten, denn das ist der Schlüssel, den jemand benötigt, um Nachrichten, die an Sie gerichtet sind, zu entschlüsseln.

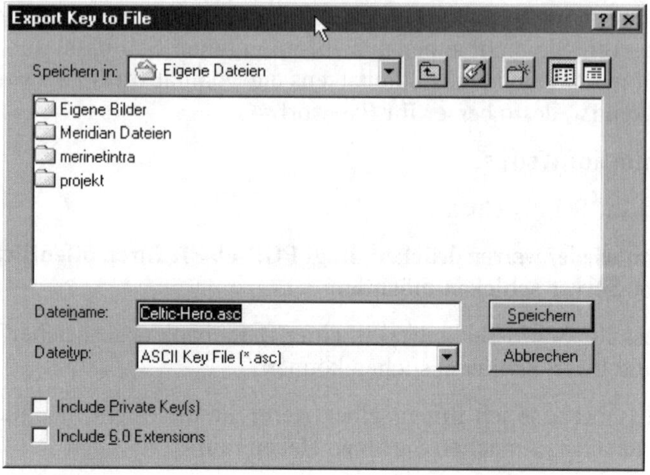

Abbildung 22.4: Hier können Sie Ihren Schlüssel speichern.

15. **Wenn Sie einen Schlüssel importieren möchten, doppelklicken Sie auf den Schlüssel.**

    Es erscheint ein Dialogfenster von PGP.

16. **Dort müssen Sie den Schlüssel auswählen und IMPORT auswählen.**

    Jetzt steht dieser Schlüssel in Ihrer Liste (vorausgesetzt, Sie haben schon von jemanden einen bekommen).

    Ihren eigenen Schlüssel können Sie nun per E-Mail an Bekannte schicken oder auch auf Ihre Homepage setzen, wenn Sie eine besitzen.

    Wenn Sie eine Nachricht erhalten, die verschlüsselt ist, oder eine versenden möchten, öffnen Sie Outlook Express. Wenn Sie nun auf NEUE NACHRICHT gehen, sehen Sie oben rechts die PGP-Optionen (wenn nicht, dann ist dort ein Doppelpfeil, weil das Bild zu klein ist, um alles anzuzeigen: klicken Sie auf ihn).

Anderen eine verschlüsselte Nachricht zuschicken

1. **Um jemanden mit seinem Schlüssel eine Nachricht zu senden, wählen Sie dann den Punkt ENCRYPT PGP aus.**

   Wenn Sie die Mail dann senden, erscheint ein Fenster mit allen Schlüsseln, die Sie haben.

2. **Hier doppelklicken Sie auf den Schlüssel von dem Empfänger.**

   PGP verschlüsselt dann die Daten und Sie können Ihre Nachricht abschicken. Ihr Gegenüber erhält die Nachricht und kann sie mit seinem privaten Schlüssel entschlüsseln und lesen.

Eine an Sie gerichtete Nachricht entschlüsseln

Wenn Sie eine verschlüsselte Nachricht erhalten, so zum Beispiel diese:

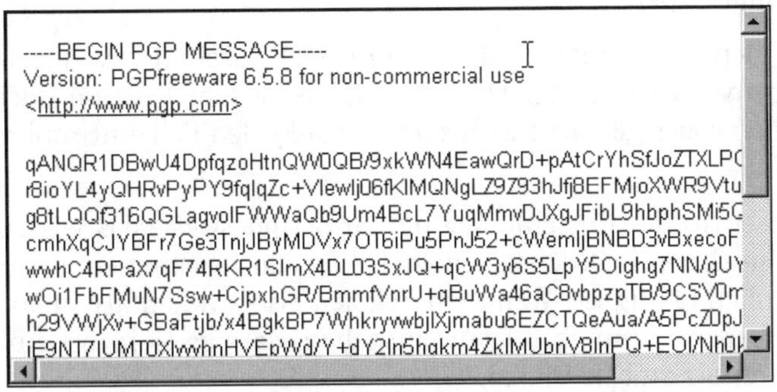

Abbildung 22.5: Eine mit PGP verschlüsselte Nachricht

1. **Klicken Sie sie in Outlook doppelt an.**

Wieder einmal kann ich Ihnen nur raten, sich mit dem Programm etwas näher auseinander zu setzen. Probieren bringt Ihnen mehr bei als 1.000 Bücher und Hacker sind sehr praktisch veranlagt.

2. **Oben rechts ist ein Icon DECRYPT PGP. Wenn Sie darauf klicken, wird der Text für Sie lesbar gemacht.**

   Sie werden zuerst gebeten, Ihr Passwort einzugeben.

3. **Bitte, tun Sie das und klicken dann auf OKAY.**

   Dann entschlüsselt PGP die Nachricht und Sie können sie lesen.

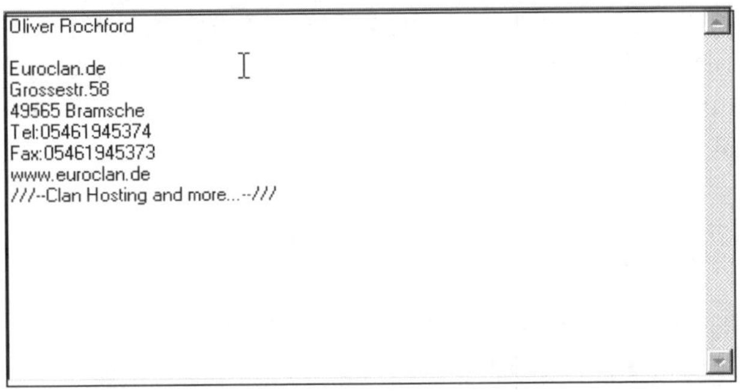

Abbildung 22.6: Die entschlüsselte PGP-Nachricht

Im Grunde genommen war das doch sehr einfach, oder? Es gibt auch noch ein paar andere Einstellungen, die Sie vornehmen können, aber Sie sind ja experimentierfreudig, nicht wahr?

Entschlüsselung

Aber wie werden Daten denn entschlüsselt, wenn Sie den Schlüssel nicht besitzen? Diese Frage beschäftigt unzählige Experten.

Früher mussten Menschen mühsam über dem verschlüsselten Text sitzen und versuchen, irgendwo ein Schema zu entdecken. Ob es durch das Verschieben von Buchstaben oder Anwendung von Zahlencodes gemacht wurde, es war auf jeden Fall eine mühsame und sehr oft vergebliche Arbeit.

Eine Hilfe bei dieser Art der Entschlüsselung war beispielsweise das Wissen über die eigene Sprache, zum Beispiel, welche Buchstaben am häufigsten vorkommen. In unserer Sprache ist es das E, das ziemlich häufig ist. Wenn ein Zeichen also am häufigsten vorkam, konnte ein Entschlüsselungsexperte zum Teil davon ausgehen, dass es sich um ein E handelte, um wenigstens einen Ansatz zu bekommen.

In der heutigen Zeit erledigen Computer diese Berechnungen. Sie werden mit ähnlichen Daten gefüttert, wie eben der Häufigkeit von Buchstaben und natürlich mit einer Menge mathematischen Gleichungen.

Wenn Sie dieses Thema näher interessiert, suchen Sie im Internet nach John the Ripper, ein sehr gutes Cracker-Programm oder schauen Sie auf die Webseite der NSA, die sehr viel zum Thema bereithalten. Sie finden sie unter `www.nsa.gov`.

Das Problem an der ganzen Sache mit der Entschlüsselung ist die Zeit, die sie beansprucht. Selbst sehr schnelle Computer brauchen für einen guten 128-Bit-Code Tausende bis Hunderttausende Jahre – und was nützt der dann den intelligenten Riesentomaten, die dann die Erde beherrschen? Meist werden solche Codes auch nur berechnet, weil der Verschlüsselungs-Algorithmus schlecht berechnet war und so irgendeinen Fehler enthielt.

Eine andere Methode, gerade um DES zu entschlüsseln, besteht darin, dass der Algorithmus zwar bekannt ist, das Passwort-Knacker-Programm aber jede mögliche Verschlüsselung ausprobieren muss, weil ihm das Verschlüsselungswort fehlt. Das heißt, dass das Programm eine Liste von Wörtern verwendet, diese verschlüsselt und dann mit den anderen verschlüsselten Daten vergleicht, um zu sehen, ob die verschlüsselten Wörter gleich aussehen. Auch dieser Prozess ist sehr, sehr langwierig.

Nicht so gut verschlüsselt

DES-Passwort-Knacker haben einen Vorteil, den sie nutzen können, denn obwohl DES-Verschlüsselung unzählige Schlüssel besitzen kann, kommen in der Praxis meistens nur 54 zur Anwendung (dies liegt wohl an einer Schwäche in dem Algorithmus). Das heißt, dass so ein Programm nur 54 Mal die Wörterlisten verschlüsseln muss, um einen passenden zu finden, aber auch nur, wenn das Passwort überhaupt in der Liste vorhanden ist. Deswegen sind sehr große, variierende Passwort-Listen sehr vorteilhaft.

Einbruchserkennung

23

In diesem Kapitel

- Einen Einbruch erkennen
- Erkennungsmittel
- Logs und Auditing
- Schäden beheben

In diesem Kapitel werden wir etwas näher darauf eingehen, wie ein Einbruch (oder ein zukünftiger) Einbruch erkannt werden kann, welche eingebauten Werkzeuge es dafür gibt und was Sie im Falle eines erkannten Einbruches tun können.

Obwohl viele Betriebssysteme eingebaute Auditing-Tools haben, empfiehlt es sich, auch noch andere Extra-Programme zu installieren, die diese Aufgabe mit übernehmen. Zum einen werten sie einige Daten anders aus und zum anderen wissen Hacker meist, wo die dem Betriebssystem eigenen Logs liegen, was bei Fremdprodukten nicht der Fall ist.

Logs und Auditing

Wie können Sie erkennen, ob jemand Ihr System besucht oder erfolgreich angegriffen hat? Die meisten Betriebssysteme (besonders Server-Betriebssysteme) haben eingebaute Protokoll-Systeme. Das heißt, dass sich die Systeme merken und auch irgendwo abspeichern, wann auf sie zugegriffen wurde, was gemacht wurde und von wem. Diese Dateien werden *Logs* genannt (aus dem Englischen to log, speichern oder merken) und die Systeme, die diese erstellen, nennt man *Auditing-Tools* (wobei Auditing so viel wie Überwachen heißt).

Selbst wenn ein Hacker diese Protokolldateien im Nachhinein abändert oder löscht, bleibt immer noch ein Hinweis, dass jemand dort war, denn die Löschaktion selber wird mitprotokolliert und ist schwer zu entfernen, oder es fällt auf, dass die Log-Datei fehlt.

Aufbau einer Log-Datei

Anhand der Log-Dateien eines Linux-Systems werden Sie jetzt sehen, was sich dort alles befindet. Bei den meisten Linux/UNIX-Varianten befinden sich die Log-Dateien in dem Verzeichnis `/var/log`.

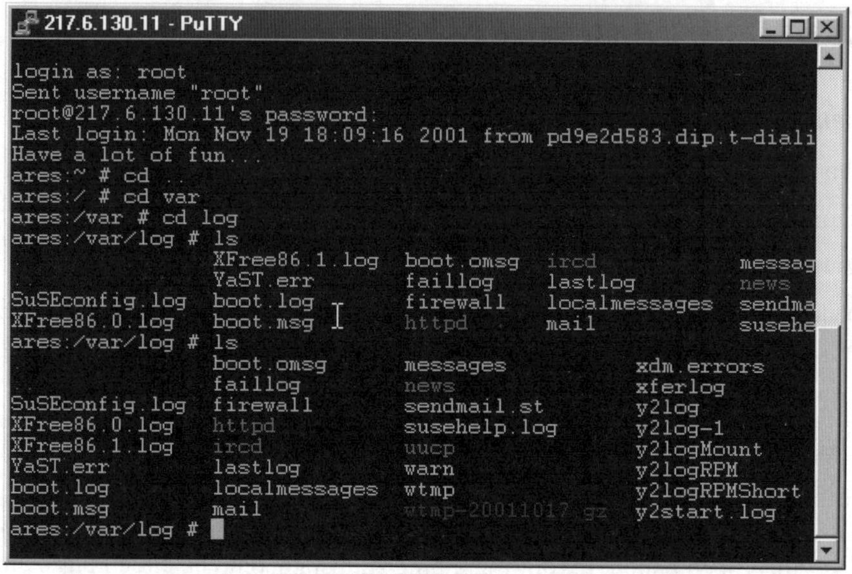

Abbildung 23.1: Wie Sie sehen, sind hier in dem Verzeichnis `/var/log` *die Log-Dateien des Systems.*

Es gibt verschiedene Log-Dateien, die andere Zugriffe und Ereignisse protokollieren. Bei Linux einige Beispiele:

- `Xferlog`: In dieser Log-Datei werden FTP-Übertragungen und ausgeführte FTP-Befehle gespeichert.
- `Messages`: Hier befinden sich allgemeine Systemnachrichten, wie automatisch ausgeführte Aufgaben, aber auch Zugriffe über Telnet, SSH und FTP-Verbindungen.
- In dem Verzeichnis `/var/log/httpd` (httpd steht für http-Daemon) befinden sich die Log-Dateien von dem Webserver. `access_log` enthält die Protokolle der Zugriffe und `error_log` Fehlzugriffe.

Ein Daemon ist ein Dienst in UNIX/Linux. Genaueres darüber finden Sie in Kapitel 12.

Diese Log-Dateien kann ein Systemadministrator jederzeit abrufen und angucken. Eine Beispiel aus der `message`-Datei wäre:

```
Nov 13 09:36:01 ares popper[31439]: connect from 217.6.130.12
(217.6.130.12)

Nov 13 09:50:34 ares popper[31482]: connect from 212.6.114.149
(212.6.114.149)
```

```
Nov 13 09:59:00 ares /USR/SBIN/CRON[31484]: (root) CMD ( rm -f /var/spool/
cron/lastrun/cron.hourly)

Nov 13 10:05:31 ares proftpd[31513]: connect from 217.5.69.244
(217.5.69.244)

Nov 13 10:05:31 ares proftpd[31513]: ares.euroclan.de (pD90545F4.dip.t-
dialin.net[217.5.69.244]) - FTP session opened.

Nov 13 10:05:31 ares proftpd[31513]: ares.euroclan.de (pD90545F4.dip.t-
dialin.net[217.5.69.244]) - no such user 'anonymous'

Nov 13 10:05:31 ares last message repeated 4 times
```

Wie Sie sehen, steht dort das Datum und die Uhrzeit, in diesem Fall der 13. November von 9:56 Uhr bis 10:05 Uhr. Dahinter steht der Name des Computers, `ares`, und der Dienst. Dahinter finden Sie, was passiert ist, und dahinter, wer der Urheber ist. Die ersten beiden Zeilen sagen also, dass am 13. November um 9:39 Uhr und um 9:50 Uhr der Dienst `popper` auf dem Computer (das ist ein E-Mail-Dienst) von den IP-Adressen 217.6.130.12 und 217.6.114.149 benutzt wurde. Wahrscheinlich wurden dort E-Mails an `ares` weitergeleitet. Die nächste Zeile ist etwas anders, dort fehlt nämlich die IP-Adresse. Es steht dafür aber ein Befehl, `/usr/sbin/cron`. Cron ist ein Dienst, der zu den Zeiten, die der Administrator vorgibt, einen Befehl ausführt, den er ebenfalls bestimmt. Meist sind das Backups und dergleichen Sachen. Bisher also alles nur standardisierte Vorgänge. Die Zeilen darunter sind aber sehr interessant.

```
Nov 13 10:05:31 ares proftpd[31513]: connect from 217.5.69.244
(217.5.69.244)

Nov 13 10:05:31 ares proftpd[31513]: ares.euroclan.de (pD90545F4.dip.t-
dialin.net[217.5.69.244]) - FTP session opened.

Nov 13 10:05:31 ares proftpd[31513]: ares.euroclan.de (pD90545F4.dip.t-
dialin.net[217.5.69.244]) - no such user 'anonymous'

Nov 13 10:05:31 ares last message repeated 4 times
```

Um 10:05:31 versuchte jemand, von der IP-Adresse 217.5.69.244 sich anonym per FTP einzuloggen. Dort steht `ares proftpd`, unser FTP-Dienst, dann der Name und die IP-Adresse des Computers, der versuchte, sich einzuloggen. `FTP session opened` heißt, dass er versucht hat, sich anzumelden. In der Zeile darunter steht dann die Meldung von dem FTP-Dienst, dass es den Benutzer `anonymous` nicht gibt. In der letzten Zeile steht dann, dass die letzte Nachricht viermal ausgegeben wurde.

Ein Anonymous-Zugriff sollte unbedingt vermieden werden. Es kann genau die Lücke sein, auf die ein Hacker gewartet hat, denn wenn er eine ausführbare Datei hochladen und diese durch den Webserver aufrufen kann, ist Ihr System wahrscheinlich infiltriert worden.

Was bedeutet dieser Eintrag jetzt konkret? Ganz einfach, ein Hacker hat nachgeschaut, ob er sich mit dem Eintrag `anonymous` unbefugt Zugang zu unserem System verschaffen konnte, wahrscheinlich, um dort auf dem FTP-Server irgendwelche Raubkopien für spätere Verwendung oder Verteilung an andere aufzubewahren. Natürlich war unser Administrator schlau und hatte das Gastkonto `anonymous` schon für ungültig erklärt, also konnte nichts passieren.

Wie Sie allerdings sehen, ist das Protokoll sehr nützlich. Wir haben ein Protokoll, das sogar vor Gericht verwendbar ist, es ist mit Zeit und Datum versehen und es enthält die IP-Adresse des Missetäters. Damit könnten wir im Falle eines Erfolges des Hackers zur Polizei gehen und Anzeige erstatten (der Versuch allein ist nicht strafbar, da viele FTP-Server Anonymous anbieten und der Täter immer noch sagen könnte, er hätte sich in der Adresse geirrt).

Hier haben Sie aber effektiv gesehen, wie nützlich eine solche Log-Datei ist. Kommt diese Meldung von derselben Adresse öfter vor, kann der Administrator damit rechnen, dass jemand seine Verteidigungen prüft und einen Angriff plant.

Ähnlich sieht es auch bei anderen Log-Dateien aus. Sie verzeichnen meist erfolgreiche, aber viel wichtiger, auch erfolglose Zugriffe, wodurch der Administrator sehen kann, wer alles versucht hat, sich einzuloggen, und teilweise auch wie.

Anonymous en masse

Solche Einträge kommen sehr häufig vor, denn viele Raubkopie-Anbieter suchen so nach Verteilungsmöglichkeiten ihrer Waren. Da die Funktion `anonymous` bei vielen FTP-Servern schon direkt nach der Installation aktiviert ist, finden sie auch oftmals Opfer. Es gibt Programme, die ganze Netze selbstständig nach dieser Schwäche abscannen und so die Arbeit der Netz-Schurken sehr beschleunigen und vereinfachen. Den Datenverkehr und die Rechnerlast bezahlt dann das Opfer, was bei einigen schon zu sehr hohen Rechnungen geführt hat. Richtig konfiguriert kann der Anonymous-Zugriff sehr gut sein, allerdings darf das Verzeichnis dann nur zum Lesen bereitgestellt sein. Als Anmeldung reicht nun der Benutzername `anonymous` und eine E-Mail-Adresse. Ein Administrator, der das nicht richtig einstellen und so vorbeugen kann, sollte sich einen anderen Job suchen.

Der nächste Schritt

Wenn Sie ernsthaft hacken möchten, werden Sie sich mit den Linux- und Windows-Befehlen gründlich auseinander setzen müssen. Am besten empfiehlt es sich, ein eigenes kleines Windows-2000- oder Linux-System zu Hause aufzubauen, damit Sie besser lernen können.

Hat der Administrator jetzt zufälligerweise entdeckt, dass es jemand geschafft hat, sich einzuloggen, kann er als Nächstes überprüfen, was derjenige dann gemacht hat. Die Log-Datei, die dafür zuständig ist, ist davon abhängig, welcher Dienst kompromittiert wurde. Nehmen Sie einmal an, dass sich ein Hacker als `root` über Telnet eingeloggt hat. Jeder Benutzer in Linux, der die Rechte hat, das System mit Telnet zu administrieren, hat ein Heimatverzeichnis. In der

Regel `/home/benutzer`. Die Ausnahme ist `root`, denn das Heimatverzeichnis von `root` ist einfach `/root`.

Wenn der Administrator jetzt dorthin geht, befindet sich dort eine Datei mit dem Namen `.bash_history`. In dieser Datei stehen die Befehle, die von dem Benutzer `root` ausgeführt wurden.

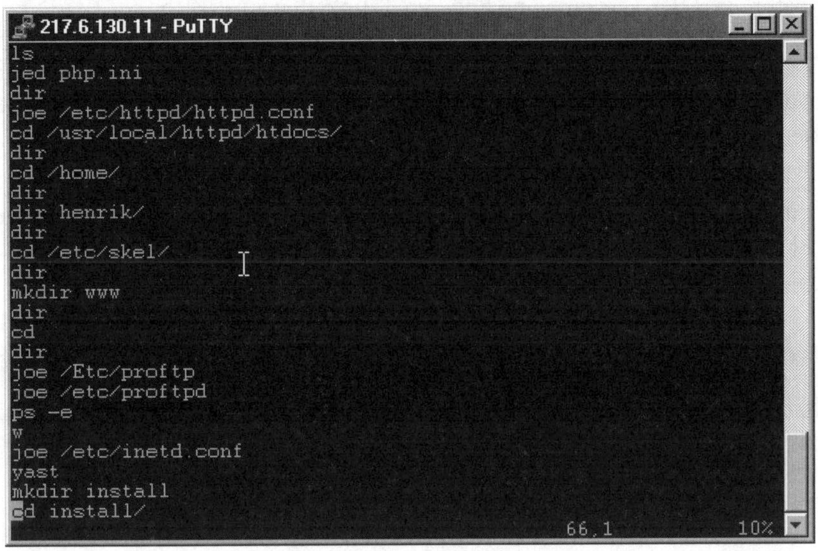

Abbildung 23.2: Hier sehen Sie die `.bash_history`-Datei mit den vom Benutzer `root` ausgeführten Befehlen.

Also wird der (clevere) Administrator diese Datei öffnen und hoffen, dass der Hacker seine Spuren darin nicht verwischt hat.

```
Ls
vi .bash_history
adduser
useradd
useradd -s bash
useradd -s /bin/sh
```

Das Erste, was ein Hacker tut, wenn er ein System erobert hat, ist, neue Benutzer-Konten anzulegen. Damit sichert er sich weiter den freien Zugang zu Ihnen. Zu diesem Zweck werden auch öfters Trojaner angebracht oder Sniffer und Keylogger.

Ein Hacker kann sich dieselben Log-Dateien auch zunutze machen. Beispielsweise kann er sehen, welche Befehle (unter anderem auch Passwörter) der Root-User eingegeben hat.

Wie Sie sehen, stehen dort jetzt die Befehle, die der Benutzer `root` zuletzt ausgeführt hat. `Ls` ist der Befehl, um den Inhalt eines Verzeichnisses anzuzeigen. `vi .bash_history` zeigt, dass der Hacker sich dieselbe Datei angeschaut hat, wie der Administrator es jetzt auch tut (`vi` ist ein Linux-Texteditor). Danach hat der Hacker versucht, einen neuen Benutzer anzulegen (`useradd` ist ein Befehl unter Linux, um dem System neue Benutzer zuzufügen), kannte aber den richtigen Befehl nicht und ist somit gescheitert. Danach hat er sich aus dem Staub gemacht. Ein Indikator dafür, dass der Hacker seine anderen Tätigkeiten in der `.bash_history` versteckt hätte, wäre mindestens der Aufruf dieser Datei gewesen, und das Mindeste, was drin stehen kann, ist `rm -R .bash_history`, denn dieser Befehl bewirkt das Löschen einer Datei. Aber dann hätte der Systemadministrator den sicheren Beweis, dass sein System erfolgreich angegriffen wurde.

Anhand dieser Beispiele haben Sie einen Einblick gewonnen, wie so ein Überfall auf Ihren Computer funktioniert und aufgebaut ist. Was aber tun, wenn Sie zum Beispiel merken, dass Sie gehackt wurden?

Keine Panik, noch ist nicht alles verloren

Also, Sie haben bemerkt, dass Ihr System gehackt wurde, was nun? Schreiend in Panik ausbrechen, verzweifelt weinen? Die Götter verfluchen und wie Rumpelstilzchen auf den Boden aufstampfen? Nichts von alledem. Die erste Aufgabe besteht darin, das System zu sichern. Das heißt: Nachschauen, ob irgendwelche neuen Benutzer angelegt wurden oder ob irgendwelche Programme laufen, die nicht in Ihr System gehören. Das Root-Passwort muss geändert werden, am besten alle Passwörter des Systems. Danach muss ermittelt werden, wie der Hacker überhaupt reingekommen ist. Wieder einmal sind die Log-Dateien der wichtigste Anhaltspunkt. Wenn die Lücke dann gefunden wurde, muss diese auch gestopft werden.

Ein anderer wichtiger Anhaltspunkt ist das Datum einer erstellten Datei. Die meisten Systeme merken sich, wann eine Datei erstellt oder zuletzt geändert wurde. Wenn Sie hier etwas aufpassen, können Sie schnell sehen, ob eine Datei verändert wurde. Die Größe von Dateien ist auch wichtig: Wenn auf einmal der Datenumfang und Speicherplatz einer Datei enorm zunimmt, ist das sehr merkwürdig und sollte überprüft werden.

Als Nächstes gilt es dann, alle Spuren des Hackers zu sichern, also auch wieder einmal die Log-Dateien. Diese sollten dann zur Polizei gebracht werden oder an die zuständigen Behörden.

Logs sind alles

Im Prinzip sind Log-Dateien der wichtigste Anhaltspunkt, sowohl für Hacker als auch für Administratoren. Der Hacker muss versuchen, nach dem Einbruch alles so gut zu verwischen wie es geht, so dass keiner merkt, dass er dort war. Sollte sein Aufenthalt in fremden Jagdgründen dennoch bemerkt werden, dann muss er seine Spuren schlecht verwischt haben.

Aus diesem Grund ist es sehr wichtig, dass Sie sich vorher gut über die Auditing-Tools eines Betriebssystems erkundigen, wenn Sie vorhaben, eins zu hacken. Es wäre wirklich peinlich (und hätte ernsthafte Folgen noch dazu), wenn Sie ein System hacken würden und dann wegen Unwissenheit des Verbrechens überführt werden würden (wobei dieses auf keinen Fall eine Auforderung an Sie sein soll, irgendetwas zu hacken). Die Bestrafung folgt dem dummen Hacker in der Praxis häufig auf den Fuß.

Auditing-Tools

Es gibt eine Menge Auditing-Tools von Drittanbietern. Ich werde hier nicht die einzelnen vorstellen, möchte Sie aber dennoch darum bitten, sich über diese Möglichkeit zu informieren, wenn Sie ein System ins Internet stellen.

Ein sehr gutes Überwachungsprogramm ist Tripwire für Linux, das regelmäßig die Integrität der Systemdateien überprüft.

Ein Hacker kennt sich meistens mit einem bestimmten Betriebssystem aus, aber er kann sich unmöglich mit jedem Überwachungsprodukt auskennen, das auf dem Markt erhältlich ist. Dies gilt erst recht, wenn er sich eventuell nicht einmal bewusst ist, dass es auf einem System vorhanden ist. Das ist oftmals der Punkt, an dem einem Hacker das Handwerk gelegt wird.

Aus Fehlern lernt man

Die wichtigste Aufgabe, nachdem ein System infiltriert worden ist, ist, den Fehler sofort zu beheben (insofern das möglich ist, wenn man von Microsoft abhängig ist, könnte das unter Umständen dauern). Dies ist wichtig, damit der Fehler nicht mehr bei dem nächsten System oder der nächsten Neuinstallation wieder auftritt. Es gibt kein 100 % sicheres System, aber es ist möglich, es zumindest so sicher zu machen, wie es nur geht.

Insel-Systeme

Es wurde einmal gesagt, dass ein System nur 100% sicher sein kann, wenn es nicht am Netz angeschlossen ist, es in einem Safe gepackt und auf dem Meeresboden versenkt wird. Dann sollten noch einige bewaffnete Wachboote patrouillieren, um ganz sicher zu gehen.

Diese Ansichtsweise wird von einigen Unternehmen beinahe praktiziert (nun gut, der Teil mit dem Meeresboden fehlt). Ein System, das nicht am Netz angeschlossen ist, wird *Insel-System* genannt. Bankautomaten und Ähnliches basieren auf diesem Prinzip, sowie Forschungssysteme mit sehr sensiblen Daten.

Schutzmaßnahmen und Sicherheitsvorkehrungen

24

In diesem Kapitel

- Physische Sicherheit der Geräte
- Sicherheitsrichtlinien

In diesem Kapitel werden Sie einige Sicherheitsrichtlinien kennen lernen. Dieser Punkt ist wichtig, damit Sie verstehen, wie Unternehmen Konzepte zur Computer-Sicherheit aufbauen, und weil erfahrungsgemäß viele Hacker irgendwann einmal beruflich in die Computer-Branche einsteigen und dementsprechend irgendwann einmal mit diesen Sachen in Berührung kommen werden.

Physische Sicherheit

So, Sie habe also die teuerste und beste Firewall auf dem Markt, Spitzen-Sicherheitsfachleute, die beste Passwort-Politik in der Branche und 100% dichte UNIX-Maschinen. Nützt Ihnen relativ wenig, wenn einfach jemand in Ihr Unternehmen kommt und den Server unterm Arm mit nach Hause nimmt.

Dieser Punkt ist einer, der am häufigsten und am schnellsten übersehen wird. Sie müssen Ihre Computer auch physisch absichern, ansonsten ist alles andere auch umsonst.

Sie brauchen nicht auf einen DoS-Angriff aus dem Netz zu warten, wenn alles, was ein Saboteur tun muss, ist, Ihre Sicherungen durchzuknallen.

Auch sollten die Server nicht unbefugten Personen zugänglich sein. Es gibt Programme, die es einem Angreifer ermöglichen, durch das Booten von einer Diskette aus Administrator-Rechte zu erlangen.

So langsam wissen Sie sicherlich, worauf ich hinaus will, oder? Aus diesen Gründen ist auch die physische Sicherheit der Systeme wichtig. Es folgen einige Richtlinien:

Die Server sollten sich in einem abgeschlossenen Raum befinden, zu dem nur nach strenger Kontrolle Zugang gewährt wird

Sie müssen nicht einmal einen abgeschlossenen Raum haben, ein Schrank mit Schloss ist schon einmal besser als gar nichts. Wichtig ist auch, dass keine Kabel frei herumliegen, oder noch viel schlimmer, offene Zugänge zu Ihrem Netzwerk vorhanden sein. Es gibt viele Systeme auf dem Markt, um Server und Computer abzusichern, vom einfachen Diskettenlaufwerk-Schloss, damit kein Unbefugter eine Diskette einschieben kann, bis hin zu Fingerabdruck- und Retina-Scanner. Jede kleine weitere Absicherung ist besser als gar keine. Nicht nur Angreifer können Schaden anrichten. Die unwissende Putzfrau, die den Stecker aus der Steckdose zieht, um den Staubsauger anzuschließen, ist genauso gefährlich wie ein Hacker oder Industriespion.

Geräte wie Fingerabdruck-Scanner und Retina-Scanner (dieser nimmt die Iris Ihres Auges als Passschutz) werden immer beliebter. Im Fachjargon heißen sie *Biometrische Schutzvorrichtungen*.

Notstrom sollte wenigstens in Form einer USV vorhanden sein

Die Stromzufuhr von Computern ist sehr wichtig, denn ohne Strom kein Computer (klingt logisch, oder?). Viele große Firmen haben Notstromaggregate in Form von eigenen Generatoren und dergleichen. Das Mindeste für den Betrieb eines Servers sollte eine USV sein. USVs sind Geräte, die zwischen dem Computer und dem Stromnetz stehen. Sie enthalten Batterien, die, falls der Strom ausfallen sollte, das Gerät mehrere Stunden lang noch mit Strom beliefern. Das hört sich vielleicht nicht nach viel an, kann aber schon lang genug sein, damit ein Administrator in Ruhe den Server runterfahren oder Sicherungskopien erstellen kann. Die meisten guten USVs haben auch eine Warnfunktion, so dass der Administrator per E-Mail oder Ähnlichem gewarnt wird, wenn ein Stromausfall erfolgt ist.

Zugriff sollte auf einen kleinen Personenkreis limitiert sein

Nur wer unbedingt muss, sollte Zugang zu den Systemen haben. Je kleiner der Kreis der Zugangsberechtigten, desto mehr fällt es auf, wenn jemand bei den Servern ist, der dort nicht hingehört. Wenn der Personenkreis eingeschränkt ist, fällt es der Unternehmensleitung auch einfacher, einen Schuldigen zu finden, wenn etwas manipuliert wurde. Es gibt Firmen, bei denen nicht einmal die Geschäftsführung physischen Zugang zu den Systemen hat.

Film als Vorlage

Wenn Sie ein gutes Beispiel für physische Sicherheit sehen möchten mit biometrischen Sicherheitsmechanismen, empfehle ich Ihnen den Film Mission Impossible mit Tom Cruise.

Hardware

Auch die Hardware sollte gewisse Voraussetzungen erfüllen, denn wieder einmal gilt es, dass Ihnen die beste Netzsicherheit nichts nützt, wenn das System selber fehlerhaft ist.

Die Hardware sollte zertifiziert sein (ISO und DIN sind sehr gut als Richtlinie). Irgendein Billigprodukt kann von Anfang an Sicherheitsdiskrepanzen beinhalten, zum Beispiel fehlerhafte Software, die zum Betrieb der Hardware nicht geeignet ist.

Router, Firewalls und dergleichen haben alle integrierte Software, an denen Sie wenig ändern oder machen können. Selbst CISCO Router, einer der bekanntesten und renommiertesten Router-Hersteller, hat öfters Sicherheitslücken in der Firmware.

Firmware ist die Bezeichnung für Software, die fest in einem Gerät installiert ist, meist auf einem ROM-Chip (Read-Only-Memory). Meistens ist es sehr schwierig, diese Software auszutauschen. Firm heißt so viel wie fest.

Ein Systemadministrator sollte deswegen oft auf die Sicherheitsnachrichten achten und öfter auf den Webseiten der Hersteller der Geräte, die er verwendet, vorbeischauen.

Software

Die Software, die im Betrieb eingesetzt wird, sollte sorgfältig ausgewählt werden, nicht nur nach Bedienungs- und Anwendungspunkten, sondern auch mit der Sicherheit im Auge. Ein Programm, das die Arbeit wesentlich erleichtert, ist wenig wert, wenn sich dadurch eine klaffende Lücke in der Sicherheit öffnet.

Es sollte oft, genau wie bei der Hardware, in den Sicherheitsnachrichten und auf den Hersteller-Webseiten nach neuen Schwächen und Sicherheitslücken geschaut werden.

Wenn man die Software-Vertriebsfirmen nach den Sicherheitsaspekten ihrer Software fragt, sind die Verkäufer meistens sprachlos oder sagen so etwas wie »Es ist ziemlich sicher«. Geben Sie sich damit nicht zufrieden, lassen Sie sich erklären, welche Sicherheitsvorrichtungen eingebaut sind. Sie wären überrascht, wie viele gar keine haben.

Der Fehlerfaktor Mensch

Der größte Fehlerfaktor ist immer noch der Mensch. Wenn Sie das meiste dieses Buches gelesen haben, werden Sie bemerkt haben, wie oft Hacker darauf spekulieren, dass der Anwender oder Administrator ein DAU (Dümmster anzunehmender User) ist. In der Praxis ist das auch meistens so. Ein Hacker braucht nur einen Fuß in der Tür, von da aus erobert er den Rest des Systems. Dieser Fuß in der Tür könnte ein Mitarbeiter sein, der zu schusselig ist, sich sein Passwort zu merken, also keines verwendet, oder der Kollege, der einen FTP-Server auf seinem Arbeitsrechner einrichtet, damit er von zu Hause aus Dateien laden kann. Wieder folgen einige Richtlinien:

Wenn Sie ein Administrator sind, erstellen Sie Sicherheitsrichtlinien für die Benutzung Ihres Systems

Diese sollten alle möglichen Gegebenheiten abdecken:

- **Passwort-Richtlinien:**

  Entweder Sie teilen Passwörter aus (aufwändig, aber sicherer) oder Sie teilen den Mitarbeitern mit, dass die Passwörter beispielsweise mindestens acht Zeichen lang und alphanumerisch sein sollten.

  Ändern Sie in unregelmäßigen Abständen die Passwörter oder veranlassen Sie, dass die Mitarbeiter dies tun.

- **Benutzungsrichtlinien:**

  Legen Sie fest, welche Anwendungen benutzt werden können. Wenn ein Mitarbeiter irgendein anderes Programm installieren möchte, lassen Sie sich das mitteilen, damit Sie beurteilen können, inwiefern es die Sicherheit des Systems beeinträchtigen könnte. Unterbinden Sie jegliche private, nicht von Ihnen autorisierte Nutzung von Computer-Ressourcen. Installieren Sie notfalls Log-Programme und scannen und testen Sie Ihr eigenes System regelmäßig.

Große Unternehmen haben ausgefeilte und haargenau ausgearbeitete Sicherheitskonzepte, die teilweise beinahe eigene Bücher füllen. Die der US-Regierung sind im Internet frei erhältlich und unter dem Namen *Rainbow Books* bekannt, weil jedes eine andere Farbe hat. Das wohl berühmteste ist das *Orange Book* (es hat einen orangefarbenen Umschlag) und beinhaltet die Kriterien zur Bewertung der Sicherheit eines Systems

- **Benutzerrichtlinien:**

  Seien Sie sehr penibel, welche Benutzer worauf zugreifen dürfen und können. Sie sollten einzelnen Benutzern gerade einmal so viele Zugriffsrechte geben, wie sie benötigen, um ungehindert arbeiten zu können. Ein Mitarbeiter aus dem Einkauf braucht nicht zu wissen, was die Produktion macht, wenn er es wissen möchte, sollte er die Produktion fragen, wenn es die Firmenstruktur erlaubt.

- **Vermitteln Sie die Sicherheitsrichtlinien**

  Sie sollten sichergehen, dass sich jeder Mitarbeiter der Sicherheitsrichtlinien bewusst ist. Ein Exemplar zum Unterschreiben bei der Aufnahme im Betrieb mit Unterschrift der Kenntnisnahme ist ein guter Ansatz sowie regelmäßige Auffrisch-Schulungen.

- ✔ **Ziehen Sie die Richtlinien knallhart durch**

  An diesem Punkt scheitern viele Sicherheitskonzepte. Der typische Computerfreak, selten kommt er raus und noch seltener unter Frauen, lässt sich manchmal zu gerne von der hübschen Sekretärin dazu verleiten, etwas Gefährliches für die Sicherheit zuzulassen, wie ein Programm zum Download der neuesten Lieder oder zum Chatten. Seien Sie konsequent und hart, sonst wünschen Sie sich, Sie wären es gewesen, wenn Sie um fünf Uhr morgens aus dem Bett geschmissen werden, weil das ganze Netzwerk nicht mehr funktioniert.

- ✔ **Gewährleisten Sie die Einhaltung und Geheimhaltung der Richtlinien**

  Eine Geheimhaltungsverpflichtung und Einhaltungserklärung sollte, sofern es rechtlich zugelassen ist, per Unterschrift bestätigt werden. So wird dem Mitarbeitern auch noch einmal klar gemacht, wie ernst es ist.

Dies sind nur einige Tipps. Es gibt unzählige Beispielkonzepte im Internet. Suchen Sie einmal mit `www.google.de`. Sie werden überrascht sein, wie detailliert einige sind. Wenn ein etwas größeres Unternehmen kein Computer-Sicherheitskonzept vorzuweisen hat, ist das gleichgestellt mit Fahrlässigkeit und die haben es wirklich kaum besser verdient, als gehackt zu werden. Chefs neigen dazu, so etwas zu übersehen und möchten auch gerne die Kosten dafür sparen. Die Rechnung geht spätestens nicht mehr auf, wenn die Kundendatenbank zerstört oder Betriebsgeheimnisse entwendet wurden.

Leider muss den meisten Firmen erst ein Unglück passieren, bevor sie merken, dass es eine Dummheit war, so etwas zu übersehen.

Wenn Sie ein Administrator sind, machen Sie sich Gedanken darüber, so etwas einzuführen oder wie Sie Ihre vorhandene Sicherheitsrichtlinie verbessern können.

Möchten Sie ein Hacker werden, befassen Sie sich mit dem Thema, denn oftmals können die Richtlinien (oder ihr Nichtvorhandensein) Ihnen gute Hinweise auf einen Ansatz für den Angriff geben.

Teil VII

Der Top-Ten-Teil und Sonstiges

In diesem Teil ...

In diesem Teil finden Sie die berühmten Dummies-Top-Ten und das Kapitel über die Software, die sich auf der CD zu diesem Buch befindet.

Die Top Ten der großen Sicherheitsfehler

25

In diesem Kapitel

- Der Zettel am Monitor
- Schlechte Passwortwahl
- Der Feind im eigenen Haus
- Faulheit

In diesem Kapitel werden Sie einige der größten Fehler kennen lernen, die ein Benutzer oder Systemadministrator nur begehen kann. Oftmals führt nicht das überlegene technische Wissen des Hackers dazu, dass er ein System infiltriert, sondern die Unachtsamkeit und Dummheit des Benutzers.

Der Zettel am Monitor

Dies ist einer der mit Abstand größten Fehler, die ein Benutzer machen kann: Um das Passwort nicht zu vergessen, schreibt er es auf einen Zettel und klebt ihn an seinen Monitor (achten Sie einmal darauf, wie viele Zettel mit Passwörtern in einem durchschnittlichen Unternehmen gut sichtbar einfach so herumliegen).

Sie sollten sich angewöhnen, auf alles einen achtsamen Blick zu werfen. Überall liegen Hinweise auf mögliche Passwörter. Poster von Lieblingsstars, der eben erwähnte Zettel am Monitor. Menschen sind vergesslich und wählen deshalb Passwörter, die sie sich merken können, weil sie immer um sie herum vertreten sind.

Einem Hacker steht es nicht auf der Stirn geschrieben, dass er einer ist. Jeder Praktikant, Besucher, Kunde oder Lieferbote könnte sich in seiner Freizeit näher mit Computer-Sicherheit des betreffenden Unternehmens auseinander setzen.

Nur einen Blick im Büro herum und schon ist die Pforte offen für einen intensiveren Blick in das Firmen-Netzwerk.

Schlechte Passwortwahl

Auch dies ist wieder ein Fehler, der von purer Dummheit zeugt. Bevor jemand das Passwort vergisst, nimmt er lieber eines, das er gar nicht vergessen kann:

- den Namen seines Hundes
- den Kosenamen der Freundin
- die Lieblingsband
- die eigene Telefonnummer
- das Geburtsdatum

Dieses Phänomen erwartet man für gewöhnlich nur bei blauäugigen Anfängern. Erschreckenderweise habe ich es allerdings schon bei Internet-Firmen miterleben müssen. Wie der bekannte Spruch sagt »Wer nicht hören will, muss spüren«, denn kurze Zeit danach wurde diese Firma tatsächlich gehackt.

Wenn Sie das Opfer etwas näher kennen, ist es meist nur eine Frage der Zeit, bis Sie das richtige Kennwort erraten haben. Menschen sind leider (oder auch erfreulicherweise, abhängig vom Standpunkt) so dumm und glauben, dass niemand auf so etwas achtet. Eine Kombination aus Lieblingsstar und Geburtsdatum würde ja meistens als Sicherheit schon ausreichen, doch das wäre ja wieder einmal zu kompliziert.

Kein Passwort oder Passwort = Benutzername

Auch hier wieder ein Lob an alle DAUs (Dümmster anzunehmender User). Wozu ein Passwort? Ich vergesse das ja sowieso, also nimmt der behütet aufgewachsene Benutzer lieber gar keins.

Viele denken sich, dass ihr Computer niemals Ziel eines Hacker-Angriffs werden könnte, und lassen solche Sicherheitserwägungen von vornherein beiseite. Hacker scannen jedoch oftmals wahllos IP-Adressen-Bereiche und suchen nach so einer leichten Beute. Eine Faustregel: Jeder könnte Opfer sein.

Auch das Benutzen von »Passwort ist gleich Benutzername«-Paarungen sind häufig anzutreffen. Der normale DAU denkt sich, dass da keiner drauf kommen wird. Die meisten Passwort-Knacker probieren diese Kombination jedoch als Erstes und manch ein betroffener Benutzer fragt sich verwundert, wie es geschehen konnte, dass jemand die Sicherheit seines Systems umgehen konnte.

Jeder ist ein Sicherheitsexperte

In der heutigen Zeit scheint jeder Zweite sich für einen Sicherheitsexperten zu halten. Zweimal die Computer-Bild gelesen und jeder hält sich für Bill Gates. Ratschläge von Profis werden dann selten befolgt, denn der DAU weiß es natürlich besser.

Es gibt einen ganz einfachen Grund, weshalb sich einige Unternehmen auf Computer-Sicherheit spezialisiert haben: weil sie davon Ahnung haben. Aber der selbstüberzeugte Sicherheits-

Guru streitet dann lieber mit dem wirklichen Experten und beharrt auf seine Meinung. Technische Details, sowieso unverstanden, gehen unter in einem Fest der Eitelkeit. Gehackt zu werden ist etwas, das nur anderen passiert.

Ein guter Ratschlag: Hören Sie zu, wenn jemand Ihnen etwas sagt. Überprüfen Sie es selber und probieren Sie es aus. Nur wenn Sie sich zweihundertprozentig sicher sind, dass Ihre Methode besser ist, sollten Sie andere nicht in Betracht ziehen. Es gibt immer jemanden, der besser ist und mehr weiß, und man lernt nie aus, hoffen Sie nur, dass es nicht jemand ist, der Ihr System angreift.

Der Hacker-Jäger

Bei einem Unternehmen durfte ich Zeuge werden, wie ein Administrator in Echtzeit im Chat erklärte, er habe soeben einen Hacker aufgespürt und würde ihm jetzt den Garaus machen. Dieser Mann hatte offensichtlich keinerlei Kenntnisse von Computer-Sicherheit. Doch um bei den Kunden die Schuld für die fehlerhafte Konfiguration seiner Systeme auf jemand anders zu schieben, erfand er einen imaginären Hacker. Das Ironische an dieser Geschichte ist, dass die einzigen Hacker, die sich in seinem System befanden, sich in den Laptop eingehackt hatten, womit er gerade arbeitete. Sie wollten sehen, wie er diesen angeblichen Hacker jagen würde. Natürlich merkten sie, dass das Ganze nur ein Spektakel war.

Die Moral dieser Geschichte ist, dass man vorsichtig sein sollte, wen man anlügt. Sie sollten niemals jemanden unterschätzen.

Der Angriff von innen

Oftmals sichern Administratoren ihr System vor jedem Angriff von außen ab. Nichts kann rein, alles ist dicht, aber trotzdem schafft es jemand, das System zu erobern.

Nur selten ziehen die Administratoren dann die eigenen Mitarbeiter in Betracht. Viele Mitarbeiter sind unzufrieden oder mögen den Administrator nicht, sie schielen vielleicht sogar mit einem Auge auf den Posten des Armen. Selbst Fort Knox wäre gefährdet, wenn der Angriff von innen stattfinden würde. Dies ist keine Aufforderung zur Paranoia (obwohl ein kleines bisschen gesunde Paranoia als Hacker recht nützlich ist), aber Sie sollten auch Kontrolle darüber haben, was hinter Ihrer Firewall geschieht.

Einige interne Benutzer lassen auch oftmals ohne böse Absicht eine klaffende Sicherheitslücke zurück, womit wir zu unserem nächsten Punkt kommen.

Schlecht durchgesetzte Sicherheitskonzepte

Ein cleveres und gut durchdachtes Sicherheitskonzept ist eine Notwendigkeit für jedes Unternehmen. Sicherheitsberater verdienen sehr gut mit dem Erstellen solcher Richtlinien. Die nützen aber herzlich wenig, wenn sich keiner daran hält.

Nicht nur der kleine Arbeiter hält sich oft nicht dran, die Chefetage ist sehr häufig das schlimmste Übel. Die jahrelange Gewohnheit, alles machen zu dürfen, was man möchte, weil man der Chef ist, lässt das Auge für Sicherheit manchmal erblinden. Immerhin gehört man ja zur Elite, also zählen diese dummen Regeln auch nur für die Untergebenen. Der Systemadministrator sollte jedem (ja, auch Ihnen, Herr Vorsitzender) klarmachen, dass Sicherheit kein Spiel ist und es sehr kostspielig und peinlich werden kann, wenn man sie als solches betrachtet.

Leider schieben auch Chefs, die den Einbruch verschuldet haben, dem Administrator den schwarzen Peter zu. So ist nun einmal das Leben. Der einzige Trost ist, dass so etwas demselben Chef immer wieder passieren wird und schließlich irgendwann kein Experte mehr für ihn arbeiten will.

E-Mail-Anhänge unvorsichtig öffnen

Wie viele E-Mails bekommen Sie am Tag? Bei mir sind es an die 120 Stück. Auch wenn das eventuell in viel Arbeit ausarten kann, sollten Sie jede E-Mail genauestens betrachten, anstatt sie sofort zu öffnen.

- ✔ Kommt Ihnen der Absender bekannt vor?
- ✔ Hat die E-Mail einen Anhang?
- ✔ Ist die Betreff-Zeile der E-Mail verdächtig (»Für Sie umsonst«, Bilder von nackten Mädchen usw.)?

Der Mensch (insbesondere der Mann) ist mit ein bisschen Menschenkenntnis und Fantasie leicht zu ködern. Sie sollten erst einmal überprüfen, ob die E-Mail, die Sie gerade empfangen haben, nicht einen Virus ist. Vorsicht und ein Anti-Viren-Programm sind hier sehr nützlich.

Faulheit wird bestraft

Wenn Sie ein Microsoft-System betreiben, wird dieser Punkt Sie ganz schön auf Trab halten, denn die pure Anzahl an Sicherheits-Updates, die für ein sicheres Windows-System erforderlich sind, beansprucht beinahe eine Vollzeitkraft.

Sie sollten mit Ihrer Software sicherheitstechnisch immer auf dem neuesten Stand sein. Das heißt, fleißig die Sicherheitsnachrichten lesen und ab und zu auf die Webseiten der Software-Hersteller schauen, ob es einen Patch für eine bekannte Sicherheitslücke gibt.

Dieser Punkt wird oft verschlampt. Ausreden wie:

- ✔ Aber alles lief endlich stabil
- ✔ Keine Zeit
- ✔ Ich wusste nichts davon
- ✔ Es wäre zu viel Arbeit gewesen

beeindrucken einen Hacker relativ wenig. Gerade bei Programmen wie Antiviren-Software ist die Aktualität ein sehr wichtiger Punkt, denn nur so erkennt es auch die neuesten Viren.

Eigenlob stinkt

Einige Administratoren sind so von sich selber überzeugt, dass sie regelrecht damit prahlen, ihr System könne nicht gehackt werden. Zur Freude eines Hackers erläutern sie dann oftmals sogar, wieso das so wäre. Das sind schon einmal zwei Fehler.

1. Einige Hacker mögen nichts lieber als etwas angeblich Unmögliches als machbar zu beweisen. Das ist gleichbedeutend wie ein Schild, auf dem steht »Hack me!«.
2. Dem Angreifer wird auch noch mitgeteilt, wie das Ziel-System gesichert ist.

Zurückhaltung und Mäßigung sind Tugenden, die nicht viele besitzen, aber sicherlich daran arbeiten sollten.

Sagen Sie lieber etwas wie »Bisher wurde ich Gott sei Dank noch nicht gehackt«, als so zu tun, als seien Sie der Schutzpatron der Computersicherheit in Person. Und halten Sie schön darüber still, wie Ihre eigenen Befestigungen aussehen. (In einigen Fällen kann es sogar strafbar sein, nämlich, wenn Sie eine Geheimhaltungs-Klausel unterschrieben haben).

Gar keine Sicherheit

Als Letztes mein Lieblingsfehler: Gar keine Sicherheit. Es gibt genügend Menschen, die einfach der Meinung sind, dass ihnen nichts passieren könnte. Dieselben Leute haben wahrscheinlich unzählige Schlösser an der Tür, fliegen nicht mit einem Flugzeug, weil sie ja abstürzen könnten, und essen nur Rohkost wegen der hohen Cholesterinwerte Aber was das Internet angeht: Nun ja, da kann ja nichts passieren.

Die Ausreden sind auch gut bekannt:

- ✔ Ich habe keine wichtigen Daten auf meinem PC

- Mich wird schon keiner hacken
- Ich kenne mich damit nicht aus

Leider sind dies alles ungültige Ausreden. Zum einen könnte der Computer gehackt werden, um als Angriffsplattform gegen ein anderes System zu dienen. In diesem Fall handelt der Benutzer eigentlich grob fahrlässig, denn die wahre Herkunft des Angreifers dann noch herauszufinden, ist nahezu unmöglich.

Es ist auch kein gültiges Argument, dass man sich nicht auskennt. Informationen sind gerade im Zeitalter des Internets leicht zu bekommen und es gibt sehr viel Literatur, die sich an den Laien richtet (Sie halten so ein Buch ja gerade in der Hand).

Antiviren-Software, richtige Konfiguration und ein Bewusstsein für Sicherheit sind ein nötiges Übel in unserem Informationszeitalter. Je eher das den Menschen klargemacht wird, desto sicherer wird das Internet werden.

Fachidioten

Selbst die meisten Menschen, die in der IT-Industrie beschäftigt sind, haben wenig oder gar keine Ahnung von Sicherheit. Ich habe selber eine große Anzahl von Internet-Unternehmen gesehen, die nicht in der Lage waren, ihr System auch nur annähernd zu schützen. Oft braucht ein Hacker nur dreißig bis sechzig Minuten, um in dem System Fuß zu fassen. Dass manche dieser Unternehmen dann auch noch die Daten und Dienste von Kunden betreuen, ist ein wahres Unding. Niemand würde sein Geld an eine Bank ohne Tresor geben oder seinen Familienschmuck auf der Straße liegen lassen, oder? Merken Sie sich: Netzwerke ohne Sicherheitsvorkehrungen sind wie Bungeejumping ohne Bungee-Seil!

Diese katastrophale Sicherheitslage ist auch der Grund dafür, weshalb so wenige Hacker strafrechtlich verfolgt werden. Eine Anzeige bei der Polizei würde ja voraussetzen, dass die Tat bekannt würde. Das hieße aber Bad Publicity für die Firmen selber. Und niemand will das. Leider gibt es noch keinerlei verpflichtende Sicherheitsstandards für solche Firmen. Solange es keine staatliche Kontrolle darüber gibt, ob ein Unternehmen befähigt ist, die eigene Sicherheit durchzusetzen, wird das auch wohl leider so bleiben.

26

Zehn Wege, ein Über-Hacker zu werden

In diesem Kapitel

- Der richtige Name
- Die richtige Einstellung
- Der BND-Hack
- Die richtige Karriere

In diesem Kapitel werden Sie mit etwas Humor lernen, was Sie unter keinen Umständen tun sollten. Vorab deswegen ein Dankeschön an den Autoren des Artikels »How to become an Ueberhacker«, von dessen Text folgende Ratschläge inspiriert sind.

Der richtige Name

Als Hacker sollten Sie einen bedrohlichen Namen wählen, der möglichst viele Zahlen statt Buchstaben hat. Immerhin wird dieser Name Sie während Ihrer erfolgreichen Hacker-Karriere ständig begleiten und alle anderen in Angst und Schrecken versetzen. Einige Beispiele wären:

- ✔ D3474-Mas73R
- ✔ K1773R
- ✔ 733T-H4Ck3r

Das System ist ganz einfach zu durchschauen, wenn Sie wissen, wie:

7 = L 4 = A

3 = E 1 = I

Wie Sie sehen, dienen diese als guter Ersatz für Buchstaben und sehen auch noch toll und hackermäßig aus. Dann noch schön Klein- und Großbuchstaben durcheinander schreiben und jeder andere wird sofort erkennen, dass Sie die absolute Ahnung haben, und wird sich nicht mit Ihnen anlegen.

Natürlich ist dieses nur sarkastisch gemeint. Wählen Sie Ihren Namen sorgfältig aus. Viele machen sich ihren ersten Eindruck von Ihrem Namen, also sollte er das widerspiegeln, woran Sie glauben oder wofür Sie eintreten (oder einfach, was sich gut anhört).

Die richtige Einstellung

Sie sind der Über-Hacker, vergessen Sie das nie. Egal wer, Sie wissen mehr und alle anderen haben Ihnen gefälligst Respekt zu erweisen. Wenn jemand anfängt technisch zu werden, sollten Sie ihn einfach beschimpfen.

- ✔ Sei still, du Lamer, sonst hacke ich dich!!!!!! (sehr viele Ausrufezeichen imponieren ungeheuer)
- ✔ Ich hacke alles, das Pentagon, das FBI, egal was
- ✔ Ich habe mehr drauf als ihr alle
- ✔ Du bist ja nur neidisch

Ich glaube, Sie verstehen, was ich meine. Nur so wird Sie jemand ernst nehmen und das in Ihnen erkennen, was Sie sind: Ein Super-Hacker.

Benutzen Sie sehr viele fertige Programme

Niemals Programmieren lernen. Es gibt genügend Programme im Internet, die Sie benutzen können. Zeigen Sie allen, dass Sie darüber stehen, selber zu programmieren, so etwas tut man nur, wenn man nicht richtig hacken kann. Sie brauchen nicht mehr zu lernen, Sie sind ja schon Elite.

Wenn Sie jemand als Skriptkiddy beschimpft, gehen Sie vor wie in Punkt 2 beschrieben.

Windows 98 und nichts anderes

Seien Sie nie so banal und benutzen tatsächlich Linux. Die anderen, die Windows 98 nicht benutzen und sagen, es wäre unmöglich, damit zu hacken, haben keine Ahnung. Die können das nur nicht. Zeigen Sie ihnen, dass ein Super-Hacker sehr wohl Windows 98 benutzen kann, Sie tun es ja auch. Wenn sich jemand deswegen über Sie lustig machen sollte, gehen Sie so vor wie in Punkt 2 beschrieben.

Die Behörden auf Sie aufmerksam machen

Dieser Punkt ist sehr wichtig. Die Behörden müssen wissen, dass Sie da sind. Die Vorgehensweise ist denkbar einfach. Prahlen Sie überall mit Ihren Errungenschaften. Mögliche Variationen wären:

- ✔ Das FBI gehackt zu haben und Sie hätten die Passwörter
- ✔ Einen Virus an die Bundesregierung geschickt zu haben

- ✔ Sie hacken für Geld für jeden, auch für Staatsfeinde
- ✔ Sie hätten Kreditkartennummern von Prominenten

Ihnen fällt sicherlich noch mehr ein. Achten Sie nicht darauf, dass Sie diese Taten nicht vollbracht haben, Sie hätten es tun können als Über-Hacker und das ist genau so gut.

Eine andere Methode ist, grundsätzlich als E-Mail-Signatur Wörter wie Atombombe, Attentat, Staatsgeheimnis, biologische Kampfwaffe, Bundesnachrichtendienst und Ähnliches aufzunehmen. Da alle E-Mails automatisch von den Amerikanern nach solchen Wörtern abgesucht werden, wird Ihr Bekanntheitsgrad bei denen sehr schnell steigen.

Der BND-Hack

So, dies ist ein absolutes Muss für einen Über-Hacker. Suchen Sie die Telefonnummer des Bundesnachrichtendienstes (11880, ein guter Tipp für jeden Hacker). Nun wählen Sie diese Nummer mit Ihrem Modem. Jetzt kommt der kniffelige Teil. Es wird jemand abnehmen und ständig fragen »Wer ist da«, »Das ist kein Modem- oder Fax-Zugang«. Lassen Sie sich nicht beirren. Das ist nur eine Ablenkungstaktik der eingebauten Sicherheit des Bundesnachrichtendienstes. Immer weiter wählen, es wird schon klappen, Sie sind immerhin ein Über-Hacker.

Die Festnahme: Die richtige Publicity

Nachdem Sie den BND-Hack durchgeführt haben, wird es nicht lange dauern, bis die fröhlichen Jungs in Grün kommen. Rufen Sie also rechtzeitig alle möglichen Nachrichtensender und Zeitungen an und erklären Sie denen, dass Sie gleich vom Bundesnachrichtendienst verhaftet werden und um Ihr Leben fürchten, weil Sie aus Versehen auf geheime Akten gestoßen sind. Schmücken Sie es aus, lassen Sie Ihrer Fantasie freien Lauf.

Wenn dann die Polizei Sie abholt, wehren Sie sich standhaft und schreien ununterbrochen »Hack the Planet«. Nun haben Sie den richtigen Eindruck hinterlassen.

Der Ausbau der Karriere

Nachdem die Polizei Sie mit einer Anzeige wegen irgendeinem kleineren Delikt (Täuschung der Öffentlichkeit oder so etwas) freigelassen hat, halten Sie sich bereit, Interviews zu geben.

Behaupten Sie immer wieder, die Regierung streite alles nur ab, um Sie als unglaubwürdig darzustellen. Wenn Sie nach Beweisen gefragt werden, einfach behaupten, der Geheimdienst hätte Ihnen diese abgenommen.

Bei jeder Gelegenheit machen Sie einen wissenden Eindruck, als wüssten Sie etwas, das dem Rest der Menschheit verborgen sei. Kleine Anspielungen sind eine gute Methode, um den Medienrummel um Sie herum aufrecht zu halten.

Phase 2 des Karriereplans

Jetzt kommt die zweite Phase auf dem Weg zum Über-Hacker. Gründen Sie ein Computer-Sicherheitsunternehmen. Stellen Sie einige unbegabte Hacker ein, die Kenntnisse über Sicherheit und von Programmierung haben, und holen Sie sich die Kunden. Wegen Ihres guten Rufes (nicht vergessen, Sie sind ein Über-Hacker) werden die Kunden schon von alleine kommen, also keine Sorge.

Dann formieren Sie Ihre Firma in eine AG um und verkaufen Sie Ihre gesamten Aktien. Wenn die Firma dann pleite geht, können Sie sich öffentlich zur Ruhe setzen.

Der altehrwürdige Über-Hacker

Sie haben es geschafft, Sie sind der Über-Hacker. Ab und zu können Sie sich nun ein wenig wichtig machen, indem Sie behaupten, Ihr Hacker-Team hätte wieder einmal etwas Großes aufgedeckt, eine Verschwörung gegen die Menschheit oder Ähnliches (eine Belohnung auf den Kopf eines bekannten Terroristen soll eine gute Methode sein). Sie können jetzt die Lorbeeren Ihrer harten Arbeit genießen. Schreiben Sie ein paar Bücher oder Ähnliches, wenn Ihnen langweilig wird.

Der echte Über-Hacker

Danke an »Kimble« Schmitz für die Inspiration. Kimble ist ein angeblicher Hacker, von dem die Szene nichts hält noch eigentlich weiß, dass er jemals dazu gehörte. Dennoch behauptet er, er sei einer der besten Hacker, die es jemals gab, und schlug aus dieser Behauptung und einer zweifelhaften Verhaftung Profit. Und es wundert die Allgemeinheit, dass er als Über-Hacker weder seine Webseite noch irgendetwas anderes sichern kann. Danke an die Medien (besonders die Bild-Zeitung).

Zehn Sachen, die Sie als Hacker unbedingt haben sollten

27

In diesem Kapitel

- Welche Hardware-Ausstattung zu empfehlen wäre
- Empfohlene Literatur
- Werkzeug
- Spielzeug und Gimmicks

Es gibt einige grundlegende Werkzeuge, die Sie haben sollten, wenn Sie hacken möchten. Nicht alle sind unbedingt notwendig, können sich unter Umständen aber als nützlich erweisen.

Was empfiehlt sich als Hardware? Diese Frage wird zum Teil auch dadurch beeinflusst, welche Ressourcen Ihnen zur Verfügung stehen. Ich werde einmal in etwa das aufzählen, was Sie mindestens haben sollten.

Einen Hauptrechner

Auf diesem sollte zumindest das Betriebssystem laufen, das Sie benutzen wollen. Sie sollten auch bedenken, dass Windows 2000 wesentlich höhere Anforderungen als Linux hat. Ein durchaus geeigneter Rechner hätte etwa 700 bis 800 Megaherz, eine 10-GB-Festplatte und 256 MB RAM. Je mehr Takt und Speicherplatz, desto besser natürlich. Eine Version des Betriebssystems sollte natürlich auch verfügbar sein. Sonst starren Sie zwei Tage auf die BIOS-Ausgabe und wundern sich, dass sonst nichts passiert.

Einen Zweitrechner

Dies ist sehr zu empfehlen. Dann können Sie mehrere Aufgaben auf einmal erledigen, wie z.B. Portscans oder Passwörter knacken. Dieser Rechner kann kleiner sein, Pentium I mit 64 MB RAM reicht ganz gut, um Linux zu installieren.

Ein Zweitrechner auf Linux-Basis eignet sich auch sehr gut als kostengünstige Firewall.

Eine Internet-Anbindung

Dieser Punkt ist sehr wichtig, denn wenn Sie nicht ins Internet kommen, können Sie auch wahrscheinlich nichts hacken (logisch, oder?). Je schneller, desto besser. Modems sind sehr langsam in der Datenübertragung. Da Sie oftmals Programme oder sehr viel Textmaterial aus dem Internet laden werden, ist es nicht zu empfehlen, ein Modem zu benutzen.

Dennoch ist es ganz gut, ein Modem zu haben, falls Sie jemals von woanders aus arbeiten als von Zuhause. Ein Analoganschluss lässt sich fast überall finden, ISDN oder DSL hingegen schon weniger.

Ein guter Provider ist auch wichtig. Große Anbieter wie AOL sind oft überlastet und langsam.

Es gibt sehr viele Bauanleitungen im Internet für Geräte wie Wanzen und Wanzenfinder oder auch Anleitungen, wie Sie Ihre eigene Hardware aufbessern können. Da empfiehlt es sich, einiges an Elektronik-Kram zu besitzen.

Bücher

Eine große Auswahl an Büchern ist sehr zu empfehlen. Es ist zwar möglich, alles aus dem Internet zu besorgen, es ist aber sehr anstrengend für die Augen (oder für den Drucker). Abgesehen davon ist es manchmal einfacher, in einem Buch nachzuschlagen, in dem alles gut sortiert ist, als im Chaos des Internets nach einer kleinen Sache zu forschen.

Bücher müssen auch nicht unbedingt teuer sein. Programmierbücher verlieren selten an Gültigkeit und ältere sind gebraucht zu bekommen. Zeitschriften gibt es auch gebraucht relativ günstig. Jedes bisschen Wissen kann eventuell nützlich sein.

Einen Werkzeugkasten

Werkzeug ist ziemlich wichtig, denn Hacker neigen dazu, viel zu tüfteln und zu basteln. Das Werkzeug sollte sich für Elektronik eignen (Lötkolben lässt grüßen) und eine Sammlung an alten Elektronik-Bauteilen kann auch nicht schaden.

Ein Telefon

Telefone sind ziemlich wichtig, gerade wenn Sie Social Engineering machen möchten. ISDN ist da zu empfehlen, da Sie die Rufnummerübertragung ausschalten können, und ISDN bietet viele nützliche Funktionen, wie Anklopfen bei Mehrfachanrufen und Konferenzschaltungen.

Selbst wenn Sie die Rufnummerübertragung ausschalten, können Behörden wie Polizei und Feuerwehr diese sehen. Staatsorgane besitzen Spezialgeräte, die sie trotzdem anzeigen.

Ein Diktiergerät

Ein Diktiergerät kann sich als sehr nützlich erweisen, besonders wenn es darum geht, Telefonate mitzuschneiden. Alternativ gibt es auch Programme, die aus Ihrem PC ein Mitschneidegerät machen (liegt den meisten Modems bei). So können Sie sich später ein Telefonat noch einmal genauer anhören.

Eine Software-Sammlung

Eine ausgiebige Software-Sammlung ist sehr nützlich. Sie wissen nie, was Sie wann gebrauchen können. Alles, was auch nur im Geringsten mit Dateiumwandlung, Dateibearbeitung und Ähnlichem zu tun hat, kann irgendwann mal kritisch benötigt werden.

CDs, wie sie oft in Zeitschriften beiliegen, gibt es auch oft für sehr wenig Geld auf dem Flohmarkt. Da finden sich so tolle Sachen wie Linux-Distributionen und andere nützlichen Programme

Katalogisieren Sie Ihre Sammlung sorgfältig, damit Sie auch wissen, was Sie haben und wo Sie was finden können. Und machen Sie das lieber von Anfang an. Die Software erst nach ein bis zwei Jahren Sammeln zu ordnen, ist ein absoluter Krampf, wie ich Ihnen aus eigener leidvoller Erfahrung bestätigen kann.

Ersatzteile

Sammeln Sie einfach alles, wenn Sie es unterbringen können. Ersatzteile und allgemeine Geräte können sich wie alles andere auch irgendwann einmal als nützlich erweisen.

Das alte vierfach schnelle CD-ROM-Laufwerk mag im Vergleich zu Ihrem fünfzigfachen nicht mehr zu viel taugen. Wenn Ihr schneller Liebling aber mal kaputt geht, haben Sie wenigstens ein CD-Laufwerk, das läuft. Wenn Sie genügend Teile sammeln, so könnte daraus Ihr neuer Linux-Rechner werden.

Einen Drucker

Ein Drucker gehört zur Minimal-Ausrüstung. Ein alter Nadeldrucker eignet sich hierfür besonders gut. Nadeldrucker mögen laut und langsam sein, aber sie können mit Endlospapier arbeiten und drucken sehr viele Seiten für sehr wenig Geld.

Sie werden wahrscheinlich sehr viel drucken, besonders Anleitungen zum Hacken und Sicherheitshandbücher und dergleichen, also ist der Kostenfaktor sehr wichtig.

Persönlichkeiten aus der Hacker-Kultur

28

In diesem Kapitel

- Kevin Mitnick
- Linus Torvalds
- Captain Crunch
- Karl Koch
- Der Mentor

Dieses Kapitel sollte ursprünglich »Die Top-Ten-Hacks aller Zeiten« heißen. Ich entschied mich allerdings dagegen. Wahrscheinlich möchten Sie wissen, warum? Beim Recherchieren fiel mir eines auf: Die angeblich großen Hacks waren meistens nur Sachen, die mehr das öffentliche Interesse erregten, als das widerspiegelten, worum es beim Hacken eigentlich geht. Und so entschied ich mich, einige der Personen aufzuführen, die das Hacken in seiner derzeitigen Form überhaupt ermöglicht haben (ob die heutige Entwickelung gut ist, soll dem Leser überlassen sein). Naja, es sind nicht ganz zehn ...

Kevin Mitnick

Kevin Mitnick, genannt der Kondor, ist wohl der berühmteste Hacker aller Zeiten. Wieso? Mitnick kam schon in jungen Jahren mit dem Gesetz in Konflikt. Hier einige seiner Vorstrafen:

- ✔ 1980 hackte sich Mitnick und die Hacker-Gruppe Roscoe Gang in US-Leasing ein, eines der größten amerikanischen Leasing-Unternehmen. 1982 bekam er dafür als Strafe 90 Tage Therapie im Jugend-Justiz-System und ein Jahr Bewährung.
- ✔ 1987 hackte sich Mitnick in Santa Cruz Operation, eine US-Firma, ein und wurde daraufhin zu drei Jahren auf Bewährung verurteilt.
- ✔ 1988 wird Mitnick wegen eines Hacks, bei dem er DEC-Software geklaut hat, vom FBI überführt. Er wandert ein Jahr ins Gefängnis.
- ✔ 1992 sucht das FBI wieder einmal Mitnick, weil er sich angeblich in PacBell (die Telefonfirma für die gesamte Pazifikküste Amerikas) eingehackt hat. Mitnick flieht und versteckt sich.

1995 spürt Tsutomu Shimomura (ein Mitarbeiter an der San-Diego-Universität) Mitnick auf und überführt ihn.

Mitnicks Status als Hacker ist sehr umstritten, viele halten ihn für einen Cracker, also ein Hacker, der böswillig und zum eigenen Nutzen hackt.

Bedenken Sie, dass dies nur einige herausgegriffene Ereignisse sind. Kevin Mitnick hatte noch mehr Vorstrafen und es wird vermutet, dass er viel mehr angerichtet hat, als bewiesen werden konnte. Er ist eine umstrittene Figur in der Hacker-Szene. Entweder man liebt ihn oder man hasst ihn. Die Problematik der Diskussion besteht darin, dass viele seiner Taten Cracker-Taten waren: böswillig, aber zum Zweck der Informationsfreiheit. Nach seiner Verhaftung wurden viele Webseiten gehackt und die Nachricht »Let the Condor fly again« (lasst den Kondor wieder fliegen) und ähnliche Nachrichten hinterlassen.

Mittlerweile ist Kevin Mitnick wieder auf freiem Fuß. Er hat allerdings sehr viele Bewährungsauflagen. Die härteste davon dürfte wohl das absolute Computerverbot sein.

Reich durch Mitnick

Tsutomu Shimomura schrieb ein Buch über seine Jagd auf den Kondor. Dieses Buch und eine Vielzahl von Interviews machten ihn sehr bekannt und auch sehr reich. Zugegeben: Eventuell hat er es auch verdient. Kritiker sagen jedoch, dass es ein ungleicher Kampf war. Hätte Mitnick über dieselben Ressourcen und dieselbe Hilfe durch das FBI wie Shimomura verfügt, wäre er nie von diesem gefangen worden.

Linus Torvalds

Ist Linus Torvalds ein Hacker? Im Sinne der Computersicherheit nicht, aber er hat unter anderem eine Sache geleistet, für die ihn die Hacker für ewig in ihre Herzen schließen werden: Seine Leistung ist das Linux-Betriebssystem.

1991 entwickelte Torvalds den ersten lauffähigen Linux-Kernel. Schon kurze Zeit danach gibt er den Kernel im Internet frei. Viele andere Hobby-Entwickler sind begeistert und entwickeln Linux mit. Das Entwicklerteam steigt auf ca. 100 und die Anwenderzahl auf 20.000. 1993 wird Linux netzwerkfähig und die Benutzerzahl beläuft sich auf ca. 100.000. Der Rest ist Geschichte, denn Linux ist zurzeit das Betriebssystem mit dem größten Wachstum.

Ein *Kernel* ist sozusagen der Motor unter der Haube eines Betriebssystems. Es erledigt alle Aufgabe, die dazu führen, dass andere Programme mit der Hardware kommunizieren können.

Selbst Microsofts Bill Gates, obwohl er dies in der Öffentlichkeit niemals zugeben würde, sieht eine Gefahr in Linux, wie einige verirrte interne Firmen-Memos zeigen.

Linux ist zum Lieblingswerkzeug der Hackergemeinde geworden. Die Fähigkeit, den Quelltext einzusehen, und die riesige Anzahl an freiwilligen Helfern, die das System ständig erweitern und verbessern, liegt genau im Sinne der Hacker-Ethik.

Captain Crunch

Captain Crunch, alias John Draper (siehe Kapitel 1) setzte so einige Meilensteine in der Hack-Geschichte. Zum einen gilt er als der Erfinder der Beige Box, dieses kleinen wunderbaren Geräts, das früher das kostenlose Telefonieren in den USA ermöglichte.

Seinen Handle holte er sich von einer Frühstücksflocken-Marke, die als Geschenk einmal eine Pfeife mitlieferte, die mehr oder weniger einen 2600-Mhz-Ton hervorbrachte. Dieser Ton war es, der der Telefonzentrale signalisierte, dass ein Anrufer aufgelegt und den Hörer auf die Gabel gelegt hatte. Hörte die Zentrale diesen Ton, ohne dass vorher aufgelegt wurde, so wurde der Anruf nicht mehr weiterberechnet.

Draper ist sogar heute noch in der Hacker-Gemeinde präsent, nach 30 Jahren (er erfand die Beige Box im Jahr 1972).

Ein anderes Ereignis, das wahrscheinlich durch Draper hervorgerufen wurde, war der erste Kontakt der Unterwelt mit dem Hacken. Als Draper zum ersten Mal wegen eines Hack-Verstoßes ins Gefängnis wanderte, brachte er einigen Unterweltlern die Kunst des Hackens bei. Im Gegenzug erhielt er Schutz, er war ein Techniker, kein Schwerkrimineller und hätte sonst wahrscheinlich eine sehr harte Zeit gehabt. Viele Experten sind der Meinung, dass dadurch der kriminellen Unterwelt der Nutzen von kriminellem Hacken bewusst wurde.

Spaß und Abenteuer

John Draper ist der Mittelpunkt vieler Geschichten. Eine der bekanntesten und lustigsten ist, dass Draper und ein paar Freunde aus Versehen eine private Leitung zum Weißen Haus fanden. Sie hörten mit und schnappten ein Passwort auf, um den Präsidenten (zu dem Zeitpunkt Präsident Nixon) an den Apparat zu kriegen. Also wählten sie diese Nummer und sagten das Passwort »Olympus«. Eine Stimme sagte »Einen Moment bitte« und jemand, der sich sehr nach Nixon anhörte, fragte »Was ist«. Der Freund von Draper sagte: »Sir, hier ist Los Angeles, wir haben eine Krise. Wir haben kein Toilettenpapier mehr.« Nixon soll geschrieen haben »Wer zum Teufel ist da?« und die Hacker legten auf.

Karl Koch

Karl Koch (bekannt unter dem Namen Hagbard) gilt wohl als der berühmteste und vor allem sagenumwobenste deutsche Hacker. Zusammen mit einigen anderen spionierte und hackte er einige Jahre für das KGB.

Insgesamt hackte sich das Team in sehr viele Systeme ein, darunter Daimler, NASA und andere westliche Verteidigungs-Institutionen.

Das war jedoch nicht das wirklich Interessante an ihm. Die Tatsache, warum er so sagenumwoben ist, ist sein Tod. Nachdem er und die anderen sich den Autoritäten gestellt hatten, wurde er am 23. Mai 1989 tot aufgefunden. Koch hatte ein bekanntes Problem mit Drogen und litt angeblich unter Depressionen. Die Polizei legte den Fall als Selbstmord zu den Akten. Das Eigenartige war allerdings, dass seine Leiche in einem Waldstück verbrannt aufgefunden wurde. Noch seltsamer war der Zustand der Leiche: ohne Schuhe, in Benzin getränkt und die umgebende Brandfläche offensichtlich durch Menschenfüße unter Kontrolle gehalten. Wieso sollte sich jemand mit Benzin übergießen, seine Schuhe ausziehen, sich dann selber anzünden und dann auch noch den Brand unter Kontrolle halten? Der Fall wird sehr oft diskutiert und jeder hat seine eigenen wilden Theorien. Die Wahrheit wird wohl nie richtig rauskommen.

23

Die Geschichte von Karl Koch wurde sogar verfilmt unter dem Namen »23«. Den Film kann ich nur empfehlen, da er relativ realitätsgetreu gehalten wurde und viele Bekannte von Koch bei der Geschichte mitwirkten.

Der Mentor

Mentor war der Handle eines Mitgliedes der Hacker-Gruppe LOD (Legion of Doom). Berühmt wurde er dadurch, dass die LOD eine Zeit lang (in den frühen Neunzigern) eine der Top-Hacker-Gruppen weltweit waren. Vor allem durch einen Text wurde diese Gruppe berühmt: The Mentors Last Words. Dieser Text (er ist in Kapitel 1 vollständig abgedruckt) spiegelt vieles von dem wider, was viele Hacker empfinden. Tausend Mal zitiert und auch öfter als Vorlage für andere Texte benutzt, ist es wahrscheinlich der bekannteste Text der gesamten Hacker-Szene. Sogar die meisten Lamer wissen, dass es ihn gibt.

Der Mentor war nicht nur ein Hacker. In erster Linie war er ein Spielentwickler (keine Computerspiele, sondern Brett- und Rollenspiele) bei Steve Jackson Games. Als 1991 der große Hacker-Crackdown begann, wurde auch Steve Jackson Games von den Behörden hochgenommen. Der Verlag arbeitete gerade an einem Spiel, das Cyberpunk hieß und sich unter anderem mit Hacken (wohlgemerkt im Spiel) befasste. Das FBI hielt es jedoch für eine echte Hack-Anleitung und die US-Regierung wurde daraufhin in Millionenhöhe von Steve Jackson Games verklagt.

Dies waren nur einige der bekannten Persönlichkeiten der Hack-Geschichte. Sie werden vielen mehr begegnen im Verlauf Ihrer Exkursion in die Computer-Unterwelt. Nicht nur die Technik ist wichtig für Hacker. Genau wie jede andere Kultur gibt es Helden und Bösewichte, Idole und Vorbilder. Viele Menschen interessieren sich mehr für die Geschichte und Kultur als für das eigentliche Hacken (der Autor mit inbegriffen) und dementsprechend ist vieles gut dokumentiert.

Befassen auch Sie sich mit dem Hintergrund, dann verstehen Sie vieles besser und machen nicht dieselben Fehler wie sehr viele Anfänger. Wenn Sie einer Bewegung angehören möchten, sollten Sie sich mit deren Geschichte, Zielen und Motivationen identifizieren können.

Die CD zum Buch

A

In diesem Kapitel wird die CD zu diesem Buch kurz besprochen. Da die meisten Programme schon innerhalb des Buches erklärt wurden, wird es hier nur eine kurze Beschreibung geben, die einen Verweis auf das entsprechende Kapitel hat.

Alle Ordner tragen die gleiche Bezeichnung wie das Programm in ihnen.

FTP-Scanner

Dieses Programm scannt IP-Adressen-Bereiche nach FTP-Server ab, die anonymen Zugriff gewähren.

Sie müssen nur die *Setup.exe* ausführen, damit sich das Programm installiert. Das Programm wird in Kapitel 18 genauer erklärt.

Superscan

Superscan ist ein IP-Adressen- und Portscanner. Es ist ein guter Allroundscanner, der sogar die Banner von laufenden Diensten abfangen kann. Sie können das Verzeichnis einfach von der CD kopieren und dann ausführen.

Die Handhabung des Programms wird in Kapitel 10 erläutert.

Legion

Legion scannt IP-Adressen-Bereiche nach offenen Windows-Freigaben ab.

Um es zu installieren, müssen Sie die *Setup.exe* ausführen. Das Programm wird in Kapitel 6 erklärt.

WWWHack

WWWHack ist ein Bruteforce-Passwort-Knacker. Sie müssen das Programm mit Winzip auf Ihre Festplatte entpacken und können es von da aus ausführen.

Das Programm wird in Kapitel 15 erklärt.

Netbus

Netbus ist ein sehr bekannter Trojaner. Die genaue Vorgehensweise wird in Kapitel 5 erklärt.

Junkbuster

Junkbuster ist ein Desktop-Proxy. Sie müssen die Datei einfach mit Winzip auf Ihre Festplatte entpacken und ausführen. Die genaue Handhabung wird in Kapitel 8 erklärt.

Proxomitron

Proxomitron ist ein sehr guter Desktop-Proxy mit vielen Funktionen. Führen Sie die Datei *Proxomitron.exe* aus und das Programm führt Sie Schritt für Schritt durch die Installation und die Benutzung. Das Programm wird in Kapitel 8 genauer erklärt. Es befindet sich im Verzeichnis Junkbuster.

Putty

Putty ist ein Telnet/SSH-Client für Windows. Einfach auf Ihre Festplatte kopieren und ausführen. Dann müssen Sie nur die IP-Adresse des Zielrechners eingeben und ankreuzen, ob Sie Telnet oder SSH benutzen möchten.

Eine genaue Erklärung von Telnet und SSH finden Sie in Kapitel 11.

PGP

PGP ist ein Verschlüsselungswerkzeug für Ihre E-Mails und Dateien.

Führen Sie die *Setup.exe* aus und befolgen Sie die Anweisungen in Kapitel 22. PGP finden Sie im Verzeichnis Superscan.

Stealth Keylogger

Der Stealth Keylogger ist ein Keylogger-Programm. Es schneidet alle Tastatureingaben mit, die auf einem PC ausgeführt werden, auf dem das Programm installiert ist.

Die genaue Funktionsweise erfahren Sie in Kapitel 20.

WinPWL

WinPWL liest Passwörter aus dem Cache von Windows. Dass heißt, dass alle Passwörter von Benutzerkonten wie Internetverbindungen und Ähnliches ausgelesen werden. Sie müssen das Programm WINPWL.EXE ausführen und das Programm wird installiert. Dann brauchen Sie es nur noch aufzurufen und alle Passwörter, die im System gespeichert sind, werden angezeigt.

MIRC

MIRC ist ein IRC-Client. Damit können Sie sich mit IRC-Servern verbinden und so dort chatten. Führen Sie die Datei *Mirc591.exe* aus und das Programm wird installiert. Starten Sie das Programm. In dem Fenster, das erscheint, können Sie Ihre Angaben machen.

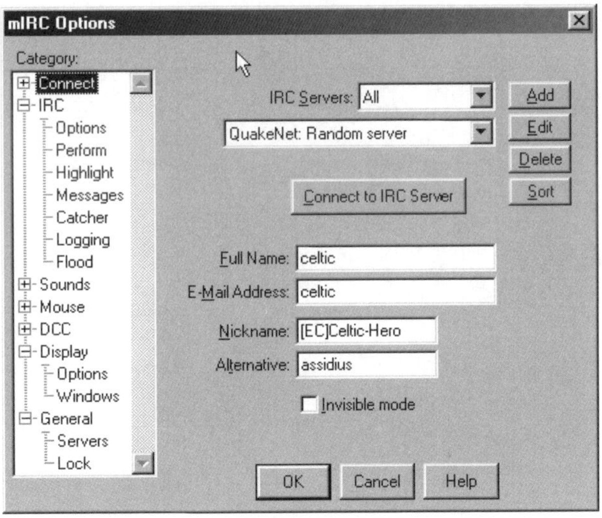

Abbildung 29.1: Das Einstellungsfenster von MIRC

Full Name: Hier können Sie Ihren Namen eintragen. Oder Sie tragen einen erfundenen echten Namen oder echt erfundenen Namen ein.

E-Mail: Hier können Sie eine E-Mail-Adresse eintragen.

Nick: Hier können Sie Ihren Handle eintragen.

Alternative: Dieser Name wird zu Ihrem Handle, falls jemand anders schon mit demselben Nick, den Sie ausgewählt haben, eingetragen ist.

Danach müssen Sie nur noch den CONNECT-Knopf drücken und Sie werden verbunden. Viel Spaß beim Chatten.

Wenn Sie IRC genauer interessiert, besuchen Sie einfach einmal die MIRC-Homepage unter `www.mirc.com`. Dort gibt es eine Vielzahl von Informationen über IRC.

Mein bester Rat an Sie ist, mit den Programmen zu experimentieren. So lernen Sie am meisten. Viele der im Internet erhältlichen Programme sind sich sehr ähnlich, also hilft Ihnen das, auch andere Programme zu verstehen.

Stichwortverzeichnis

Symbole

23 276

A

Administrator 166, 175
Analyzer 216
Anna Kournikova 60
Anonymous 246
Anonymous Proxy 101
Antiviren-Software 88
Antivirenprogramme 83
Apple 41
ARPAnet 49
ASP 204
Auditing 243
Auditing-Tools 243
Ausspähen von Daten 28

B

Beige Box 43
Benutzer 155
Benutzernamen 165
Benutzerrichtlinien 254
Betriebssysteme 133
Bitch-X 152
Black Hat Hacker 47
Blacklists 196
blauer Bildschirm 59
Blue Screen of Death 59
Booten 136
Bootsektorviren 65
Bruteforce 165, 168
BTX 46
Buch nutzen 20
Bücher 270
Buffer-Overflow 147
BugTraq 201

C

C 208
C++ 208
Captain Crunch 273, 275
CCC 45
Chat 39
Chatten 113
CIFS/SMB 137
Client 134, 146
Client-Server-Methode. 134
Code Red 34
Computer-Sicherheit 19
Computerbetrug 28
Computerkriminalität 28
Computersabotage 28
ConCon Bug 58
Cookies 155, 160
Counterstrike 219
Cracker 34, 46
Cybercrime 33
Cyberkrieg 132
Cyberkultur 36
Cyberpunk 226

D

DARPA, 49
Datei- und Druckerfreigaben 76
Datenbeschädigung 27
Datenschleuder 45
Datenschutz 29
Datenveränderung 28
DAU 260
Denial of Service 181
DES 236
Desktop Firewall 83
Dictionary Attack 168
Dienst 54, 145
Diskussion im Internet 38
DNS-Server 213
DNS-Spoofing 213

Domainnamen 109, 114
Drucker 272
DSL 96
Dumpster Diving 229
dynamischen IP-Adressen 112

E

E-Mail 262
Eigenlob 263
Einbruchserkennung 243
Einzelplatzsystem 134
Elite 38
Enigma-Maschine 234
Entschlüsselung 242
Ersatzteile 271
Ethik 27
ethischen Aspekt 30
Exploit 199
Exploit-Programme 201
Exploits 207

F

Fakemails 189
Faulheit 259
FBI 274
File Transfer Protocol 148
Filter-Proxy 100
Finger 152
Finger-Client 152
Firewalls 50
Flame 38
Footprinting 128
Freemail 135
freie Meinungsäußerung 35
fremde Systeme 35
frühe Blütezeit 41
FTP 53
FTP-Bounce-Attacke 149
FTP-Datentransfer 145
FTP-Scan 125

G

Gefängnis 27
Geheimdiensten 36
Geheimhaltung 255
Gesetz 27
Gläserne Surfer 93
Grey Hat Hacker 47
Guest 166
GUI 135

H

Hack 41
Hacker 46
Hacker-Crackdown 276
Hacker-Ethik 30, 32
Hacker-Jäger 261
Hackerkrieg 43
Hackermanifest 32, 44
Hagbard 276
Handle 39
Hardware 253
Hauptrechner 269
Heilige Gral 175
Hisbollah 33
Honeypot 180
Hop 75
HTTP 145
HTTP Web 147
HTTP-Daemons 147
HTTP-Dienste 147
HTTP-Proxies 100
HTTP-Webserver 145
Hybridviren 65

I

I Love You 34, 60
ICMP 53
IIS 137, 204
Industriespionage 36
Insel-Systeme 249
Intelligenz 32
Internet 50
Internet-Anbindung 270
IP 52
IP-Adresse 50, 52, 109
IP-Spoofing 210
ipconfig 111
IRC 36

IRC-Chatserver 145
IRC-Client 152
ISDN-Karte 76
ISO 51
ISO/OSI-Referenzmodell 52
Israel 32

J

Javascript 105
John Draper 275
John McCarthy 42
John the Ripper 242
Junkbuster 101

K

Karl Koch 273, 276
Karriere 267
Kein Passwort 260
Kevin Mitnick 273
Keylogger 215, 219
KGB 45
Kompilieren 203
Kondor 273
Kryptographie 233

L

Laborstil 154
Lamer 38
Languard-Scanner 137
Legion 60
Lehigh 64
Lieblingsband 260
Linus Torvalds 273, 274
Linux 51, 139, 274
Linux-Dienst 140
Local-Attack 176
LOD 44
Logs 243

M

Mailbomber 189
Makroviren 61, 65
mathematischer Algorithmus 236
Matrix 39
Mensch 253
Menschen 226
Mentor 273, 276
Microsoft Office 61
Microsoft Outlook Express 60
Microsofts Windows 51
MIRC 152
MIT 41
MOD 44
Moral 27
Morris 65
MS Excel 61
Mutation 182

N

Nachrichtendiensten 36
Neil Armstrong 41
Neotrace 73
NetBIOS 59, 137
Netbus 66
nethacker-security.de 115
Netiquette 37
Netstat 113
Netstat-Befehl 76
Netzkultur 19
Netzwerkkartografie 119
Netzwerktopografie 119
Neugierde 31
Nimda 63
Nimda3 60
Notstrom 252
Null-Session 138

O

Old Economy 33
OoB 184
Open Source 35
Open-Source-Programme 35
Out of Band 184

P

Passwort 167, 200
Passwort = Benutzername 260

Passwort-Richtlinien 254
Passwörter 155, 165
Patch 137, 183
PC 41
Perl 208
Personal Firewall 83
Personendaten 29
PGP 236
Phreaker 43
Ping 71
Ping of Death 182
Ping only 122
Ping-Befehl 183
Ping-Suchlauf-Scanner 120
Polymorphe Viren 65
POP 189
POP3 54
Ports 49, 54
Portscanner 60, 121
Pretty Good Privacy 236
Probieren 143
ProFTP 140, 203
Programmierkenntnisse 199
Promiscuous Mode 215
Protokolle 49, 51, 189
Proxies 99
Proxomitron 102
Proxy-Arten 100
Publicity 267
Puffer 148
Puffer-Überlauf 147, 148, 152
Putty 118, 152

R

Raubkopierer 97
Remote 166
Remote-Attack 176
RIPE 114
root 166, 175, 247
Roscoe Gang 273
ROT-13 235
Routern 49
Routine 42
Routingtabellen 49

S

Scanner 108, 117
Schreiben von Viren 70
Schutzmaßnahmen 251
Selbstdisziplin 32
Sendmail 118
Sequenznummer 211
Server 132
Servertypen 133
shadow-Datei 158
Shadowing 158
Showcode.asp 203
Sicherheit 33
Sicherheits-Updates 208
Sicherheitsabfrage 156
Sicherheitsfehler 259
Sicherheitslücken 127, 165
Sicherheitsoptionen 79
Sicherheitsrichtlinien 251, 254
Sicherheitsvorkehrungen 251
Sircam32 60, 63
Skalierbarkeit 134
Skriptkiddy 46, 47, 208, 266
SMS-Bomber 194
SMTP 53, 189
SMTP Sendmail 150
SMTP-Daemon 190
Sniffer 215
Sniffing 215
Social Engineering 225
Software-Sammlung 271
Spam 98, 99
Spezialisierung 142
Spione als Werbung 95
Spoofing 209
Spuren im Internet 93
Spyware 61
SSH 141
Standard-Benutzernamen 166
Standard-Gateway 112
Standard-Port 147
Stealth Keyboard Interceptor 220
Stealth Viren 65
Stereotyp Hacker 31

Steve Jackson Games 276
Strafen 27
Super-User 175
Superscan 60
SuSE-Linux 157
Switch 72, 183
Sygate Personal Firewall 85
Systemadministrator 134, 178, 186

T

TCP 53
TCP/IP 49, 54
TCP/IP-Protokoll 51
TCP/IP-Protokoll-Suite 52
technische Grundlagen 25
Telnet 53, 117, 145
Telnet-Client 151, 191
Tiny Personal Firewall 85
Todes-Ping 182
traceroute 74
Tracert 73
Trojaner 63, 139
Trojanische Pferde 66
Trusted Host 155, 159, 209
Tsutomu Shimomura 273

U

Über-Hacker 265
UDP 53
Unbefugte Datenbeschaffung 27
Unbefugtes Eindringen 27
UNIX 51
Ursprung 41
Usenet 37
USV 252

V

VBS 61
Verschlüsselung 233
Verschlüsselungsverfahren 235
Viren 63
Vulnerability Scanner 124

W

Webseite 49
Webseiten 128
Werkzeugkasten 270
Wetware 226
White Hat Hacker 47
Windows 57
Windows NT/2000 135
Winnuke 184
Wirtschaft 97
Wissensdrang 30
Wurm 64
www.nethacker-security.de 110
wwwhack 171

Z

Zettel 259
Zonealarm 85
Zugriffsschutzverfahren 155
Zweitrechner 269

Nichts einfacher als das!
Sprachen lernen
FÜR
DUMMIES®
Jetzt auch auf CD-ROM
Nichts einfacher als das!
Englisch
FÜR
DUMMIES
NEU! Interaktive Konversationen, Spiele und mehr!
Spanisch FÜR DUMMIES
Französisch FÜR DUMMIES
Englisch FÜR DUMMIES
Bestellhotline: Tel. 01 80 50-53 76 36* Fax 01 80 50-3 29 36*
*0,24 DM/Min.

Hacken für Dummies - Schummelseite

Praktische Hacker- und Sicherheits-Webseiten

`www.nethacker.de` Heimat der Nethacker Security Group (der ich auch angehöre). Viele Anleitungen, Sicherheitsprogramme und ein gut besuchtes Forum.

`www.buha-security.de` Homepage der Buschhacker Security Group. Auch sehr viele interessante Artikel und Programme und eines der bestbesuchten Foren zum Thema Hacking in Deutschland.

`www.ccc.de` Die Homepage des Chaos Computer Clubs e.V., die wohl bekannteste deutsche Hacker-Gruppe.

`www.securityfocus.com` Sehr gute Sicherheitsseite und Heimat der BugTraq-Sicherheits-Mailingliste.

`www.cert.org` Webseite des Computer Emergency Response Teams, die Meldungen über Sicherheits-Lücken herausbringen und Sicherheits-Empfehlungen und -Richtlinien schreiben.

`www.google.de` Eine sehr nützliche Suchmaschine.

`www.nsa.gov` Webseite der National Security Agency, die sich besonders mit Computer-Sicherheit und Kryptografie beschäftigt.

`www.linux.org` Eine der besten Quellen im Internet für Linux-Dokumentationen und Werkzeuge.

`www.denic.de` Zentrale Registrierungsstelle aller deutschen Domain-Namen.

`www.ripe.de` Zentrale Verwaltungsbehörde für IP-Adressen in Europa.

Hacker-Jargon

Hacker: Jemand, der sich für Computer und Computer-Sicherheit interessiert. Überschreitet manchmal die Grenzen des Gesetzes im Namen der Informationsfreiheit und des Wissens.

Cracker: Jemand, der böswillig Webseiten und Computer hackt und dabei das Zielsystem beschädigt oder unbrauchbar macht.

Lamer: Ein Loser oder Spinner in den Augen von richtigen Hackern oder jemand, der es einfach nicht draufhat.

Skriptkiddy: Jemand, der eigentlich nichts über Hacken weiß und oftmals nur fertige Programme benutzt, um zu hacken.

37337: Steht für jemanden, der wirklich gut ist und viel Ahnung hat. Ist eine numerische Umsetzung des Wortes Eleet. Wird heutzutage auch oft als ironisches Gegenstück zum Wort Eleet verwendet.

Deface: Eine Webseite abändern, oftmals um seine eigene Nachricht zu hinterlassen, zum Beispiel »Hacked by 37337«.

Prestige-Hack: Ein Hack, der durchgeführt wurde, um Anerkennung oder Respekt zu ernten.

Live-Hack: Die öffentliche Vorführung eines Hacks, zum Beispiel auf einer Messe oder im Fernsehen.

DAU: Ist das Akronym für Dümmster Anzunehmender User.

RTFM: Eins der wichtigsten Begriffe in der Hacker-Szene. Steht für »Read the Fucking Manual«, also »Lies das verdammte Handbuch«.

Hacken für Dummies - Schummelseite

Zehn Wege ein Über-Hacker zu werden (und sich zu blamieren)

Der richtige Name: Wählen Sie einen Namen, den keiner versteht, der aber alle in Angst und Schrecken versetzt, wie z.B. D3474-Mas73R.

Die richtige Einstellung: Sie sind der Über-Hacker, also vergessen Sie nie Ihre Beschimpfungen mit vielen Ausrufezeichen zu versehen. Das macht mächtig viel Eindruck: »Sei still Lamer, sonst hacke ich dich!!!!!!!!!!!!!«

Benutzen Sie sehr viele fertige Programme: Niemals Programmieren lernen. Es gibt genügend Programme im Internet, die Sie benutzen können.

Windows 98 und nichts anderes: Seien Sie nie so banal und benutzen tatsächlich Linux. Die anderen, die Windows 98 nicht benutzen und sagen, es wäre unmöglich, damit zu hacken, haben keine Ahnung.

Die Behörden auf Sie aufmerksam machen: Dieser Punkt ist sehr wichtig. Die Behörden müssen wissen, dass Sie da sind. Prahlen Sie einfach damit, dass FBI gehackt zu haben.

Verdächtige Mails schicken: Schicken Sie Mails mit einer Betreffzeile wie »Atombombe«, »Biologische Waffen« oder »Attentat Präsident«. Dann wird das FBI garantiert auf Sie aufmerksam.

Die richtige Publicity: Wenn Sie genügend geprahlt haben, wird es nicht lange dauern, bis die fröhlichen Jungs in Grün kommen. Rufen Sie möglichst schnell alle Zeitungen und Rundfunksender an. Schmücken Sie Ihre Geschichte aus, lassen Sie Ihrer Fantasie freien Lauf.

Der Ausbau der Karriere: Beschuldigen Sie die Regierung, dass sie Ihnen nach dem Leben trachtet. Entwerfen Sie wirre Verschwörungstheorien, je wirrer, desto besser. Die Regierung streitet eh alles ab.

Phase 2 des Karriereplans: Gründen Sie ein Computer-Sicherheitsunternehmen. Stellen Sie einige unbegabte Hacker ein und holen Sie sich die Kunden. Dann formieren Sie Ihre Firma in eine AG um und verkaufen Sie Ihre gesamten Aktien. Wenn die Firma dann pleite geht, können Sie sich öffentlich zur Ruhe setzen.

Der altehrwürdige Über-Hacker: Sie haben es geschafft, Sie sind der Über-Hacker. Sie können jetzt die Lorbeeren Ihrer harten Arbeit genießen. Schreiben Sie ein paar Bücher oder Ähnliches, wenn Ihnen langweilig wird.

Zehn Sachen, die Sie als Hacker unbedingt haben sollten

Einen Hauptrechner: Ein durchaus geeigneter Rechner hätte etwa 700 bis 800 Megaherz, eine 10-GB-Festplatte und 256 MB RAM. Linux kommt schon mit deutlich weniger aus.

Einen Zweitrechner: Damit können Sie gleichzeitig mehrere Aufgaben lösen.

Eine Internet-Anbindung: Dieser Punkt ist sehr wichtig, denn wenn Sie nicht ins Internet kommen, können Sie auch wahrscheinlich nichts hacken (logisch, oder?)

Bücher: Eine große Auswahl an Büchern ist sehr zu empfehlen. Jedes bisschen Wissen kann eventuell nützlich sein.

Ein Werkzeugkasten: Werkzeug ist ziemlich wichtig, denn Hacker neigen dazu, viel zu tüfteln und zu basteln.

Ein Telefon: Telefone sind ziemlich wichtig, gerade wenn Sie Social Engineering machen möchten.

Ein Diktiergerät: Ein Diktiergerät kann sich als sehr nützlich erweisen, besonders wenn es darum geht, Telefonate mitzuschneiden.

Eine Software-Sammlung: Eine ausgiebige Software-Sammlung ist sehr nützlich. Sie wissen nie, was Sie wann gebrauchen können.

Ersatzteile: Sammeln Sie einfach alles, wenn Sie es unterbringen können. Ersatzteile und allgemeine Geräte können sich wie alles andere auch irgendwann einmal als nützlich erweisen.

Ein Drucker: Ein Drucker gehört zur Minimal-Ausrüstung. Sie werden wahrscheinlich sehr viel drucken.